Gisela Steineckert

Wild auf Hoffnung

Gisela Steineckert

Wild auf Hoffnung

neues leben

Für Wilhelm

Der Freund

Ein gütiges deutsches Wesen, geboren neunzehnhundertdreiundzwanzig, solch ein Leben wird auf eine Schiene gesetzt, die werden andere schlagen, und die Gleise waren schon gelegt.

Warum nennen wir sein Wesen gütig?

Träumte er denn schon gütig in der Wiege? Das wissen wir nicht.

Er rollerte, stolperte, trabte, rannte, spielte, duckte sich durch seine Kindheit wie andere auch. Den verständnisvollen Vater liebte er. Dessen Zuwendung war einfach und ungebrochen, und er teilte mit dem Kind solche Freuden, die es auch annehmen konnte.

Last der Kinderzeit und langer Mannesjahre: eine eifersüchtige, zudem herrschsüchtige Mutter. Ob sie selber unter ihrem Drang litt, jede Freundlichkeit giftig zu machen, warum sie so unbefriedigt war und den schlechtesten Sprüchen aufsaß, das wissen wir nicht. Von der Liebe war ihr ein Wort am liebsten, das wollte auf einen Höhepunkt hinaus, der unter allerlei Rankenwerk von „Jugend“ und „ewig“ und „Herz“ darauf wartet, loszutrampeln ..., „und wenn es sein muß, kann sie uns hart machen wie Granit“.

Das ist für mich nicht nachfühlbar. Harmoniesüchtig suche ich nach einem denkbaren Ansatz. In dem wunderbaren Buch „Der Himmel ist blau. Kann sein.“ finde ich in den Selbstaussagen österreichischer Frauen aus dem Widerstand gegen die Nazis solche Fähigkeit beschrieben, noch in Leiden und Zweifel und den schlimmsten Drohungen gegenüber zu verstummen, nichts und niemanden zu verraten. Aber doch um der Liebe willen.

Seine Mutter meinte dies aber nicht. Wenn die Liebe nicht bringt, was man von ihr verlangen kann, dann wird sie schon sehen, was sie davon hat.

Rache, hart wie Granit.

Eine selbstgerechte Frau bis zum Tod in hohem Alter, untreu in der Seele und in ihrem Handeln, aber das stellte sich in allem Umfang erst heraus, als jedermann die Möglichkeit hatte, zu versagen oder zu bestehen.

Viel unterdrückter Zorn, viel Beleg für hilflosen Wunsch nach Auflehnung ist noch heute aus dem Gedächtnis eines freundlichen Mannes abrufbar, der die Gleise mißachtete und sich seinen eigenen Weg suchte, ihn auch ging, wie ohne Anfechtung, jemals gebeugt zu werden oder sich zu beugen.

Anders sein zu wollen als die hartherzige Mutter, das erklärt nicht alles.

So zu sein wie der gerechte Vater, das kann weit führen, selten so weit.

Geboren in Wolfhagen, einem ehedem idyllischen und sicher auch langweiligen Städtchen. Heute vom Supermarkt und Auto und der Sucht nach gebohnerten Grashalmen geprägt, wie alle diese gepflegten niedlichen, vom Verkehr gestreßten westdeutschen Städtchen. Unter den alten Häusern auf den Hängen über der Straße steht sein Geburtshaus, ein neuer Besitzer richtet es sich gerade modisch und teuer.

Im kleinen Heimatmuseum kommt die Familie vielfach vor, in Dokumenten und in großen Porträts, die werden nur als Kopie und nicht billig an den Urenkel abgegeben. Aber die Wahrer sind beeindruckt vom Interesse. Der in Bonn hat noch nie danach gefragt.

Der in Bonn ist ein Neffe unseres Mannes, ein Regierungsmann, sehr rechts, gutaussehend, schwer, sich vorzustellen, man werde auch mit seinen Ansichten leben müssen.

Die beiden Männer haben sich nie gesehen. Nun, die in Wolfhagen sahen jenen auch nie. Aber derselbe Name erschwerte hier bei uns den Antrag auf Zuweisung eines Telefons noch um etliche Jahre über die sonst üblichen Wartezeiten hinaus.

Eine Spende für die Kopien der Ahnenfotos wird nahegelegt und gegeben, nicht knauserig, die Altvordern waren für Spendabilität bekannt. Da darf's nicht lumpig sein.

Wir gehen den Ort so lang und so lang, und es bleibt wenig in Erinnerung, außer dem urgemütlichen Restaurant mit Hotel, das wohl von einer ehemaligen Ausspannung zu jetzigem Komfort bei Beibehaltung der urigen Atmosphäre gediehen ist. Die können Bratkartoffeln machen, auf die Salatteller kann man sich ohnehin fast immer verlassen, und die selbstgemachte Sülze ist köstlich. Der Ort Wolfhagen ist laut Heimatmuseum aus wilder Wurzel entstanden. Das heißt, kein nicht mehr zu klärender sozialer Grund hat erste Unterkünfte in grauer Vorzeit entstehen lassen, sondern jemand hat mit dem Finger auf eine Stelle gedeutet, und dort entstand auf der Wiese die erste Behausung.

Aber aufgewachsen ist unser Mann an den wechselnden Amtssitzen des Vaters, eines Zollbeamten, ständig versetzbar. Hanau, Adorf, aber die Mutter kam aus Sigmaringen, ging nach dem Krieg dorthin zurück. Sigmaringen ist von der Hofhaltung der Hohenzollern geprägt.

Seltsam, wie ich das Schloß vergessen habe. Die Räume sind mir dunkel unwohnlich in Erinnerung, wie Sanssouci. Natürlich gibt es die Hofkonditorei, den Hoflieferanten und eine Vielzahl hübscher Häuser, in denen Menschen wohnten, wohnen, die durch Arbeit im Schloß ihren Lebensunterhalt haben. Und ein Ortsmuseum gibt es auch, wiederum mit Zeugnissen der Familie unseres freundlichen Mannes. Sie gehörten den bürgerlichen Honoratioren an. Daß dies nicht unlukrativ war, hat der Mann spät in seinem Leben erfahren, als die Hinterlassenschaft des Stiefvaters nach dem Tod der knauserigen Mutter auf ihn kam. Was ihn nicht bewog, seinen Wohnsitz in Thüringen zu verlassen. Und was sein Leben dennoch verändert hat, denn nun waren ihm Köstlichkeiten zugänglich, die er sich vorher zeitlebens versagen mußte, sei es eine Reise, ein schönes Hotel, es sind rare Bücher, ist ein wunderzartes Bild von Chagall.

In Sigmaringen wird sich in hundert Jahren kaum etwas verändern. Die Kinder werden die Geschäfte der Eltern übernehmen, alle könnten noch ein bißchen mehr haben, und die Probleme dürften immer nur in homöopathischer Dosis über den Ort hereinbrechen, der rigoros sein kann. Es gibt Arbeitslose, sie bestimmen nicht das Stadtbild, wie etwa in Dortmund. Über Ausländer wird hier deshalb kaum gesprochen, weil die Stadt sich ihrer kühl zu erwehren weiß, es sei denn, sie kämen, um Geschäfte zu machen.

Hier also haben sie gelebt, wo die Mutter auch geboren wurde. Hier ist sie lange nach dem gutherzigen Zweitvater gestorben, der Sohn kam manchmal zu Besuch, meist mit unguten Gefühlen, denn die Mutter klagte über die Kosten, die er verursachte.

S. ist eine brave Stadt mit braven Bürgern. Eine Stadt, wie ich sie am ehesten hassen könnte. Gab es Untaten, so waren sie historisch bedingt, das legt die Verantwortung vor die Stadttore.

Auf dem Weg zum Grab der Mutter und des für die Zeit nach seinem Tod so umsichtigen Stiefvaters nagelt es mich an die Erde. Meine Augen können sich nicht lösen. Ich sehe eine in die Wand eingelassene Grabplatte mit einer Inschrift, die verfolgt mich seither.

„Zur frommen Erinnerung an die für das Vaterland gefallenen Söhne der Witwe Wilhelm Geyer. Sie ruhen in Frieden!"

Da nützt kein kategorischer Imperativ, die Söhne der Witwe Wilhelm ruhen hier nicht.

Albert ist mit zweiunddreißig Jahren in Aachen nach schwerer Verwundung im Lazarett gestorben und wurde dort begraben. Ob er in Frieden ruht, weiß man nicht.

Hugo fiel als Zweiundzwanzigjähriger in Dammery am zweiundzwanzigsten November neunzehnhundertvierzehn.

Sechsunddreißig Tage nach Albert.

Am fünfundzwanzigsten September neunzehnhundertfünfzehn ist Karl bei Peronne gefallen, er war dreiunddreißig Jahre alt.

Otto fiel am neunten Oktober des folgenden Jahres, fünfundzwanzigjährig.

Da hatte die Frau noch immer drei Söhne.

Ihr Benjamin fiel bei Ypern am zweiten August neunzehnhundertsiebzehn, mit zwanzig Jahren.

Oskar kam als Kriegsinvalide nach Hause, hat also immerhin überlebt. Der älteste Sohn Josef wurde so schwer verwundet, daß die

Mutter ihn fortan pflegte und versorgte, bis zu ihrem Tod. Er starb erst neunzehnhundertachtundsechzig.

Der Frau blieben die Töchter. Die pflanzten die Familie fort. Ich hatte nicht die Kraft, nach dem zweiten Aderlaß zu fragen, als ich bei den freundlichen Angehörigen auftauchte, den letzten, die noch am Ort wohnen, auch Eltern von zwei Söhnen, die kommen nur noch zu Besuch. Kein Nachkomme hat mehr als zwei Kinder gehabt.

Eine Flasche Wein wird aufgemacht, ist ja sehr interessant, daß mal jemand fragt, da sieht man, was man alles vergessen hat. Blasse Erinnerungen, die Tafel wurde zum Volkstrauertag neunzehnhundertsiebenundzwanzig angebracht, und einige Jahre gab es von der Gemeinde immer einen Kranz.

Ja, das waren Zeiten. Auf dem Dachboden wär vielleicht noch einiges von der Familie zu finden, aber könnte auch sein, wir haben es weggetan. Hat ja niemanden mehr interessiert.

Der Wilhelm Geyer, das war ein strenger und stattlicher Mann, Schuhmacher, alle hatten Schuhe, und niemand durfte sich mucksen. Bei so einer großen Familie, gell, da muß schon Ordnung sein.

Und die Rosa, seine Frau, achtzehnhundertsiebenundfünfzig geboren, die hat zehn Söhne und sechs Töchter gehabt. Sie war siebenundfünfzig, als ihr der erste Sohn fiel, danach ging es ja Schlag auf Schlag.

Als der erste Weltkrieg begann, hatte ihr Witwenbauch schon eine Weile Ruhe. „Daß die Frauen das damals alles überhaupt ausgehalten haben." Die Verwunderung darüber ist eine der wenigen Stellen, wo wir nach gleichem traurigem Takt tanzen.

Es ist ihnen nicht recht. Ich habe das unabweisbare Gefühl, sie wollen über sich und ihre Familie erzählen, aber nicht gerade über den hartnäckig von mir befragten Teil. Etwas daran ist ihnen nicht recht.

Daß die Ihren zu viel von der Tragödie abbekommen haben? Nein, wohl mehr eine Furcht, sie könnten als Pechvögel dastehen und als ob alle diese Verluste doch auf einen geheimen eigenen Schuldanteil verwiesen. Als hätten sie es nur eben nicht richtig gepackt.

Ich aber will Rosa sehen. Und wenn ich die Grenzen der Schicklichkeit verletze und das schmucke überladene Häuschen mit all den Nippes aus Messing, den falschen Blüten und den richtigen Deckchen auf den Kopf stellen muß.

Das Album findet sich. Da sind sie, die Eltern, die Kinder. Schauen auf dem Gruppenfoto drein, als wüßten sie schon, daß ihr Band und ihre Zusammengehörigkeit bald zerrissen sein wird.

Rosa sieht neben dem stattlichen Schuhmacher Wilhelm aus wie sein schwächlicher Ableger. Einander ähnlich, wie man es meist auf den Dagoerreotypien findet, das mag am Licht liegen, auch an der Mode. Rosa sieht nicht aus, als hätte sie einen Mann zu sechzehnmaliger Schwängerung verführen wollen. Etwas birnig durch die geschnürte Taille und das hochgeschlossene Kleid, hält sie darüber ihr Gesicht frei von Ausdruck. Es ist unmöglich, sie sich als lachendes kleines Mädchen vorzustellen, auch ihr Alter auf dem Foto ist nicht schätzbar. Und Wilhelm sieht so unsäglich pomadig aus wie alle diese Männer, die Strenge als Recht übernahmen und nichts Rechtes damit anzufangen wußten. Ein Gesicht, das man ebensogut als leer wie als gefestigt bezeichnen könnte. Uhrkette und Schnurrbart sind das Merkenswerte.

Die Eltern sehen aus, daß man verstehen kann, wie ihre Kinder dreinblicken. Wie zu klein geratene Erwachsene, auf die nirgendwo eine Freude wartet. Und nicht einmal ein Vögelchen kommt aus dem Apparat. Die Mädchen sind so interessant wie Blumenwasser, man möchte keiner nachfragen. Und haben doch ihr eigenes Leben gehabt, es gerettet durch Fortgehn, die Sidonia, Emma, Regina, Maria, Anna und Rosa, die zweite.

Die Mutter hat ihre Kinder an all den damals üblichen Kindstoden vorbei großgezogen.

„Ja, leicht hat sie es wohl nicht gehabt.“

Ich merke, das ist ihnen auch unbehaglich. („Eine Mutter kann sieben Kinder ernähren ...?“)

Wieso hat die Rosa es nicht leicht gehabt? Na, sie hat den Josef durchbringen müssen, da ging es schon knapp zu.

Gab es keinen Geldbriefträger? Ging es bei den sechs Töchtern auch gar so knapp zu?

Wer soll das heute noch wissen.

„Auf den Friedhof gehen wir schon, aber die Tafel, das ist doch alles alte Geschichte. Es sollte eine Ehrung sein, man denkt gar nicht mehr darüber nach.“

Nun kann ich abhauen, mit meinem inneren Bild von Rosa, mit meiner Wut auf die Tafel und die ehemaligen Stadtväter und auf diesen herzlosen Text.

Aber ordentlich ist die Tafel schon. Nicht etwa bemoost, oder überwachsen, verwittert, sie hängt da wie eben eingeweiht. „Alles wird schlimm. Man traut sich auch nicht mehr, die holzgeschnitzten Figuren bei den Gräbern zu lassen, sie werden gestohlen.“

Selbst in dieser Stadt, selbst bei uns, heißt das, aber es folgt ein beruhigendes „von auswärts“.

In der Buchhandlung kann man nicht treten vor Gebrauchsliteratur für den Gartenfreund, die liebe Hausfrau, das Kind, das gerade nicht fernsieht. Was wir möchten, muß bestellt werden. „Leider erst morgen früh für Sie parat.“

Das klappt auch. Alles, was man kaufen kann, ist bestellbar, beschaffbar, das gravieren, backen, nähen, mustern wir für Sie.

Im Fremden ist alles dem Augen unerträglich offenbar. Schlagen wir uns in die Büsche, nach Hause, wo es ein Buch nie zu kaufen gibt, wenn man es haben möchte, niemand bereit ist, in absehbarer oder gar gewünschter Zeit irgend etwas zu gravieren, zu mustern schon gar nicht, wer bäckt einem schon, und über das Nähen wollen wir schweigen.

So eine Tafel habe ich bei uns noch nicht gesehen. Schwing dich daran nicht hoch. Wir haben dieselbe Vergangenheit. Vieles geht uns gemeinsam in die Zukunft nach. In der wir nebeneinander leben und auskommen wollen.

Wenn solches wie das auf der Tafel verewigte Denken kindlicher Alltag war, wie konnte unser Freund dann werden, der er ist?

Er lebt nun unauffällig im Thüringischen, geht seinen musischen Neigungen nach und hat seinen Mittagstisch am Ort, das geht, schließlich ist das ganze Jahr über Urlaubersaison. Davon hat er sein Gutes. Er ist der Überlebende, der Hinterbliebene von Eva, von Ilse, von Lilo und nun auch von Irena.

Kann sein Beispiel anleben gegen den Schrecken erstarrter Zeugnisse?

Wohl nicht, dazu sind es zu viele und von zu verschiedener Art, da richtet eine Ausnahme nicht genügend auf. Aber es kann dienen, wieder einmal zu bekräftigen, daß es nicht darauf ankommt, wo der Kinderwagen gestanden hat.

Irena war fast alt. Die Liebe war alt. Eine alte Liebe haben, das ist eine Gnade. Meist sterben uns die Lieben ab, und wir leben weiter, als sei uns nur ein Gummibaum eingegangen.

Er trauert um Irena. Ihre Beine waren geschwollen, ihr Gesicht wieder schmal geworden wie in der Jugend. Aber es war nichts Wucherndes, böse Wegfressendes. Das Herz ist ihr stehengeblieben, im Bett neben ihrem Mann, eben hatte sie noch etwas zu ihm gesagt. Die beschwerliche und überstürzte Reise zu ihrer Beerdigung in dem kleinen polnischen Nest unterblieb. Der Arzt gestattete es nicht, die Freunde wurden eindringlich. Es war heiß draußen, auch ihm hätte das Herz versagen können, ehe er an ihrem Grab stand. Er gehorchte ungern und eher dem eigenen Befinden als dem Abraten.

Als junger Mann hatte er sein Leben für sie aufs Spiel gesetzt, sie das ihre für ihn.

Ja, aber das Foto, sagte er. In Polen macht man noch ein Trauerfoto.

Auf seinem Klavier steht ein schönes Bild der jungen Irena.

Er spielte Musik, die ihnen beiden gefallen hätte. Und schrieb nun auch seine Trauer in das Buch, in dem alle Seiten über Irena dem Zuhörer ans Herz gehen.

Er ist einer der Hinterbliebenen von Irena. In seinem Gesicht fehlen Furchen, bittere Mundwinkel und alle pathetischen Linien. Ein fast immer beherrschtes Gesicht, auch Rührung gestattet er sich nur als einen ungewollten, nicht beherrschbaren Schatten. Fassungslosigkeit mag oft genug in ihm gewesen sein, er hat Gefaßtheit erworben und gibt sie nicht auf.

Meist wirkt er ruhig, ausgeglichen, gelassen, das war über Jahrzehnte seine Aufgabe. Er hatte gesund, jederzeit verfügbar und anpassungsfähig zu sein. Er ist der Hinterbliebene von Irena und der Mann, der Eva zu Grabe getragen hat, der seine Frau Ilse nach einer läppischen Operation verlor und Lilo tot auffand. Lilo, die ihn nicht belasten wollte mit ihrer Krankheit, der unheilbaren Sehnsucht nach dem Tod.

Sein Vater und seine drei Frauen liegen an derselben Stelle unter der Erde. Reinen Herzens hätte er auch Irena dazulegen wollen. Aber auf sie hat er keinen Anspruch, den hat der Mann, die Tochter, das Enkelkind.

Irena hat in Polen den Einmarsch der Deutschen, die Besatzungszeit und die Verlobung mit dem Soldaten der deutschen Wehrmacht überlebt. In dieser Geschichte steckt neben der Liebe und Würde auch Wahnsinn. Zwei junge Leute sind von Mine zu Mine gelaufen, so will es einem vorkommen. Nicht genug, daß da eine verbotene Liebe entstand und nach den damals gegebenen Möglichkeiten gelebt wurde. Was wie eine Legende klingt, hatte noch gefährlichere Seiten. Mitten im Krieg haben sie sich verlobt, ordentlich, mit Ringen, die es noch heute gibt. Als romantischer Nachtwunsch läßt sich das denken, in seiner Wirklichkeit kaum glauben.

Die stockkonservativen Eltern wechselten Briefe mit der lieben Braut des einzigen Sohnes. Das wieder geht mit allen gestickten, gesprochenen und gedachten Lebensansichten vorher nicht zusammen. Aber es war so.

Der Vater reiste an und schloß die Verlobte in die Arme, nachdem er sie aus dem Gefängnis befreien konnte, denn er war dem Einsperrer vorgesetzt. Was die Fahnder suchten, hatten sie nicht gefunden: Ein Foto von dem deutschen Soldaten, der Geld an einen Häftling in Auschwitz geschickt hatte. Die Zahlung von 40 RM war möglich, aber wer wußte das schon und wer hätte gewagt, davon Gebrauch zu machen, aus Angst, die nächste Abschickung dorthin beträfe die eigene Person.

Der Gesuchte hat noch mehr getan, Kassiber nach und von Auschwitz geschmuggelt, Nachrichten an polnische Bürger weitergegeben. Irena schwieg im Gefängnis. Sie hatte das Glück, daß der Verhörende sie lieber auf die Pritsche als umlegen wollte. Aber natürlich brauchte er auch eine Aussage, so war die Ankunft seines Vaters ihre Rettung. Fotos vom Gesuchten hatte sie vorsorglich verschwinden lassen. Ich habe ehemalige Soldaten getroffen, die sehr beliebt im Feindesland gewesen sein wollen, gut zu Kindern seien sie gewesen, und es gibt jene blöde Geschichte, wo im französischen Bordell die erfahrene Hure, von deutscher Wucht und Herrlichkeit überwältigt, ihren Beruf nicht länger ausüben wollte. Die es erzählen, mögen es glauben.

Die beiden Liebenden fanden Stunden fragwürdiger Sicherheit in solchem Haus mit einer roten Lampe. Sie träumten von ihrer Ehe nach dem Krieg, sie hielten einander fest, teilten ihre Ängste, suchten Erfahrung zu gewinnen gegen die Angst, indem sie sich nicht raushielten, sondern einmischten.

Es ist von einem Mann die Rede, dem es gegeben ist, ausdauernd zu lieben, jede Liebe weiterleben zu lassen in sich, mit jeder Liebe vom Moment ihres Beginns an zu leben. Bei ihm gab es keine Trennungen, außer durch den Tod. Niemals hat ihm eine, er einer den Krempel hingeworfen, „Schluß gemacht“, sich jemand anderem zugewandt und bei Null wieder angefangen.

Er verabscheute es, Soldat gegen Polen zu sein. Bei einer Patrouille sprang er vom Lastwagen und löste absichtlich einen Gewehrschuß, um die Partisanen zu warnen. Und er fand einen Weg der Verständigung bis in Lager hinein, wo Angehörige von Irena noch existierten.

Er sieht nicht aus wie ein Held. Obwohl seine polnischen Freunde sagen, er sei ein Held gewesen.

In seine Hände paßt am besten ein Buch, als Lehrer ist er zu denken, Musiklehrer ist er gewesen, in Leipzig, der ersten Station, dem ersten Zuhause nach dem Krieg bei der Mutter, die aber ihr eigenes Leben schon anders und ohne ihn und seinen Vater plante. In Leipzig wollte er Opernregisseur werden und seiner lebenslänglichen Liebe zur Malerei, die ihn zu großer Kundigkeit und wenig Ausübung geführt hat, nachgehen. Er hat das alles aufgegeben, einer kranken Frau zuliebe.

Sein Gesicht wird noch heute blaß und verzweifelt, wenn er von der überraschend angesetzten Durchstreifung des polnischen Waldes spricht, wo es ihm gelang, einem Partisanen mit seinem Gewehr stumme Zeichen zu machen, der möge sich zurückziehen und verschwinden. Das Wunder eines Augenblicks von unerklärlichem Vertrauen ließ auch den nicht schießen, er rettete sich und vielleicht Kameraden in die Tiefe des Waldes.

Das ist eine tröstliche Geschichte, solche können wir gebrauchen. Das Einzelbeispiel bricht den Monolith an Schuld am Ende doch auf?

Nein, der Trost reicht nur bis zu diesem Punkt und der ist nur der Anfang. Es war eine Falle gestellt worden, und die meisten Partisanen sind in sie hineingelaufen. Ja, es war auch ein Pole als Verräter beteiligt. Aber das Maschinengewehr bedienten Deutsche. Der Freund sagt, es wäre im Wald unerträglich still gewesen, als die Partisanen auf die Straße zugingen. Die Gesichter der Männer waren ahnungsvoll, bleich, sie gingen auf den vermeintlichen Treff zu, und alle Zeichen warnten sie vor Verrat und Tod. Aber es hätte auch sein können, daß sich der Tod hinter ihnen aufgebaut hatte. So gingen sie vorwärts und starben.

Nach solchen Gesprächen schläft er schlecht, sonst auch nicht gut. Ein Wunder, daß er den Kopfschuß überlebt und die Operationen unter Kriegsbedingungen überstanden hat.

Wir haben zusammen seinen fünfundsechzigsten Geburtstag gefeiert. Ein normaler jubilarischer Geburtstag? Die Szenerie sah danach aus, und jeder wollte dazu beitragen, ihm diesen Tag unvergeßlich zu machen.

Seine Kinder kamen aus Dresden und Mecklenburg, Freunde aus Berlin, eine Dolmetscherin aus Rudolstadt, und polnische Kronzeugen seines Lebens hatten den weitesten Weg zu dem guten Deutschen in schlimmer Zeit.

Es gab Braten und Kuchen, Spanferkel und Salate, Sekt und Kaffee – und eine Geburtstagszeitung. Die war verkrampft. Er, glänzender Briefschreiber, feinsinniger Formulierer, erstaunlicher Erinnerer, mit dem Schreiben des ersten Buches befaßt, das seinen Weg machen wird, hat eine miserable Geburtstagszeitung gedichtet.

Er wollte niemanden traurig machen, jedes pathetische Wort sollte unterbleiben, lustig sollte es zugehen, so ist er auf der Oberfläche deutscher Reime herumgeritten, aber die Fakten waren nicht danach. Es war kein normaler Geburtstag, normal in dem Sinn, daß solch ein Tag eben kommt und man begeht ihn mit Blumen und Geschenken und einer festlichen Tafel. Die Anwesenden hatten anderes miteinander erlebt, man hätte sich dazu bekennen müssen.

Irena trug die Bernsteinkette, die er ihr vor mehr als vierzig Jahren geschenkt hatte. Ihr Mann war zu krank, sie zu begleiten. Aber mit ihr kam der ehemalige Partisanenkommandeur, begleitet von seiner Frau, deren Geschichte unter deutscher Besetzung wir hier nicht auch noch erzählen wollen, und jener Auschwitzhäftling mit seiner Frau, die auch mehrere deutsche Konzentrationslager überlebt hat. Der Kommandeur ist Anwalt geworden, Irenas Mann war viele Jahre beliebter Bürgermeister, aber der Krieg hat ihn nur krank wiederhergegeben.

Die jungen Leute mögen unbefangen gewesen sein. Da die Dolmetscherin half, konnten sich die jungen Familien verabreden, gleich für den Sommerurlaub, der ist auch gewesen, das gefällt dem Vater.

Zwischen Irena und ihm war noch immer ein Rest bezaubernder Befangenheit, auch eine Vertraulichkeit, von der wir anderen ausgeschlossen blieben. Die Sätze zwischen den ehemaligen Widerstandskämpfern und ihm waren auf andere Weise unerreichbar besonders.

Auch da waren wir außen vor, verstanden die Anspielungen und Scherze nicht, auch nicht die voller Sorge geäußerten Worte, weil zuviel Bezug auf uns Unbekanntes mitschwang.

Wir hatten anderes Leben mit ihm geteilt und wurden von den polnischen Freunden ins Herz geschlossen, weil wir für ihn wichtig schienen.

Es hat an den Zeiten gelegen, daß Irena nicht seine Frau geworden ist, nicht am zu geringen Maß der Liebe.

Irena hat ihn nach dem Krieg in Leipzig gesucht. Damals konnte er als Deutscher nicht nach Polen reisen, und der Krieg hatte auch Irena aus ihrem Ort vertrieben, so daß sie brieflich nicht zu finden war.

Auf dem Polizeirevier in Leipzig winkte ein unfreundlicher Polizist ab, eine solche Straße gäbe es nicht. Sie war umbenannt worden. Irena war aber vorher nie in Leipzig, also auf den Straßennamen angewiesen. Weinend verbrachte sie die Nacht im Wartesaal, niemand klärte sie auf darüber, daß der alte Straßenname nicht mehr in die neue Zeit paßte.

Sie reiste zurück, das Leben trocknete ihre Tränen, und sie heiratete den ehemaligen Partisanenoffizier, der sechs Jahre im Wald gelebt hatte. Er wußte von dem Verlobten und hoffte wie sie, eines Tages würde man sich finden, nun als Freund, endlich zum Dank für damals, als der Mut und die Solidarität mit den Polen die Ausnahme waren. Jahrzehnte später schnitzte er das Gesicht des Deutschen in Holz, so wie im Wald die Gesichter der Kameraden.

Da gab es Besuche beiderseits, nicht abreißenden Briefaustausch, aber eben lange nachher.

Aus dem Krieg heimgekehrt, mit der Last der schweren Verwundung, war der Freund jung genug für den Frieden und sehnsüchtig nach ihm. Bei der Mutter fand er ihn für sich selber nicht.

Er traf die junge Buchhändlerin wieder, die er scheu verehrt hatte, die mit einem anderen befreundet war, sich mit ihm verlobte, ihn auch heiratete. Nun war sie schon Witwe, der Mann hatte ihr einen Sohn hinterlassen und eine nie ganz heilende Trauer. Es war eine unschuldige, fast wunschlose Jugendliebe von ihm gewesen. Er fühlte, daß sie Hilfe brauchte und einsam war, auch sie in schwer erträglichem Zusammenleben mit einer Mutter „... hart wie Granit". Der Zauber entstand in ihm neu, zu werben wußte er, geduldig im Warten und rasch entschlossen im Tun für sie und den Jungen. Sie wußten wohl beide, daß die vorherige Liebe nicht ausgelebt war, nicht die zu Irena, nicht die zu dem Mann, der eine Ehe einging, die nicht mehr gelebt werden konnte.

Und fanden sich dennoch, sie wurde seine Frau, die Mutter seiner beiden Kinder. Einige Jahre waren ihnen gegeben, in denen sie Lebenspläne machen konnten, jeder mit seinen Anfängen beschäftigt, immer auch in die Tragödien jener Zeit gezogen. Seine Mutter ging nach Sigmaringen und verlangte seine Sohnespflicht, ihr soviel wie möglich nachzuschicken, ein verblüffend blöder Gedanke, in den Anfang der fünfziger Jahre gebracht.

Ihre Mutter lebte mit in der Familie und bildete einen Punkt ständiger Gereiztheit. Sie erwartete sich Großartiges, ohne selbst dazu beizutragen. Dann brach schon die Krankheit aus, die von nun an das Leben der Familie unausweichlich bestimmte. Vorangegangen waren ihr Zustände, die schwer zu ertragen waren und zu der zarten, eher errötenden als zürnenden Frau nicht passen wollten.

Die multiple Sklerose war durch nichts aufzuhalten, auch durch sein Opfer nicht. Er ließ alles zurück, was sein Leben hätte ausmachen sollen, und befolgte den Rat des Arztes, mit ihr in den Thüringer Wald zu ziehen, die Luft würde ihr dort besser bekommen. Er hat die Großstadt, die Bühne, Ausstellungen, sein mögliches Lebenswerk drangegeben und es mit den kargen Verdienstmöglichkeiten in Betriebsensembles und Laienkabaretts aufgenommen. Sechs Menschen waren zu ernähren, er mußte die drei Kinder versorgen, die Kranke pflegen, keinen Tag gab er sie ins Krankenhaus.

Zwanzig Jahre hat Eva noch gelebt, einen großen Teil dieser Zeit konnte sie nur im Rollstuhl bewegt werden, zuletzt nur noch den Kopf wenden.

Sie starb in seinen Armen, in seiner Fürsorge, das ehemalige spröde Mädchen, die schwierig zu weckende junge Frau, die er geliebt hat. Seine Seele hat aus jener langen Zeit nur die Verbundenheit bewahrt, das umfassende Gefühl der Verantwortung. Manchmal scheint ein Kummer durch die Worte der Kinder, die sich kaum lachend und amüsierend an ihre Kindheit erinnern können. Es gab jeden Morgen Salbeitee. Abscheulich, aber der Mann fürchtete, eins könne erkranken und ihn anstecken und er würde die Kranke zusätzlich belasten.

Sie vertrug keine Ausgelassenheit, kaum Bewegungen im Raum, wenig Geräusche, am liebsten war ihr Stille und daß nichts verändert wurde. Das gibt natürlich keine übermütige Kindheit her.

Der Mann fuhr einmal mit seiner Frau nach Venedig, dort sollte eine besondere Behandlung an ihr vorgenommen werden. Von dieser Stadt konnte er kaum anderes als ihr Krankenzimmer sehen, so beschwerlich war ihr die Reise im Zug gewesen. Sie konnte ihn keine Minute entbehren. Er fuhr ab, mit Sorge im Herzen und keinem Bild von Venedig bis heute.

Wie oft hat er sie im Rollstuhl die steilen Waldwege hochgeschoben, gefahren, auch von dieser Anstrengung bewahrt er nur, wieviel sie doch sehen konnten und daß es ihr Freude gemacht habe, die Natur zu erleben.

Das Geld war knapp. Er erzählte mir, einmal mußten zehn Mark für den Hund an den Tierarzt bezahlt werden. Es sei ihm nicht gelungen, im Laufe des Monats das Geld wieder einzusparen.

Aber sie haben aus fast keiner Chance doch Leben und Liebe gemacht, bis zum Ende, wo ihr Herz aufgab.

Nach Evas Tod hielt ihm das Leben eine Zeitlang die Uhr scheinbar an. Ihm war alles aus den Händen genommen, was sein eigenes Dasein rechtfertigte. Die Arbeit neben ihrer Pflege konnte nicht gedeihen, Evas Porträt war das letzte, das er zeichnete. Er hatte lange aufgehört zu komponieren, um sie nicht mit Geräuschen zu belästigen. Die Kinder wollten aus dem Haus. Der Mann war allein, unerträglich allein. Und bereit für eine neue Liebe. Die Gemeindeschwester Ilse hatte ihm manchmal bei der Pflege von Eva geholfen. Solange die aber lebte, bestand die größte Intimität zwischen ihnen im Ausleihen eines Buches.

Sie haben geheiratet, und er verlor sie nach sieben guten Jahren, nicht immer leichten, denn sie war über fünfzig und geprägt vom Alleinsein bis dahin, er verlor sie nach einer läppischen Operation. Sie kam aus dem Krankenhaus nicht mehr nach Hause.

Eine Kusine von Ilse teilte die tiefe Erschütterung des Mannes, der nun schon drei Frauen zu betrauern hatte.

Lilo teilte sehr bald sein Leben, aber sie verbarg vor ihm, daß sie sich nach dem Tod sehnte. Das war ihre Krankheit, gegen die kein Mittel half. Wieder war ihm eine hilflose Frau gegeben, deren Leiden er noch weniger lindern konnte als das von Eva. Ihre Seele war hoffnungslos an Dämonen ausgeliefert. Bei solchen Schüben durfte er sie weder ansprechen noch berühren, woher sollte er wissen, daß es nicht nur Traurigkeit über ein Wort, Verstimmtheit aus Eifersucht war, sondern wirkliche Erkrankung. Ihre Sehnsucht nach dem Tod war stärker als seine Bemühung, sie durch Erlebnisse von ihren Depressionen abzubringen. Sie schmückte sich mit bunten Tüchern und viel Schminke, war eine nach außen lebenshungrige Frau, attraktiv, gelegentlich auffällig.

Eines Tages fand er sie tot vor. „Ich liebe dich mehr als mein Leben. Aber du hast genug durchgemacht.“

Ihr Tod war der tiefste Punkt seines Mutes. Es schien keinen Sinn zu geben, die Verluste waren nicht hinzunehmen, er inzwischen auch nicht mehr jung genug, sie durch Anfänge zu verwinden. Sie hatten ein Jahr zusammen gelebt, die Kinder hatten die Ehe bejaht, aber sie liebte ihr Leben nicht. Wollen wir denken, sie habe ihn geliebt.

Das Ausmaß des Respektes, den der Mann bei den polnischen Freunden genießt, war von uns ganz erst an seinem fünfundsechzigsten Geburtstag zu erfahren. Und viele Gründe dafür, die wir nicht kannten. Man mag darüber in seinem Buch lesen. Der Zufall hatte die Adressen einige Jahre zuvor beiden Familien zugespielt. Seitdem war der Faden nicht wieder abgerissen.

Es gab schöne Stunden in Polen, schöne Besuche von dort, das Puzzle der Ereignisse konnte gelegt werden, jeder erfuhr vom anderen, daß da keine Untreue, sondern halt Weltgeschichte die Wege anders gewiesen hatte.

War bei der Feier niemand unbefangen? Vor Joanna, Irenas Enkeltochter, stapelten sich mehr Leckerbissen als vor seinen kräftigen Enkeln, pfiffigen Dresdnern, die durchs Haus und den Ort wirbelten. Manchmal ruhte sein Blick auf dem Mädchen, und dann trafen sich seine und Irenas Blicke. Ja, sie hätte beider Enkeltochter sein können.

Wo seine Lieben schlafen, ruhen, wie wir beschönigend sagen, sich wieder in Erde verwandeln, könnte auch Irenas Platz sein. In der Nähe ist die schlichte Gedenkstätte für drei ermordete KZ-Häftlinge. Und drüber, von der Stelle des Grabes und des Gedenksteines sichtbar, das leuchtende Glasfenster, das sein Sohn für die Kirche zu Ehren der Ermordeten geschaffen hat. Das warme tiefe Rubinrot erfüllt die Kirche, strahlt nach draußen, wenn die Sonne auf das Glas fällt.

Er ist ein Mensch, dem Liebe nicht Aufflug und sachtes Abgleiten oder jäher Sturz ist, sondern ein Immerwährendes, nur mit dem eigenen Leben Endendes. Solche Naturen sind selten. Man nannte sie früher gute Menschen, aber da hatten sie den Glauben, im Jenseits werde ihnen die Rechnung für jede edle Tat bezahlt. Er glaubt nicht an ein Jenseits und kann ungerecht heftig werden, will man mit ihm über die Kirche reden. Er hat wohl zu viele Leute gekannt, die im Namen guten Glaubens auch ihre Untaten rechtfertigten.

Glauben bedeutet ihm nichts oder stillen Zusammenhalt, eine Unbeirrbarkeit Menschen gegenüber. Ein guter Mensch, das klingt zu einfach. Gutsein kann auch Torheit enthalten, allzu gut ist liederlich. Wo er gut war, ging es um mehr als um Güte.

Er hätte Eva niemals verlassen, die Kranke, oft Eigensinnige, die leidend auch daran litt, eine unrettbar Leidende zu sein.

Werden unsere Kinder zur Barmherzigkeit fähig sein, zu ähnlicher Abrückung von ihren eigenen Wünschen, und, was mehr ist, könnten sie auch solche Gegebenheit als Chance für ein großes Leben erkennen?

Ach, wir heben die Größe eines einzelnen aus der älteren Generation heraus, das hebt uns selber auch. Güte und Liebe werden mit uns nicht aus der Welt sein, was soll solche Nachfrage, in der Unterstellung mitschwingt?

Aber die Liebe, so lautet die Furcht eigentlich, bedarf einer Tiefe, die auch Abstürze aus berechtigter Hoffnung überdauern müßte, hoffen läßt, man werde, alt oder leidend, nicht allein bleiben und zur anderen Hand finden. Deren Druck leichter wird, aber immer da ist, wenn uns Verzweiflung anfällt über kaum Hinnehmbares. Uns halten bis zum Tod, dem wir vorerst entlaufen könnten, scheinbar, wenn wir dem Leiden anderer entfliehen, bis er uns einholt, zu größerer Angst und vielleicht auch Reue. In seiner Wohnung ist jede Liebe aufbewahrt. So verhält sich niemand von Geburt, und wiederum kann sich niemand als Erwachsener aus einem eben noch leichtsinnig dahintrottelnden Menschen in ein Wesen mit solch sittlichem Ernst verwandeln. Vielleicht war auch der unsere nur oberflächlich, nur scheinbar, während der Feierstunden, in denen wir an Rosa Luxemburg oder Ernst Thälmann oder an die Spanienkämpfer dachten, ihrer gedachten.

Für unsere Besuche in den Gedenkstätten ehemaliger Konzentrationslager würde ich das bestreiten. Dort hatten wir große Empfindungen, dort wehte uns ein Ernst an, dem wir uns nicht entziehen konnten.

Haben wir Verlust zugelassen? Nehmen Serienhelden jetzt in der Seele unserer Kinder und Enkel Plätze ein, die ihnen nicht zustehen?

Für unseren Freund wird es auslösende Momente der Erkenntnis gegeben haben. Wege lassen sich dennoch so nicht bestimmen. Andere Menschen erklären mit denselben Anlässen ihre Untaten.

Eins ist für mich am schwersten nachvollziehbar: Wie er handeln und sich formen konnte, so ganz aus sich, ohne den Halt einer Gruppe. Für mich ist es äußerste Einsamkeit, nur mit sich zu Rat gehen können, ohne die Schultern, den Einspruch, den Händedruck von anderen. Die

Kameraden können die Angst nicht kleiner machen, aber sie teilen ein Wissen, das einer von ihnen später überbringen kann. Er mußte sich so verhalten, daß nichts aufkam und also auch nichts überkommen wäre, hätte er den Krieg nicht überlebt. Darüber ist mit ihm schwer zu reden. Er kann abweisend sein. Möglich, uns schließt auch aus, daß wir eben doch entscheidende Jahre jünger sind und noch Kinder waren, als er erwachsen sein mußte, das Gewehr in die Hand nehmen, sich entscheiden.

Seine Wohnung wird geprägt von Bildern, schönen, wertvollen, vor allem aber von den Fotos seiner Frauen. Und von barocken Madonnen, im Koffer sorglich hertransportiert, wo andere den umgekehrten Weg nehmen. So kam auch die kostbare afrikanische Trommel her, und Pierrot sitzt auf dem noch am ehesten bequemen Stuhl, wirklich bequeme gibt es in seiner Wohnung nicht. Vorm Fenster der thüringische Wald.

Es hat sich nun so gefügt. Dabei ist er ein Stadtmensch und weiß es. Metropolen ziehen ihn magisch an, da lebt er auf, unermüdbar in Museen, Ausstellungen, Konzerten.

Wo ich Tage damit verbringen könnte, Zeitungen zu lesen, und jeder Vernissage ungeduldig rasch entfliehe, kann er sich versenken, entdeckt und entziffert er, endlich hat er Zeit für sich selber, und so wie eine Mahlzeit Stunden dauern darf, könnte eine Woche vergehen, ehe er sich ungern, mit allen käuflichen Prospekten und Katalogen wohl versorgt, fürs erste doch aus den köstlichen Räumen begibt.

Wir sind da als Begleitung nicht gut genug, ich schon gar nicht. In meinem Gedächtnis geht auch die eine Kutschensammlung mit der anderen Münzensammlung in denselben Raum, was nicht gut sein kann.

Am unterhaltsamsten war noch, daß ich einmal in unserer Nationalgalerie meine neuen Lackschuhe unter den Arm klemmte und auf schmucken schwarzen Strumpfhosen vor Bildern stand. Kam eine Frau daher und untersagte mir das. „So können Sie hier nicht rumlaufen." Meine Strumpfhosen waren sehr teuer gewesen, und ich riskierte sie nicht gern, aber mein Fuß war geschwollen und geprellt. Warum darf ich hier so nicht rumlaufen? „Da könnte ja jeder kommen, und was denken Sie, im Sommer kommen welche barfuß."

Ich bin nicht barfuß –

„Es ist aber verboten."

Bitte sagen Sie mir einen Grund, frage ich freundlich.

„Weil es verboten ist. Ich erfülle hier nur meine Pflicht."

Die Frau tut mir leid. Ich will sie nicht ärgern. Aber meine Beinbekleidung besteht nicht aus hauchdünnem Perlon, ich habe ein Weihnachtsgeschenk an den Beinen, von Yves Saint Laurent, dicht gewebt, mit Naht.

Die Frau sagt: „Sie könnten sich Glassplitter in den Fuß treten, was denken Sie, was hier rumliegt."

Und das dulden Sie? Da nehmen Sie nicht den Besen und kehren die Splitter weg? Wenn nun ein Kind hinfällt?

Kommt, wir gehen.

Über den Lustgarten, hin zum Pergamonmuseum soll uns der Weg führen, ich seile mich innerlich schon ab, da bleibt der Freund stehen und blickt wie ein gestellter Wilderer zurück. „Und warum haben wir Männer uns nicht auch die Schuhe ausgezogen? Und warum überhaupt sind wir rausgegangen?"

Komm, die Frau kann nichts dafür.

Sein Buch ist Essay, Satire, Porträt, strenge literarische Komposition, Lebensbild, Legende und gemessenes Abschreiten einer historisch langen Strecke. Und ein Bekenntnis seiner Fähigkeit zu lieben. Über den Augenblick der Verzückung hinaus, ein unbeirrbarer Narr, der die Weisheit der Treue bewahrt.

Auf dem Klavier steht jenes alte Foto der jungen dunkelhaarigen Irena, die lächelt, ihn anlächelt in jener fernen Zeit, als sie sich hassen sollten und lieben mußten. Es ist nicht gut ausgegangen, sie haben sich nicht gekriegt.

Ach, darum geht es in diesem Beispiel nicht. Es geht um das Gute in böser Zeit, um Kassiber nach Auschwitz, um entkommene Partisanen, darum, daß polnische Menschen diese Liebe geduldet haben, und das brachte jeden Mitwisser zusätzlich in Gefahr.

Es geht um das Wiedersehen zweier erwachsener, fast alter Menschen und um die Treue bis in den Tod.

Es gab eine Verabredung für den Sommer, vor kurzem noch einen Brief von Irena. Mitteilungen in sonderbarem Deutsch, ulkig, aber immer verständlich.

Nun trauert er um Irena und liebt sie weiter, wie alle seine Lieben. Auf dem Grabstein unter dem rotglühenden Fenster steht:

> Schlaf ist uns lieb,
> nicht sehen und nicht hören.
> Drum wage nicht zu wecken.
> Ach! Sprich leise.

Diese Verse von Rilke hat Eva geliebt.

Er aber scheint mir noch immer auf etwas Unglaubliches zu warten, ist noch immer, als hätte er das Wichtigste vertagen müssen. Auf einem Waldweg der Erinnerung, den wir mit ihm gehen, schlägt er unsere langweiligen Ermahnungen, etwas weniger gutmütig zu sein und auch mit der Kraft zu sparen, in den Wind. Singt plötzlich: Lustig Blut und leichter Sinn, futsch ist futsch und hin ist hin.

Ja, das wär's. So ungefähr das Gegenteil davon dürfte zutreffen.

Die Trauer verändert nichts. Morgen wird er über Irena sprechen, als käme sie übermorgen zu Besuch und habe immer mit ihm gelebt.

1988

Wenn du einen Schmerz freilegst, triffst du auf einen Nerv.

Du hast vielleicht nicht gewußt, daß dieser Nerv in dir ist, ihn nicht vermutet, solange er nicht schmerzte. Nein, schlag nicht nach im Bilzbuch oder seinem modernsten Nachfolger.

Du hast den Nerv freigelegt und erklärst den Schmerz, aber der ist auch nur ein Signal.

Der Nerv ist die Wahrheit.

Wer kennt schon die ganze Wahrheit?

Niemand, aber deinem Teil kommst du näher, wenn du den Schmerz zuläßt. Der sucht nach seinem Namen. Das ist zuviel auf einmal. Du bist groß darin, nur so viel Wahrheit zuzulassen, daß sie dich nicht gefährdet.

Du hast viel gelernt, bist schlau, in manchem sogar klug, kennst dich aus, wie weit du gehen kannst. Dir fehlt nicht Wissen, keine Information. Was fehlt, ist die Ausdauer, es zu deinem eigenen Standpunkt zu bringen.

Alle Dinge haben einen positiven Sinn. Du mußt alles optimistisch sehen, auch deinen Tod, von dem du weißt, an den du dennoch nicht wirklich glaubst. Gib Ruhe, Nerv. Hör auf, Schmerz, such nicht nach deinem ehrlichen Namen. Den können wir jetzt nicht gebrauchen. Da müßten wir ja nach unserem Wissen handeln. Mag sein, uns bleibt kein Stein auf dem anderen. Das ist zum Lachen, oder zum Weinen, aber beides kommt als Überschäumen kaum noch vor. Wir haben einen weichen Strich gezogen zwischen uns und allzu übertriebene Reaktionen.

Einen Schmerz, den wir nicht abstellen können, den wollen wir auch nicht bei seinem Namen nennen. Wir nennen ihn anders, gefälliger, hübscher, umschreibend. Wir sollten lernen, Schmerz und Trauer anzunehmen. Aber wir haben unentwegt Wichtigeres zu tun, schneller, weiter, vorwärts, hinauf.

Dabei bin ich so weit, daß ich auch kleine Steine spüre und fallen höre, wenn sie sich unter meinen Füßen gelöst haben, gerade durch meinen Schritt, der nach festem Boden sucht.

Wenn wir nur das Sichere an uns heranlassen, werden wir bald verelenden. Das wird ein Schmerz, der das ganze Leben freilegt, und dem erschrockenen Blick zeigt sich das sterbliche Gewirr aller Nerven, die unser Charakter am Leben erhalten muß. Sonst hört auch der Schmerz auf, der immerhin beweist: Es ist noch nicht zu spät. Du hast noch Zeit, dich zu stellen. Leicht ist das nicht. Es ist immerhin ein Schmerz ...

Einmal sah ich einen Vogel auf einem Ast. Beide waren unscheinbar. Als ich näher kam, flog der Vogel auf, einem ungewissen Los entgegen.

Ich stand da, kam mir häßlich vor, überflüssig, hatte zu viel von mir und zu oft dasselbe gesagt, weggegeben, veräußerlicht. Ich mochte nicht, was ich angezettelt hatte. Ich mochte auch nicht reden. Niemand sollte mich fragen: Und was macht die Kunst? Aber während ich nichts wollte, was nie die Wahrheit ist, während ich also scheinbar nichts wollte, dachte ich an blauen Flieder, an knusprige Kartoffelpuffer, bequemere Schuhe und malte mir auch aus, wohin ich mich an meinem nächsten runden Geburtstag verzischen würde, denn die Abneigung gegen Zusammenrottungen zwecks Vertilgung von Alkohol und Nikotin, die ist echt. Ich dachte, so, wie du dich jetzt siehst, sehen dich andere öfter.

Das war kein schöner Gedanke. Also milderte ich ihn ab: In mancher Stadt gibt es Menschen, die haben mich, die habe ich in einem schlechten Moment erlebt. Vielleicht war ich müde, schon auf anderes konzentriert, kam noch überdreht daher, vielleicht stülpte sich bei ihrem Anblick das immer lauernde preußische Vorurteil über mich: Der hat so ’ne komische Jacke an. Die braucht ja ewig, bis sie sagt, was sie will ...

Da geht dann nichts.

Einmal hat mir eine Frau geschrieben: Sehr verehrte Frau ...

Bestimmt hat sie Anlauf genommen. In dem Brief lag ein Foto von ihr und ihrer Tochter, zwei lachende Frauen am Strand. Ich schrieb ihr zurück: Liebe Dagmar, ich danke Dir für Deinen Brief ... usw. Wir haben uns, denke ich, ein paarmal geschrieben. Jahre später kam ein Brief unter vielen, Liebe Giesi, also Gi-esi, ein Brief, der mich mit Hallo und unannehmbarem Du in einem Augenblick antraf, in dem ich ungern berührt wurde. Ich habe zurückgeschrieben, förmlich, leicht befremdet, geantwortet auf einen Brief unter vielen.

Es kam ein Zettel in einem absenderlosen Kuvert, Worte voller Verwirrung, Traurigkeit, Beschämung.

Nun erinnerte ich mich. Und hatte ihre Adresse nicht mehr. Ich möchte das vergessen, aber ich kann nicht.

Die Weisung des Arztes: Halte dich nicht mit Dingen auf, die du nicht ändern kannst. Geh spazieren, laß dich massieren, ruh den Kopf aus und streng die Beine an.

Alles nützlich, wichtig, auch richtig. Aber das Leben holt einen ein, es schickt Briefe, erschüttert mit Nachrichten, wir werden gerufen, es flüstert, droht, winkt ab, ich sehe Enttäuschung, der sich vielleicht abhelfen läßt, Falten um müde Augen, müder als die meinen, erfahre vergebliche Anläufe, man könnte nachhelfen, ich könnte, wüßte Unterstützung, Abhilfe, Beistand, die Klinke, die man putzen könnte. Und unterlasse die einzige Hilfe, auf die es angekommen wäre, erkenne ihre Dringlichkeit nicht, die einzige Antwort, die ich geben müßte, bleibt ungesagt, es unterläuft uns, jedem von uns, dort müßte ich stehen und nicht anders können, aber ich stehe ganz woanders und weiß, oder weiß nicht.

Und wie war Ihnen, als Sie den Vorderwäldler-Oberorden am gestickten Blatt erhalten haben? Das muß doch ein wunderbarer Moment gewesen sein, in Klammern: Gerade für Sie, bei Ihnen hätte es der untere doch auch getan.

Wie das war? Das ist wie mit dem Reisen. Man winkt erst ab, wenn man lange genug unterwegs war. Und wenn alle andern es gestrickt und gestickt und mattiert und plattiert haben, dann wächst es sich aus. Man wartet auf etwas, will nicht warten, hat grundsätzlich was dagegen, und dann auch noch diese Klassen, unmöglich. Bin ich dritt- oder zweitklassig?

Aber wenn man dann in dem Saal sitzt und wartet, daß der eigene Name sehr laut aufgerufen wird, dann ist man ein Weib, das hofft, die Samtjacke werde nicht verrutschen, und denkt, hoffentlich bleibe ich nicht mit dem Absatz hängen und fliege auf der Treppe hin.

Sag nichts, wir sind alle nicht so großartig, wie wir es anderen ständig empfehlen.

Es gibt Erinnerungen, die möchte ich gern auslöschen. Und würde es nicht tun, wenn ich es könnte.

Einmal dachte ich, und ausgerechnet nach dem Lesen eines Buches, es ist aus und vorbei. Wir haben diese Erde geschafft. Und ich mit meinem Haarspray und Weichspüler und Weißmacher habe das Meine dazu getan. Wir werden unseren Enkeln etwas hinterlassen, das würden wir als Möbel auf den Sperrmüll wandern lassen. Ein Schwedenkönig hat vor Jahrhunderten auf Hiddensee als kriegerische Großtat alle Eichen abbrennen lassen. Nie wieder haben Baumwurzeln im Inselsand Halt gefunden.

Wäre es überhaupt möglich gewesen? Mir ist keine Bemühung darum bekannt. Keine, die mit anderen fragwürdigeren aufwendigen Unternehmungen zu vergleichen wäre. Ich möchte gern wissen, ob es mit unseren heutigen Kenntnissen, Daten, Apparaten und Chemikalien möglich wäre.

Ich dachte nach dem Lesen jenes Buches, daß auch wir, die beruflichen Aufwühler, Aufstörer und Mutmacher, zuwenig gekonnt haben und uns oft maßlos überschätzen. Es geht eine dunkle Wolke herein? Eine? Wir haben sie über uns gezogen wie warme Bettdekken, die dunklen Wolken, die uns zerstören können wie ein Virus die Robben, wie Heuschrecken die Hoffnung auf Brot vernichten, der Mißbrauch die endlich mögliche Sorglosigkeit in der Liebe wieder angreift.

Wohin können die Hände da fassen, in einem solchen Moment der

Mutlosigkeit? Wo man sich selber leid tut. Dafür also hab ich geboren, schwer genug, auf mich verzichtet, mich vertagt, dich vernachlässigt, dafür war ich wild vor Hoffnung auf die späteren, die leichteren, die reiferen Jahre.

Ich fall nicht auf die Knie. Ich hab keinen Stern gesehen und bin auch keinen Stall suchen gegangen. Dennoch spüre ich Hoffnung.

Wir sagen einander mehr. Wir gucken nicht mehr hin, ob einer mitschreibt. Soll er doch. Wenn alle alles wissen, können alle alles ändern.

Es geht uns im Moment nicht gut genug. Weil wir uns zuwenig darüber einig sind, was gut gehn eigentlich ist. Was gehört dazu? Die Arbeit, ja.

Ohne die, ohne gebraucht zu werden, das ist kein Leben. Geliebt werden, lieben, das ist Atem.

Und die eigene Würde. Die Bestätigung, jemand zu sein, dem man etwas glaubt. Dem man nichts unterstellt. Der nicht abgewimmelt werden kann, weggewedelt, mit einer Absage, für die ich die Begründung nirgendwo nachlesen kann, und brauche doch auch mein einklagbares Recht, mein Bestehen auf mir.

Es ist Beunruhigung in alltägliche Anmaßung gekommen. Auf der Oberfläche sehe ich nur feine Risse. Aber sie sind da. Wie die Hoffnung:

Daß aus dem Gleichgewicht des gegenseitigen Schreckens ein Aufschwung der Vernunft werden könnte.

Ich war an der Wolokolamsker Chaussee vor Moskau, auch in dem ehemaligen Konzentrationslager für Frauen und Kinder, in Salaspils.

Ich war in Leningrad. Und habe am Ufer des Ladogasees gestanden, auf dem einmal kleine weiße Kinderhüte schwammen. Ein Schiff mit Kindern war versenkt worden. Von wem?

Mein Onkel Kutti gehörte zum Bodenpersonal der Luftwaffe in der deutschen Wehrmacht. Es hat ihm Spaß gemacht, er war gern Kamerad. Hat er noch schnell eine Schraube festgezogen, ehe das Flugzeug stolz aufflog?

Ach, wäre es so unscheinbar gewesen wie jener Vogel auf jenem unscheinbaren Ast. Wie ich, wie du? Dann wird's aber Zeit, daß wir altes Gefieder abstreifen, das graue, und uns rüsten für allerlei Wetter.

Ich fürchte mich nicht, ich fürchte mich. Aber ohne die Wetter wird es nicht gehen.

1987/88

Fehlstart

Er log schon als Kind, ohne je in Konflikt zu geraten, obwohl immer auch die Wahrheit möglich gewesen wäre, ohne Folgen, vor denen sich einer zu fürchten hätte.

Seine Mutter bestahl er früh und ohne es zu bemänteln. Er litt nicht an schlechtem Gewissen, das machte ihn unbefangen. So mußte er sich auch nie eine Ausrede merken, er gebrauchte keine und belastete sein Gedächtnis ohnehin nicht mit Gewesenem. Er nahm von ihrem Geld, so unausgesetzt und schlau abgemessen, daß sie schließlich entnervt aufhörte, den Überblick über ihr Portemonnaie zu behalten, und an eine erworbene oder naturgegebene Schwäche glaubte, die sie vor den anderen Familienmitgliedern verbergen müsse. Die Summen, die ihr fehlten, waren zu gering, um davon Aufhebens zu machen, die Entnahme zu regelmäßig, um sie zu irritieren.

Ein- oder zweimal ahnte sie die Wahrheit, aber sie vertraute darauf, daß Kinder Fehler machen, und wartete auf eine Leichtfertigkeit. Dann ließe sich leicht aus einemmal jedesmal machen.

Ihr Sohn machte diesen Fehler nicht und lief ihr nicht in die Falle. Ihm war frühzeitig aufgefallen, daß man sich fast jede Unbill vom Hals halten kann, wenn man die anderen aufmerksam beobachtet. Dies wurde seine liebste Beschäftigung, und durch ihre Art und den Zweck, den er damit verfolgte, ergab sie einen Teil seiner ohnehin bemerkenswerten Unauffälligkeit. Nämlich war er insofern ein leicht zu handhabendes Kind, da er nie durchzusetzen versuchte, was man ihm nicht zugestanden hätte, er gab keine trotzigen Widerworte, machte keine Szenen, blamierte seine Eltern nicht.

Er vertraute zeitig der Erfahrung, daß man fast alles tun kann, wenn man es nicht fordert und dabei nicht auffällt. Es gelang ihm, dies zeugte von Intelligenz, die man ihm nicht absprechen kann.

Mit wachsender Leidenschaft schulte er, oft mit angehaltenem Atem, die Fähigkeit, von kleinen Zeichen auf Kommendes zu deuten.

Es glückte seiner Mutter nie, ihn zu einem nötigenden Gespräch zu stellen. Sie klapperte vorher mit dem Geschirr auf eine vibrierende, Signale sendende Weise und hielt ihre Blicke schlecht im Zaum. Die irrten vom Gemüse zu ihm, ohne große Hoffnung zum Vater, wieder zu ihm. Man sah ihrem Gesicht an, daß sie sich auf das Klima einer Auseinandersetzung vorbereitete, meist nahm sie vorher eine Tablette. Dann war es Zeit für ihn. Er konnte immer rechtzeitig entgehen, in eine Krankheit oder in vorgeschobene Tätigkeit, die ihm niemand unterbrechen durfte, der es gut mit ihm meinte.

Nur eine Sucht bedrohte seine sowohl natürliche als auch geübte Art, die Erwachsenen wie Figuren in einem Spiel zu behandeln. Er konnte ohne den Fernseher nicht leben. Der brachte ihm Wagnisse, die gefährdend für seine sonstige Unauffälligkeit waren. Oft fürchtete er, der Fernseher wäre kaputt oder verschwunden. Das war für ihn schlimmer, als wäre ihm der Vater oder die Mutter abhanden gekommen. Den Verlust beider gleichzeitig stellte er sich nicht vor, nie.

Eine Zeitlang warf er Gegenstände vom Balkon. Das war ihm selber nicht recht, aber er konnte damit nicht aufhören. Aus dem zwölften Stock erzielte er zwar, durch Zufall, keinen Treffer, er war auch nicht darauf aus. Aber die Wirkung der Vorgänge war dennoch beträchtlich. Es fanden sich Nachahmer, die sich auf das Trittbrett seiner Taten schwangen, das vermerkte sein Unbehagen, aber es war ihm nicht möglich, gegen den Zwang solcher Handlung anzugehen.

Er warf Flaschen, Einweckgläser mit und ohne Inhalt, ein Matchbox-Auto seines Freundes, das er anders nicht spurlos verschwinden lassen konnte, dem Freund aber auch nicht gönnte, zumal der sich Tauschangeboten gegenüber stur zeigte.

Sie kamen ihm drauf. Aber sie glaubten ihm, daß es sich nur um ein einmaliges Vorkommnis handelte, die anderen, der andere war schuld, der das immer machte. Dennoch kostete dieses Ereignis seine Eltern viel Zeit, und es zwang sie auch, miteinander über ihn zu reden. Der Lauscher an der Wand hätte nicht seine Schand gehört, sondern ein fremdes, befremdendes Porträt, das eigentlich auf niemanden paßte, auf ihn auch nicht. Alle suchten nach Erklärungen.

„Das Kind ruft um Hilfe."

Nein, das konnte nicht sein. Warum sollte das Kind Hilfe brauchen, es rief doch nie, und wenn sie nur einmal einen Hilferuf abgewiesen hätten, aber er hatte nicht und sie hatten auch nicht. Es tut ihm keiner was.

„Er ist zuviel allein."

Die paar Stunden, wie alle anderen Kinder auch.

Zum Glück kommt er jetzt in die Schule. Dann liegt der Tag nicht mehr so lang vor ihm, in zu festen Einteilungen. In der Schule ist immer was los. Er wird lesen, das erschließt ihm eine neue Welt.

„Habt ihr ihm unrecht getan, und er zeigt seinen Kummer?"

Unrecht getan. Sie hatten ihn gezeugt, ausgetragen, zum Arzt gebracht, gekleidet, gestreichelt, hergezeigt und in der Krippe abgegeben, bei liebevollen Erzieherinnen, später im Kindergarten, bei liebevollen Erzieherinnen. Sie hatten ihm nichts getan. Eine einzige verdiente Ohrfeige kann man nicht als Untat bezeichnen. Wofür hat er die gekriegt? Ach, da hat er unter dem Bett mit Feuer gekokelt, und er sollte durch Schreck und Schmerz von größerem Schrecken und schlimmeren Schmerzen abgehalten werden. Es hätte ja auch die Wohnung abbrennen können. Oder das ganze Haus, die ganze Straße. Das hatten sie ihm erklärt, die ganze Stadt hätte abbrennen können. Wenn Feuer erst einmal losbricht, da ist es schwer einzudämmen. Im Fernsehen kam kurz darauf ein Brand in der Wildnis, Flugzeuge warfen Wasser ab, Tiere versuchten zu fliehen, siehst du, so wäre das bei uns auch gewesen.

Als er in die Schule kam, lernte er notgedrungen Lesen, Schreiben, einfache Rechenarten. Er beobachtete, daß dies nicht zu vermeiden sei, aber in ihm war kein Bedürfnis, sich von irgend etwas ein Bild zu machen, er wollte nichts anderes als bewegte Bilder sehen. Wenn mittags die Sender nur noch ihr Testbild aussandten, litt er körperlich. Ihn überfiel eine qualvolle, die Zeit in einzelne Schmerzen einteilende

Langeweile. Wenn eine Sendung lief, irgendeine, rannte er durchaus mehrmals in die Küche, trank, nahm sich etwas zu essen, machte in Eile und ohne einen überflüssigen Gedanken mechanisch die Schularbeiten. Aber während der Sendepause zuckten seine Hände auf dem Tisch herum, er war verlassen, verloren, ausgesetzt. Die Füße krampfte er um die Stuhlbeine und starrte auf die Uhr, die ihm zum höhnischen Feind wurde.

Mit der ersten Sendung, der vertrauten Folge von Bildern und Tönen, beruhigte er sich.

Erst gegen fünf Uhr nachmittags kam neue Unruhe über ihn. Störungen waren zu erwarten, es würde Klappern geben, unerträgliche Rufe von der Küche in die Stube und hinaus. Er mußte nicht fürchten, daß der Apparat abgestellt würde. Sobald sein Vater die Wohnung betrat, stellte er den Fernseher an und ließ ihn laufen, neben Abendbrot, Gesprächen, wenn Leute kamen: der Apparat lief. Aber schon, als der Junge in die erste Klasse ging, wußte er den Fön zu benutzen, damit niemand noch einmal die Hand auf das Gehäuse legen würde und mit drohender Stimme fragen: „Hast du deine Schularbeiten gemacht? Oder vor der Glotze gesessen?“

Da er keine Lust hatte, den Widerspruch aufzuheben und das Zusammengehörige zu erklären, schüttelte er den Kopf, und von da an benutzte er den Fön, um den Apparat zu kühlen.

Wenn die Mutter als erste nach Hause kam, bat er sie nahezu demütig, ob er „nachher“ etwas sehen dürfe, nannte auch gleich Titel und Sendezeit. Das machte Eindruck, denn als er noch nicht so verfuhr, mußte er einmal hören: „Aber nicht so vor dem Fernseher rumsitzen, wenn du gar nicht weißt, was du sehen willst.“

Dieses Argument mußte weg. Zwar verfuhren die Eltern nicht anders, in der Zeit, die ihm noch nicht zur Verfügung stand. Abends, wenn er wachbleiben wollte und dem Schlaf unterlag. Später würde das anders sein, er nahm sich fest vor, in seinem Leben nur so viel zu schlafen, wie es unbedingt sein mußte. Er haßte Schlaf und liebte nichts mehr, als allein zu sein.

Es war seiner Mutter nicht unlieb, daß er niemanden mit nach Hause brachte. Sogar nur durch Überredung zu seinem Geburtstag ein paar Kinder aus der Verwandtschaft duldete. Von denen konnte er niemanden leiden, sowenig wie sie ihn. Er bemerkte wohl, daß sie einander ziemlich vertraut waren, und sie redeten von anderen, von vielen Malen, bei denen sie sich getroffen hatten. Ihre Verbündung richtete sich gegen andere Jungen und den oder jenen von den Eltern. Eine generelle war es nicht, wie bei ihm, er wollte diese Jungen nicht sehen und ihre Eltern auch nicht.

So kam in der Wohnung keine Unordnung auf. Der Junge war daran gewöhnt, seine Zeit ohne hinterlassene Spur zu verbringen, er dehnte das auf alles aus, auf jede Umgebung, in der er sich befand. Er hinterließ nie ein wohlgeordnetes Universum, das anderen als Chaos erscheinen mochte.

Er baute nie eine Höhle, obwohl er mit Behagen Höhlenbauenden auf dem Bildschirm zusah. Aber es war ihm egal. Sie konnten auch Pferde zureiten, sich gegenseitig totschießen, sogar einen Hund zum Freund haben, ohne daß er den Wunsch nach einem Tier verspürte. Was er sah, weckte ihm Sehnsüchte und befriedigte sie zugleich.

Wenn er aß, nahm er sich keinen Teller, er aß aus dem Topf, das Brot aus der Hand.

Die Mutter sah in ihm ein außergewöhnlich selbständiges Kind. Er nimmt soviel Rücksicht, sagte sie. Am Wochenende ist er kaum zu merken, und er wäscht immer alles selber ab.

Sie wußte nicht und entdeckte während der Dauer seiner ungeduldig abgewarteten Kindheit nicht, daß er nie etwas herräumte, kaum Dinge berührte. Sie interessierten ihn nicht. Süßigkeiten aß er sofort und wartete, bis er neue bekam, er teilte sie nicht ein und verlangte nicht Nachschub. Er betrat die Wohnung, saß vor dem Fernseher und verbarg alles, was ihn beschäftigte.

Seine Mutter war Lehrerin. Sie kannte Kinder. Sie sagte: „Auch wenn man es nicht glauben will, Kinder sind immer, wie sie wirken, und nicht anders. Man erkennt sie eigentlich in den ersten fünf Minuten, und was einer am ersten Tag versucht, das wird er immer wieder machen oder versuchen."

Sein Vater hätte für den Jungen ein Wunder für das ganze Leben sein können. Er war Hausmeister in einem Haus, in dem sich nie alle Leute kannten. Eine Zeugenvernehmung wäre ziemlich unbefriedigend ausgefallen. Fast zweihundert Familien, aber es zogen immer andere aus und ein. Die brauchten alle ein Universalgenie. Dieser Vater konnte tapezieren, Leitungen verlegen, wofür er auch einen Berechtigungsschein besaß, und es gab keine Kniffligkeit, für die ihm nicht, nach Gebrumm und gehtnicht gehtnicht, am Ende doch eine verblüffende Lösung eingefallen wäre. Er war schon immer so, sagte die Großmutter des Jungen, die sich dazu bekannte, daß sie ihre Kinder aufgezogen habe und den Enkeln von Herzen alles Gute wünsche, aber Mutter wolle sie nicht noch einmal sein. Sie lebe nun zum erstenmal so, wie es ihr passe, und ihr passe ein Kreis von Freundinnen, Kartenspielabende, Kegeln und Gymnastik. Gelegentliche Treffen mit Verwandten möchte sie sich nicht wegdenken, aber sie würde nie in eine Wohnung der Kinder ziehen, und wenn sie etwas brauche, werde sie sich melden.

Sie war liebenswürdig, und was sie sagte, das meinte sie auch so. Kommt nicht unangemeldet, sagte sie, ich habe die Hälfte meines Lebens mit euren unangemeldeten Krankheiten und Problemen und Kümmernissen zugebracht, laßt mich jetzt mein Leben haben.

Zu diesem, zu unserem Jungen fand die Großmutter keinerlei Zugang. Er war ihr befremdlich. Sie teilte die Auffassung ihrer Schwiegertochter nicht, daß es sich um ein besonders ausgeglichenes und harmonisches Kind handle, und sie bemerkte wohl seine Anfälle von Ungeduld, wenn Besucher sich von der Sitzecke bis zur Wohnungstür zu lange aufhielten, immer noch schwatzten, noch ein Brillenetui vergessen worden war, noch mal Kuchen eingepackt wurde.

Wenn der Junge sich dem Vater zugesellt hätte, eine Welt wäre zu entdecken gewesen. Wie andere Menschen wohnen, wie man

Schränke umbaut, Betten verkürzt, falsch zusammengerührte Farben doch noch aufhellt oder abdunkelt, wie aus einer leeren Wohnung ein Zuhause entsteht. Dieser Vater langweilte sich nie, und Fernsehen war für ihn zwar unablässig, aber auch gleichzeitig durchaus flüchtig Aufgenommenes, eine Pause zwischen spannenden Tätigkeiten. Sie hatten den Einstieg zur Gemeinsamkeit verpaßt. Vielleicht, das könnte sein, fühlte sich der Vater trotz seiner unbezweifelbaren höheren Lebenskundigkeit in manchen Teilen der Bildung unterlegen. Dazu bestand kein Grund, und von seinem Verhalten war das auch nicht abzulesen. Er war energisch, setzte sich leicht durch und gab eigentlich in der Familie den Ton an. Die Mutter lehnte sich dagegen nie auf, weil sie ihm nicht das Gefühl geben wollte, sie bevormunde ihn oder fühle sich überlegen. Dem Jungen war es egal. Er beobachtete seinen Vater und wußte: Bei jedem Mißgeschick, wenn irgend etwas nicht klappte, wenn es zur Unzeit einen Defekt oder eine Beschwerde gab, wenn ihn jemand ungerecht beschimpft hatte, weil der Fahrstuhl nicht fuhr, die Türen klemmten, der Weihnachtsbaum im Müllkanal brannte, der Vater würde es in Ordnung bringen. Aber nicht, ehe er sich in der Familie abreagiert hatte. Auf geheimnisvolle Weise war die Mutter an allem schuld, oder der Sohn, wenn der in die Quere kam, was natürlich auch diesem wiederfahren konnte. Der Vater war auf einen Ausbruch aus.

Man hatte ihm den Telefonhörer gegeben, als er den ersten Löffel Suppe in den Mund steckte, statt zu sagen, er sei im Haus unterwegs. Nun, seine Lieben hatten das zu beherzigen gesucht, aber da war es genau falsch gewesen, was sie nicht wissen konnten, nein, wirklich nicht.

Es ist so bedauerlich, aber dieser Vater und sein Sohn verfehlten eine Beziehung, die ihnen bis zur Freundschaft hätte gedeihen können. Der Junge vermied es zeitig, den Vater und die Mutter gegeneinander auszuspielen. Das wäre leicht möglich gewesen, aber es hätte Auseinandersetzungen mit sich gebracht, bei denen wären Dinge zur Sprache gekommen, die sollten lieber ungesagt bleiben.

Kein Lehrer beschwerte sich je über den Jungen. Er sah die Anzeichen kommender schriftlicher Arbeiten, er sah, wann es einem Lehrer selber nicht gut ging, drängelte sich dann am ehesten zu Leistungskontrollen, er erkannte den verbrauchten, verschlissenen Lehrer, roch den Angstschweiß der Studentin, die ihr Praktikum und fast alles falsch machte, und er unterließ jedes Spielchen bei dem einen Lehrer, für den die Klasse lernte, ein lockerer Mann, der sich nie anzustrengen schien, der immer den Überblick behielt, der manchmal plötzlich russisch oder chinesisch oder englisch mit der Klasse sprach und ihnen jedenfalls einen Satz in zehn Sprachen einprägte: „Das Ganze noch mal." Sie sagten es aber lachend, resignierend und die Anstrengung auf sich nehmend, weil er mit ihnen lachte, ein Durchhängen verstand und auf eine Atmosphäre einging. Als in einer Parallelklasse ein Junge an Krebs starb, lag über der sonst noch immer sensiblen Gemeinschaft eine lähmende Unfähigkeit, dieses Ereignis zu verarbeiten. Andere Lehrer hatten versucht, der Klasse zu helfen. Sie erklärten, daß er jetzt von schlimmeren Leiden erlöst sei, und es klang fast so, als sei ihm der Tod am Ende lieber gewesen als die zu kleine Hoffnung. Aber das stimmte nicht, seine Freunde hatten ihn bis zum Ende im Krankenhaus besucht und wußten, daß er an seinen Tod nicht glauben konnte.

Dieser eine Lehrer aber sprach mit ihnen über den Tod, der in solchem Fall dem menschlichen Vermögen als nicht hinnehmbar erscheint. Er verstand, daß sie Angst hatten und daß ein Teil ihrer Unverletzlichkeit verlorengegangen war. Man hätte einwenden können, daß es nicht eben behutsam war, ihnen zu sagen, daß dieses Leben für sie von nun an immer Verluste bringen würde, verschuldete oder unverschuldete, mit denen man nicht wirklich fertig wird, nicht im Gedächtnis, nicht im Charakter und vorerst schon gar nicht. Mit dieser Wahrheit muß man leben.

So kam ein Gespräch in Gang, das nicht im Lehrplan stand. Sie lehnten sich auf. Wenn wir auf den Mond können, sagten sie, warum dann nicht einem so jungen Menschen helfen? Gegen den Schnupfen haben wir nichts, aber es werden Erfindungen gemacht, die den Untergang der Menschheit bedeuten können.

Ihr Lehrer drückte sich nicht. Er stellte nicht Wissen aus, das er nicht besaß. Manchem Gedankengang folgte er und akzeptierte ihn nur durch ein Kopfnicken und ein Heben der Schultern. Ja, du hast recht, aber da können wir beide nichts machen. Oder er widersprach, half einem idealistischen Gedanken zum realen Kern.

Er sagte ihnen bei der nächsten Begegnung nicht, daß er in der Nacht darauf keinen Schlaf gefunden hatte und sich wieder einmal am Ende seines Lateins sah. Aber er mußte das nicht sagen. Manche Schüler erzählten, wie das Thema zu Hause auf alle übergegriffen hätte, andere fingen an, das Unabänderliche zu verdrängen. Sie konnten auch wieder lachen.

Der Junge hatte während der lebhaften Diskussion eine merkwürdige Kälte gespürt, die er aus der Angst kannte. Er wollte nicht, daß dieses Gespräch so weiterlief. Die Stunde sollte eingehalten werden. Er spürte, daß ihm Tränen kamen, und seine Brust war angefüllt mit beklemmenden Gefühlen, für die er keine Wörter hatte. Er suchte sie auch nicht.

Am Abend brauchte er Mühe, seine sonstige Unauffälligkeit zu zeigen. Und wenn er etwas deutlich empfand, dann den immer heftigeren Wunsch, bald nicht mehr Kind, sondern ohne die Eltern mit sich allein zu sein.

„Am Sonntag will ich Rotkohl mit Rouladen", sagte der Vater.

Und „Pudding macht dick." Daran schloß sich eine bekannte, eingespielte Diskussion, ob der Vater die Mutter zu dick fände und wie sie von nun an leben wollten, was man weglassen könne, denn „ich bewege mich doch nun wirklich genug". Kuchen am Nachmittag ist sowieso altmodisch, brauchst nicht selber backen, paar Stücken kann man sich vom Bäcker holen.

Der Junge hörte zu, oder auch nicht, aber in seinen Ohren brauste eine unangenehme Unruhe, die er nicht wollte, die aber in ihm nicht zur Ruhe kam.

An diesem Tag hätte ihn jemand auffangen müssen, und möglich, daß er sich eröffnet hätte, Schutz gesucht, sein dünnes Federkleid wäre vielleicht sichtbar geworden, aber da er nicht schrie, sich nicht auf dem Boden wälzte, war doch alles ganz normal.

Nur war der tote Pal aus der Nachbarklasse etwas durchaus anderes als alle die erschossenen Gangster, die gemurksten Hilfskräfte, als das friedvoll entschlummernde Liebespaar, das nur so vereint bleiben konnte.

Ich werde auch sterben müssen, dachte der Junge und wußte nicht, wohin mit seiner Angst davor.

Was dachten seine Eltern? Daß es bei ihnen zum Glück nicht so verrückt zuging wie bei anderen Leuten. Sie hatten sich was angeschafft und würden sich nie scheiden lassen.

„Das fehlte mir noch, sone Experimente", sagte der Vater, und die Mutter, „ich kann doch nun wirklich zufrieden sein. Verglichen mit anderen."

Das klingt nicht nach großem Glück, aber die Eltern empfanden nicht, daß es ihnen daran mangelte. Bei ihnen klappte immer alles. Sie bekamen eine Autoanmeldung geschenkt, so daß sie sich ein Auto kaufen konnten, als sie das Geld zusammen hatten, Großmutter gab was dazu, das war ihr lieb, nun wurde sie auch in schwierigen Situationen nicht mehr um ihren Wagen gebeten. Ein Grundstück erbten sie, samt Einrichtung, die sich umbauen, aufmöbeln, ergänzen ließ. Nur bei manchen Filmen dachte die Mutter, daß es doch sehr komisch und unbequem sein muß, für einen einzigen Menschen des anderen Geschlechts soviel Gewese zu machen. Oder ob das schön war? Ach nein, sie kuschelte sich zurecht. Das hat sich einer ausgedacht. Sie konnte sich nicht vorstellen, so zu handeln wie die Figuren im Film. In dem einen Streifen versteckte die Frau ihren Mann vor den Nazis im Keller und besucht ihn in jeder freien Minute. Der Mann um sie herum, der nicht wußte, daß ihr Mann gar nicht emigriert war, der benahm sich viel netter und normaler. Der im Keller war oft unfreundlich, na ja, ihre Sache.

Sie liebte ihren Mann nicht, aber auch keinen anderen, und sie wollte auch kein anderes Gefühl und keinen anderen Mann.

Als ihr Sohn das erstemal ein Mädchen dauernd ansehen mußte, beobachtete er sie. Ehe er das erstemal mit ihr über Ballett sprach, wußte er alles von ihr. Er kannte ihre Familienverhältnisse, ihre Lieblingsmusiken, ihre Hobbys, ihren Berufswunsch.

Es war leicht, sie zu beeindrucken, denn noch nie hatte sie sich so verstanden gefühlt. Sie dachte, er wäre ihr bester Freund. Sie verliebte sich himmelhoch und jauchzend in ihn. Da beachtete er sie nicht mehr. Sie hat sich das nie erklären können, und ein Schuldbewußtsein blieb ihr. Er ließ sie damit zurück, denn er hatte eine Steigerung früherer nutzbringender Verhaltensweisen kennengelernt.

Mehr als dieses eine Mädchen interessierte ihn, ob man nicht vielleicht dem Leben überhaupt durch Beobachten beikommen könne. Dem Leben im Bereich der so viel bekicherten und mit unglaublichem Aufwand betriebenen Gefühle zum anderen Geschlecht.

Er erfuhr, es war möglich. Seine Methode klappte für jeden Anfang. Natürlich ließ er es nie so weit kommen, daß er selber, gar in häuslicher Atmosphäre, zu erkennen gewesen wäre. Er benutzte sein Wissen, um sich zu verstellen. Oder manchmal auch nicht, der Aufwand war nicht immer nötig, anpassen reichte auch schon.

Das Geheimnis war einfach zu benennen, das konnte sogar er, der nicht einmal ein Paar Schuhe schildern konnte, die ihm gefallen hatten und die er sich wünschte, ja, da war der Vater bereit, sich danach umzugucken, aber er konnte aus den Beschreibungen, die keine waren, nicht klug werden. So kam es zu einer der wenigen Streitigkeiten, bei denen seine Mutter dem Vater recht gab, und ihre Formulierungen gerieten gefährlich in den Bereich der Wahrheit. „Kannst du dich nicht einmal richtig ausdrücken?“ Dahinter stand eine Dimension, sie spürte das auch, aber ehe ihr Sohn entwischen mußte, zog sie sich schon selber zurück aus einer Unbehaglichkeit, in der sie sich unterlegen fühlte.

Der Junge, nun schon hochgewachsen, mit tiefer Stimme und von angenehmem Äußeren, wozu eine gewisse Ratlosigkeit in seinem Blick sogar beitrug, verbaute sich selber, und wieder zwanghaft, die Aufregung eines Risikos. Er setzte sich nicht der Möglichkeit aus, abgelehnt zu werden.

Mit der simplen Wahrheit, daß jeder Mensch sich selber sehr wichtig ist und ja erhofft, von einem anderen erkannt und ergänzt zu werden, kam er durch. Oft glaubten die Mädchen, sie hätten wunderbare Gespräche mit ihm geführt, in Wahrheit hatte er das Wissen über sie dosiert, und sie hatten gesprochen, so daß ihm Fehlendes noch umgehend ergänzt wurde.

Die Erfolge machten ihn nicht reicher, auch nicht weicher. Nicht nur, daß er kein Mitgefühl für die angeführten Mädchen empfinden konnte, er verachtete sie sogar.

Und vergaß sie, wenn er vor dem Fernseher saß und seine Identität je nach dem Haupthelden wechselte.

Als die Eltern sich einen neuen Fernseher mit Fernbedienung kauften, bekam er den alten Apparat. Hätten sie ihn doch zerhackt, das Geld für den neuen in Schnipsel gerissen. Ihr Sohn war krank, und es war kaum abzusehen, ob er je genesen würde von der Distanz zu allem, was wirklich war.

Eines Tages kam ein neues Mädchen in die Klasse. Sie war lang, noch ein bißchen kalbig, schwitzte leicht, hatte auch diese schrecklichen Pickel, an denen man in solchem Alter über Gebühr leidet, ehe sie spurlos verschwinden. Sie war immer eilig, immer ein bißchen aufgeregt, verhaspelte sich, weil sie schneller dachte, als einer sprechen konnte. Wenn man es in ein vielleicht dummes Bild fassen sollte, sie hatte das Zeug zu einem Edelstein unter den Menschen.

Es war ihr ein Bedürfnis, Schwächeren zu helfen, dabei war sie merkwürdig selbstbewußt und schien furchtlos, obwohl sie das natürlich nicht wirklich war. Sie hatte ein Lächeln, dem sich niemand entziehen konnte. Ein so warmherziges offenes Lächeln, das vor keinem Spiegel geübt war, es war ihr gegeben. Dieses Lächeln entsprang ihren Augen, ehe es die Lippen teilte und zwei Grübchen formte, längliche Grübchen. Eine unfertige Schöne, eine halbgare Bemerkenswerte, die auch von den Mädchen gemocht wurde, unter denen sie leicht Frieden stiftete. Die Neidkämpfe hörten auf, man müßte sagen, das Verhältnis zwischen den Jungen und den Mädchen wurde durch ihr Beispiel befangener. Aber das hat so zu sein, und sie war nur die Auslösende, da alle abguckten, und es war leicht zu bemerken, daß ihr niemand auf die Schulter hauen durfte, sie sich auf obszöne Wortgefechte einfach nicht einließ, sich aber nicht zickig zurückzog. Ein Kumpel, ein junges Weib, das für die anderen Mädchen wie gerufen kam, denn nun hatten sie ihr Leitlämmchen, das sich allerdings bei gegebenem Anlaß auch als wutschnaubender Kampfstier eignete. Bei Ungerechtigkeiten gab sie nicht oder nur so ostentativ nach, daß Austragung nötig wurde.

Ihr konnte der Junge nicht beikommen. Es war leicht, alles über sie zu erfahren, denn die anderen Mädchen beschwatzten das Neueste ohnehin unentwegt, aber obwohl er die Zahl der Geschwister wie die Größe der elterlichen Wohnung kannte und bald auch die Telefonnummer wußte, blieb sie ihm Rätsel und Offenbarung zugleich.

Der Bildschirm gab ihm keinen Rat. Nichts Gesehenes war anzuwenden auf noch nicht Geschehenes. Einmal, aber wirklich nur dieses eine Mal, versagte seine Methode.

Er suchte niemals den Kontakt zu ihr, und wenn der Zufall sie an derselben Unternehmung beteiligte, fiel ihr nichts an ihm auf.

Er verließ die Schule und ging in eine Lehre, ohne das Mädchen zu vergessen, ohne sie zu suchen.

Aber mit ihr war das Spiel fad geworden. Es gab keinen Sieg mehr, der sich gelohnt hätte.

Er zog in ein Hinterhaus, vierter Stock, war endlich allein und stand in der unordentlichen Wohnung mit all seinem Krempel hilflos herum, während sein Vater die Lichtleitungen neu legte, Tapetenkleister anrührte und sich verwundert bewußt wurde, daß er von seinem Sohn nicht einmal erwartete, daß der ihm die Leiter hält.

Seine Wohnung wurde von den Eltern wohnlich gemacht, aber noch wäre es schwierig gewesen, den Bewohner an den Gegenständen und der Atmosphäre zu erkennen.

Er ist jetzt neunzehn. Demnächst wird er zur Armee eingezogen. Wenn er ausgelernt hat.

So wird sich das Leben einmischen, auch hart und ungerecht, aber darin liegt die ganze Chance.

1988

Die Kette

Meine Mutter, meine Tochter, wie möchte ich euch nahe sein und befreundet. Wie möchte ich, daß sich alle erlittene und ausgeteilte Verletzung aufhebt in Lachen, Verzeihen, in der endlichen Erreichbarkeit der einen für die andere. Wie möchte ich, daß die Verluste wie die Kruste über dem Herzen nebbich halt das Leben so mit sich bringt.

Noch immer will ich nicht hinnehmen, daß wir Frauen sind, die nur vergangene Abhängigkeit und natürlicher Vorgang miteinander verbindet. Wir teilen inzwischen weniger Erinnerungen als jede für sich schon mit anderen Menschen. Eine jede von uns hat in den Nächten ihr eigenes Garn gewebt, zu Gold oder Pechsträhne, nichts davon kann neu zur Nabelschnur werden.

Wir würden nicht sterben, wir würden weinen und weiterleben, wenn wir einander verlieren.

Meine Mutter, ich muß doch an deiner Brust gelegen haben, meine Tochter, du wärmtest dich in meinem Körper, ehe das Leben uns einzeln machte.

An der Hand meiner Mutter lernte ich laufen und hielt später die Hand meiner Tochter. Nachweh und Wiederkehr will das als unlösbar ausgeben. Aber die Kette, die uns miteinander verbindet, besteht nun aus freiwilligen Handlungen. Die Bilder heißen weißtdunoch, und der Schatten, der uns über die Stirn streichen will, hat den Namen Vergänglichkeit, eigene Vergänglichkeit. Damals warst du noch so klein, damals war ich noch so jung, du noch jung, damals waren wir noch zusammen, damals habe ich dich gut gekannt und geglaubt, ich weiß alles von dir. Alles, das behaupten wir nun schon nicht mehr.

Meine Mutter, meine Tochter, wie wünschte ich, daß wir uns verständigen könnten. Daß früher und jetzt sagbar würden ohne Kränkung, statt daß wir bei allen Anlässen so tun, als habe sich nichts geändert, wir seien einander noch immer die Nächsten.

Meine Mutter, du mußt dich zu meinem Vornamen immer erst hinstottern. Der feine Stich in meiner Brust kommt aus der Erkenntnis, daß dahinter etwas steckt, ein Mangel an Interesse. Wenn nur die Familie noch irgendwie zusammenhält. Das läßt Fremdheit zu, selbst unüberbrückbare, aber keinen offenen Bruch. Ich habe mich daran den Verwandten gegenüber schon früh nicht gehalten, und du hast es hinnehmen müssen, meine Mutter, obwohl dir selber ein solches Verhalten nicht möglich ist. Sie können dir alle gestohlen bleiben, und niemand darf verlorengehen.

Jedes Wort, von mir zur Mutter oder Tochter gesagt, trifft nun auf das Leben der anderen Frau, die mir gegenüber ein schlechtes Gewissen hat. Meine Befangenheit kommt aus demselben Grund.

Es hat Zeiten gegeben, da gab ich nur mir recht. Meine Mutter hat mich nie verstanden, meine Tochter sich zu früh von mir gelöst. Ich hatte eine „schwere Kindheit" und „war eine gute Mutter".

Ironie und Selbstironie bieten sich an, wie wäre es, ich würde von einer unerträglichen Kindheit und von mir als einzigartiger Mutter sprechen?

Solche Übertreibung macht immerhin schwere Zeit und gelungene Bemühung glaubhafter. Aber ich will das nicht. Möge durchschimmern, daß fast niemand eine nur schwere Kindheit gehabt hat und niemand eine nur gute Mutter sein kann. Wie komme ich dazu, Jahrzehnte meines Lebens noch immer über eine einzige Frau abrechnen zu wollen, über meine Mutter? Soll sie vom Schnupfen bis zum falschen Bett schuld gewesen sein?

Wie komme ich dazu, das Maß, Unmaß oder Ausmaß meines mütterlichen Vermögens von einer einzigen Frau anerkannt sehen zu wollen, der Tochter, nur weil sie mir Wehen verursacht hat und mich fast zwanzig Jahre lang band?

All meine Zeit, all meine Kraft, all meine Liebe?

Wohl doch immer nur einen Teil davon, denn in der Zeit ihrer Kindheit habe ich mir mein künftiges Leben eingerichtet, war in Liebeshändel verwickelt, hatte Freunde, mancherlei Kümmernis, hatte viel Arbeit, auch ohne dich, Tochter. So wie du auch. Schon als Kind. Daran mußte ich mich gewöhnen, das war schwer.

Ich dachte immer, meine Mutter liebt ihre anderen Kinder, mich nicht. Gewiß hat sie ihren einzigen Sohn mehr geliebt als ihre drei Töchter.

Nur auf ihn war sie eifersüchtig, nur für ihn war ihr nichts gut genug, nur bei ihm empfand sie andere Zuwendung als Einmischung in ihr Interessengebiet. So war ich auch, Tochter. Um das nicht zuzugeben, verhielt ich mich betont anders. Ich räumte die Wohnung für eine Klassenfete, aber ein Anruf bei meiner Freundin genügte, ich eilte zurück und besetzte die Feier mit meinem Geschick, fesselnd zu sein. Ich war eingebildet beim Fortgehen, eingebildet, gerufen zu werden, und eingebildet genug, die armen Mädchen der Langeweile einsamen Tanzes auszusetzen, während sich die Jungen und die Lehrer mit Miß Mama unterhielten.

Ich wüßte, wie meine Mutter leben müßte, wie meine Tochter leben sollte. Keine von beiden hält sich daran, so wie ich mich nicht an die Aussichten meiner Herkunft gehalten habe, zu meinem Glück.

Meine Mutter in Hamburg spricht von Sonderangeboten, füllt sich Kühltruhen mit überlagerten grünen Bohnen und die Schränke mit billigen Strumpfhosen, vermutlich made in GDR. Die gibt sie mir dann stapelweise mit, um sich neue zu kaufen, auch so billig, auch so schlecht. Endlich kann sie sich Unbrauchbares, Überflüssiges leisten.

Was sie über Politik weiß, entnimmt sie der Bildzeitung. Über Königshäuser ist sie lückenlos informiert, sie liebt Klatsch. Aber da ist auch noch der alte proletarische Wittersinn, der sie Gesichter und Visagen unterscheiden läßt. So ungerecht und grobrasterig sie dabei ist, die Richtung stimmt schon. Ihr ist die Widerborstigkeit der ewig Übervorteilten geblieben. Und das Geld kann sie noch immer nicht zusammenhalten.

Was soll diese Gehässigkeit, was geht es mich an? Habe ich eine andere Pflicht, als diese nun alte Frau zu lieben, statt mich an Unverzeihlichkeiten zu halten? Sie kommt doch aus. Ihr dreht keiner bei einer sogenannten Kaffeefahrt eine überteuerte Rheumadecke oder

Thermoskanne aus fast echt Silber an. Da sagt sie: „Ihr müßt doch die Omma nicht für dumm verkaufen.“ Und dann erzählt sie ihre urkomischen Geschichten, bis der Verkäufer abhaut oder ihr die Decke schenkt oder über die Klippen springt.

Vor siebenunddreißig Jahren hat sie mich und ihr Berlin und das Land verlassen. Vorher sahen wir uns im Gefängnis. Ich ging hin mit Wut auf sie, und als ich nach einer halben Stunde wieder auf dem langen Gang stand, habe ich mich an eine Wand mit abblätternder Farbe gelehnt und mich gewundert, daß Weinen so weh tun kann. Doch, wenn man so jung ist, tut Weinen körperlich weh. Das Schluchzen bricht los und endet aus Erschöpfung, ohne Erleichterung. Als ich älter war, schmerzte die Erkenntnis, ein notwendiger Entschluß stach in der Herzgegend, dort war er nicht gefaßt worden. Auch der Moment nach der Klärung oder die unerwartet noble Reaktion eines anderen Menschen, auch sein Schmerz konnte mitleiden lassen.

Damals war ich allein und ungetröstet mit meinen Tränen um dich, meine Mutter.

Ich, ich habe mich um dich gekümmert, das reibe ich dir jetzt hin, weil du neulich im Gespräch so lange überlegt hast, wie du dort rausgekommen bist. Die anderen waren zu jung oder kopflos, Hühner, wenn es donnert, oder sie zogen sich, selber aus den Zeiten heraus in vielerlei Unordnung verwickelt, in das Urteil über dich zurück. Sie hatten es ja immer gesagt.

Der Aufenthalt in der Untersuchungshaft war eine unangemessene Reaktion auf das Verhalten meiner Mutter. Sie hatte eine Spielart von Mehrwert für sich entdeckt, das heißt, sie schob. Vorwiegend verbrachte sie ungesetzlich am Leib befestigte Damenstrümpfe Kunstseide perlonverstärkt nach Westberlin, einmal auch eine Gans im Kinderwagen, was die junge HO eben anbot. Die Polizisten aus ihrem Kiez hatten sie mehrmals gewarnt, vor allem, weil sie immer volle Taschen zurückbrachte, für die große Familie. Bücklinge, Margarine und Obst für alle Kleinkinder. Das war auch verboten und das Ganze ein Klacks an Angelegenheit, von heute aus gesehen, aber damals war ein neues Wirtschaftsgesetz eingeführt worden, und das wurde zunächst streng gehandhabt. Die Jüngste war noch ein Kind, der Bruder minderjährig, der Untersuchungsrichter ein Mensch. Er ließ sie auf meine Bitten hin frei bis zur Gerichtsverhandlung.

Ich war zweiundzwanzig und schon ein halbes Jahrzehnt aus dem Haus, hatte mit den krummen Dingern nichts zu tun.

Der Richter sagte: „Sie müssen mit fünf Jahren Freiheitsentzug rechnen.“ Dabei sah er an mir vorbei zu seiner Tür, die seither auch sicher gestrichen wurde. Neunzehnhundertdreiundfünfzig war es die Situation, nicht die Normalität einer geflickten Tür, die mir Grau und Pappe einprägte.

Dann waren sie fort, alle. Ich war mit meiner Tochter, von ihrem Vater frisch geschieden, wirklich mutterseelenallein. Es ging mir schlecht. Aber die Anfechtung, der Familie zu folgen, blieb aus. Du bist gegangen, geflohen, meine Mutter, ich verstehe das, und ich denke, du wußtest, daß ich nicht mit dir gehen würde. Warum hast du es nicht wenigstens versucht? Mich nicht umarmt, dein Geheimnis mit mir geteilt, um mich geweint?

Du bist mir einen Abschied schuldig, wie ich dir.

Ich hatte mit siebzehn weggeheiratet, alles von mir abgestrampelt, die Verwandtschaft, den Namen, die Gegend. Wie schön war Ulenhorst in Köpenick damals. Wo jetzt Parkflächen betoniert wurden, standen damals Bäume, soviel Grün, soviel Unausgelebtheit, soviel Sehnsucht, soviel Anspruch, sowenig Zärtlichkeit, soviel Streit, Unverständnis, vor mir braver kindlicher Hausfrau lag noch das ganze Leben, und da war niemand, der mir das gesagt hat. Niemand hatte mich vor dem Tausch einer Abhängigkeit gegen die andere gewarnt, ach, meine Mutter.

Ich habe dir nicht gedankt, als ich mit einem Koffer ausgezogen bin. Ich glaubte dir keinen Dank schuldig zu sein. Für Verständnis und Barmherzigkeit waren die Spiegel noch zu groß.

Wie mußt du gelitten haben, als du das zweitemal schwanger wurdest, wo schon für das erste Kind ein Unterkommen nur im Waisenhaus möglich war. Du, ein Dienstmädchen mit einem gewissenlosen unzuverlässigen Liebhaber. Du hast alles getan, um mich loszuwerden. Deine Sprünge vom Tisch wie der Mißbrauch der Stricknadel blieben wirkungslos gegen mich. Du hast sogar deinen Bauch gegen die Wand geschlagen, immer wieder. Aber dein Körper hielt mich fest, und ich stand deinen Kampf gegen mich neun Monate durch. Du hast mir erzählt, daß du mich verschenkt hattest, aber als ich geboren war, konntest du dich nicht trennen. So kam ich auch ins Waisenhaus, vorerst, daran habe ich eine einzige ungenaue Erinnerung, du gingst, und ich schrie. Mein nächstes deutliches Bild weiß, ich saß auf einer Babywaage, und du gingst zur Tür. Um im Nebenraum Milchscheine abzuholen, hast du mir später erzählt. Ich sah dich gehen, und du gingst von mir fort, für immer. So schrie ich, schrie, bis ich mit der Waage umgefallen bin. Du mußtest mich mitnehmen, überallhin, oder ich schrie.

So warst du auch, Tochter. Deine frühe Erfahrung, daß ein Vater auf einmal fort sein kann, ließ dich jeden Verlust befürchten. Wie ich hast du Anwesenheit erzwungen. Einmal bemerkten fremde Leute, wie du dich aufführtest. Die Frau sagte: „Mit dem Kind hat die sich ein Rutenbündel auf den Rücken geschnallt."

Aber auch deine Tochter knurrte, sobald ich mich aus ihrem Blickfeld begab. Und die hatte niemals Einsamkeit kennengelernt, die war nie allein gelassen worden.

Meine Mutter, heute halte ich deine Hand, während du ein Stück Torte verzehrst, so fett wie möglich, süß und weich muß sie sein. Deine Sehnsucht nach Zärtlichkeit ist ein Leben lang nicht gestillt worden, das macht dir den vom Arzt bemängelten Heißhunger.

Butterfahrten sind zwar nur ein schwacher Ersatz für die große Zeit des Schwarzmarktes, wo du deine Zwiebeltüten sogar im Polizeirevier losgeschlagen hast, um den Anfang des Filmes im Westberliner Kino nicht zu verpassen. Was kleines Halblegales, das macht dir heute noch Spaß, und noch heute sind wir uns ganz fremd, wenn du davon erzählst. Ich möchte diese Geschichten alle lieber nicht hören, denn dann bist du für mich ein Mensch, den ich nicht unbedingt kennen müßte. Ich sehe, daß du dir den Vorteil einbildest und übers Ohr gehauen wirst, aber du siehst das nicht.

Doch, du siehst es, schon wieder gestehe ich dir etwas nicht zu. Du hast es doch ausgesprochen. Da wird dir die Einsamkeit bewußt, soviel Einsamkeit in deinem vielfach geschundenen Weibskörper, dem falsch ernährten, geschlagenen, mißbrauchten. Und ich könnte ein Loch in die Erde treten vor Verzweiflung, daß ich nun wieder mit dieser Liebe zu dir abreisen muß, mit dem Mitfühlen, dem Verstehen. Nicht die anderen haben die Leinen zu dir gekappt, du reduzierst dich auf das wenige, was dich noch anzugehen scheint. Du langweilst dich bei den anderen, aber du hast nicht gelernt fortzubleiben. Du willst eingeladen werden, und dann bist du nicht mehr der Mittelpunkt. Zu spät für dich, genügsam oder neu besonders zu sein.

Ich habe keinen Vorschlag für dich und dir nichts Besseres anzubieten. Nun bist du über Achtzig und fährst noch jeden Tag mit dem Auto, auch mal schnell von Hamburg nach Köln. Fahr, oder heirate noch einmal, laß dir von den Kindern das Auto nicht ausreden und keinen Kerl, falls dir noch einer gelegen kommt. Du hast dir das Recht auf dich erworben, nicht am Grab von drei Ehemännern, das kann jeder widerfahren. Aber am Grab des einzigen Sohnes, der wie sein Vater am Alkohol gestorben ist. Diesen Leidensweg hätte ich dir gern erspart. Und habe doch mit Entsetzen gesehen, daß seine totale Entwurzelung ihn dir wieder zurückgab, bis er nur noch dein hilfloses Wesen war, wie am Anfang seines Lebens. Angewiesen auf dein Geld, deine Begleitung zum Entzug, deine Wut auf den Arzt und seine brutale Offenheit, schöne Begründung, den armen vierzigjährigen Jungen wieder mit nach Hause zu nehmen. Warum kaufst du Wein für ihn, warum läßt du zu, daß er betrunken in sein Auto steigt? „Kind, das verstehst du nicht, ich fahre ihm doch hinterher, damit ihm nichts passiert." So brauchte er nicht im Rinnstein zu enden, nachdem er die Frau, das Kind, Arbeit, Wohnung, Auto und jeden finanziellen Anspruch verloren hatte.

Du hast ein Leben lang eine Abneigung gegen selbstbewußte starke Menschen. Leute mit Versehrtheit des Körpers oder im Lebenslauf können dich um den Finger wickeln. „Sind interessanter", sagst du, nein, das ist nicht der Grund.

Ich fülle das Auto mit Geschenken für dich, die ergeben Gesprächsstoff, hinter denen kann ich meine Verlegenheit und meine Sprachlosigkeit verbergen. Und dann esse ich deine Suppe und bin verloren.

„Das Gewürz der Seligen", bei dir waren es die billigen Eintöpfe, der zerkochte Weißkohl mit zermanschten Kartoffeln, es war das Reste-Essen, das Gulasch mit den angebrannten Zwiebeln, es weht mich an wie Lindenduft, und ich esse mit getarnter Gier, am liebsten in der Küche, stehend, aus dem Topf. Esse, daß du es gekocht hast, deine Beine tun dir weh, aber du hast in der Küche gestanden für mich.

Meine Tochter, wenn du zur Tür hereinkommst, überfällt dich der Hunger, sagst du. Wenn ich dich anrufen würde und sagen „Pflaumenklöße mit brauner Butter, Zucker und Zimt", du würdest aus dem Bett des Mannes steigen, dich an den Tisch setzen und die Beine druntersteckten.

Auch ich beute aus. Was wir erlebt haben, das fließt mir ein, ich forme es und komme deiner Wertung zuvor. Wäre da nur noch ein dünner Faden, ist ja vielleicht, aber auch den kann ich nicht verstärken und nicht zerreißen. Manchmal bin ich ganz im Einklang mit mir. Weisheit scheint möglich, ich bin ferngerückt, schon Erinnerung, heitere, bleibe Kind und hatte ein Kind, die Mutter weiß nichts von meinem Leben, als daß es mir gut geht, und als Mutter weiß ich nicht viel mehr. Ich möchte, daß es der Tochter gut geht. Sie soll nicht rauchen, wenig Alkohol trinken und viel schlafen. Wenn sie mir erzählt, womit sie sich rumschlägt, bin ich nicht gut für sie. Ich weiß gleich, was jetzt zu tun wäre. Ach, statt lange hin und her zu reden, zuzuhören und sacht zu sein.

Ich weiß wenig über meine Mutter. Hört man mich von ihr reden, ergibt sich kein Bild. Ich dachte, ich sei fertig mit ihr, aber das stimmte nicht. Ich kann mich nicht mehr über sie ärgern und fürchte jedes Wiedersehen, weil jeder Abschied unser letzter sein kann.

Aber einverstanden bin ich mit dir nicht.

Du, selber Mutter unehelicher Kinder, verachtest uneheliche Mütter, die nennst du „zu blöd". Darüber ist mit einer Frau in deinen Jahren nicht mehr zu rechten. Zwei deiner Töchter haben schwanger geheiratet, deine Strenge hat da wenig ausgerichtet.

„Du siehst schön aus", oder auch nur: „Du gefällst mir", das wäre für mich als junges Mädchen ein sehr wichtiger Satz gewesen. Aber du hast ihn nie gesagt. Nicht, bis ich weit über vierzig war. Nun hast du dir angewöhnt, mich wahrzunehmen und zu begutachten. Du sagst: „Wir haben eine gute Haut, die altert nicht so schnell." Oder: „Wir sind Lebenskünstler, wir machen was aus unserem Leben."

Dieses Wir habe ich von dir vorher nie gehört. Wenn du früher deine so vielgerühmte Kraft, deinen Charme, deinen Witz, deine Art, zu gefallen, einmal durch ein Wir wie einen Arm um mich gelegt hättest, da wäre ich stärker und witziger geworden.

Meine Mutter, meine Tochter, wir haben uns den Turm Babel neu errichtet. Jede von uns versteht andere Menschen besser.

Bei dir, meine Mutter, kann ich nichts mehr ändern, und bei Töchtern ändert sich alles zu schnell, und nun bin auch ich langsamer geworden. Aber vergeben habe ich nicht alles, nicht wirklich und nicht alles.

Meine Mutter brachte unsere Familie in Gefahr, als sie der jüdischen Familie Lebensmittel zukommen ließ, spontan, unbedacht. Ein Vorgang, den du seither nicht aus dem Gedächtnis verloren hast, meine Mutter, aber was hat er schon bewirkt? Wärst du bedachter gewesen und wäre es dir wirklich um diese Familie gegangen und nicht nur um deine Gefühle, die Hilfe wäre öfter möglich gewesen. Aber eine Miep Gies warst du nicht und bist du nicht. Du bist nach dem erstenmal angezeigt und verwarnt worden. Darüber hast du zwar gelacht, und das Mutterkreuz flog in das unentwirrbare Knäuel im Nähkästchen, aber diese Reaktionen muß man deiner Unwissenheit zurechnen, nicht deinem Mut.

Wir hätten diesen Menschen das Leben nicht retten können.

Aber noch immer quält mich der Gedanke, daß sie Hoffnung geschöpft haben könnten und ihr Leiden so noch entsetzlicher wurde. Abgeholt, voneinander getrennt, aus winziger Hoffnung in das absolute und einsame Ende gestürzt. Ich kann dir das nicht vorwerfen. Dein Teil ist, du hättest eine andere Uhrzeit wählen müssen, nicht ausgerechnet die halbe Stunde vor Ladenschluß, da gehen auch andere noch schnell was einkaufen. Und ich mußte unkundig Schmiere stehen, große Hilfe für dich. Das war nicht Solidarität von dir, sondern eine Geste zur Beruhigung der eigenen Seele.

Für seine weißen Zähne und die herablassend vorgebrachten Schmeicheleien fandest du ja auch den SS-Mann sehr nett, mitten in deinem einzigen Wohlleben, im Salzkammergut, er auf der Flucht, aber gemütlich, immer langsam, den Amis entgegen.

Er hatte von Papas herrlichen Zigarren gehört. Vielleicht hat er aber auch nur nach dem Weg ins Dorf gefragt, und du hast sie ihm aufgedrängt, auch ihm. Papas Zigarren, teure. Holländische und französische, bezahlt vielleicht, als Gefreiter konnte er sie vermutlich nicht einfach klauen. Gleich nach dem Krieg wollte er mit ihnen, schrieb er, in Berlin einen Tabakladen eröffnen. Es waren in Edelholz verpackte Zigarren, auch in Glashüllen, auf Samt gebettet, vielleicht auch solche von Davidoff. Wir verstanden nichts von dieser Ware und brachten sie auf den abwechselnd zu heißen und zu kalten Dachboden.

Es waren dreitausend Zigarren, aber nicht lange. Meine Mutter hatte etwas zum Verschenken, zum Gaupeln, zum Verschwenden, ohne schlechtes Gewissen, lachend, voller Lust. Weg mit den Zigarren, welch eine Rache für alle Schläge, Demütigungen und Unfreundlichkeit.

Ich habe in meinem Leben keinen zweiten so unfreundlichen Menschen getroffen wie meinen mutmaßlichen Vater. Er gab niemandem ein gutes Wort, keinen guten Tag und keinen guten Weg. Dennoch nannte ich dich in mir ungerecht und hielt heimlich zu seinen Zigarren, damit zu ihm, der nie zu mir gehalten hatte. Die Zigarren, verschenkt, o blasse Ironie, auch an den französischen Kriegsgefangenen. Ich weiß, wo ihr euch getroffen habt, im hochstehenden Weizenfeld. Da ich zu jung war für ersehnte Untugend, belauerte ich ständig, nie ohne Grund, die deine.

Als das Feld abgemäht war, scharten sich schon andere um dich, Urlauber und Unabkömmliche, der Dorfwirt, der Briefträger, du warst seine große Liebe. Und hast gelacht, hast gelacht „und seiner nicht geachtet".

Deine Schönheit hat die Männer angelockt, um dich her schien es keinen kriegsbedingten Männermangel zu geben.

Zum Wohlgefallen fehlte dir gegenüber ein Respekt. So scheint es mir, aber es ist vermessen, die Art einer anderen Frau zu werten.

Als der Krieg vorbei war, lagerten noch elf Zigarren auf dem Dachboden. Du hattest es aus den Karten vorhergesagt, und wirklich, ausgerechnet unser wenig erwarteter Familienvorstand kehrte, als erster im Dorf, aus dem Krieg heim. Er fragte nach seinen Zigarren. Da blieb dir nichts anderes, als wie eine Furie auf ihn loszugehen. Was das heißt, die Kinder allein durch die sechs Jahre gebracht zu haben, und was hat er denn schon geleistet, wo war er denn, wenn wieder Chinin gebraucht wurde, nach jedem Fronturlaub, und die Schmerzen und die Angst, mit der bloßen Hand hat der Arzt aus fernem anderen Ort sie ohne Narkose ausgeräumt, wenn die Abtreibung endlich vorangetrieben war. Sieben Abtreibungen im vierten Monat, nach den vier Kindern. Über deine herausgeschrienen Qualen will ich nichts sagen.

Deine Sicht ist nicht meine. Deine Waffen sind nie die meinen gewesen. Deine Zeichen verstehe ich oft nicht, oft nur ungern.

Und bin wohl meiner Tochter auch schwer verständlich, auch da tropfen die Sätze inzwischen mühselig, geht mir das Wort aus.

Es gibt keine Sprache, die ich bei der Tochter der Tochter nicht verstehe. Ich kann ihre Schrift lesen, ihre Zeichen deuten, ob sie blaß ist oder mit den Augen blitzt. Ihren Fehlern weiß ich Trost oder Abstellung, ihre Traurigkeiten teile ich einfach. Ehe ich einen Leckerbissen in den Mund stecke, bedenke ich, ob ich ihn nicht für sie aufhebe. Das seltene Obst im Winter bleibt ihr, die erste Gurke, die erste Tomate, die erste Erdbeere im Jahr. Sie kommt, weil sie es will. Ich erwarte sie, obwohl es nicht einmal eine Ausrede braucht, sie nicht bei mir zu haben. Wenn sie gehen will, kann sie gehn, wir haben ihr abgewöhnt, nach Erklärungen zu suchen. Ich denke, daß sie mich braucht, aber das würde aufhören, wenn ich nichts mehr für mich tue. Ich muß verläßlich dieselbe sein und immer auch neugierig auf ihre Lieder und ihre Geschichten.

Wir lieben uns freiwillig. Wenn sie mich fragt, sag ich ihr fast alles über mich.

Aber ihr dränge ich mich nicht auf. Ich erwarte nicht, daß sie mir dankbar ist, ich bin ihr ja Dank schuldig, für den Anlaß, zu lieben.

Diese Jüngste aus vier Generationen hat ihre Urgroßmutter kennengelernt. Sie fand sie umwerfend komisch. Auch daß meine Mutter zur Erleichterung ihres Daseins nun alle Menschen Muschi nennt, den Tankwart, die Nachbarin, die Verkäuferin, ihre Kinder und Kindeskinder. Ich habe das nie komisch gefunden. Die Jüngste fand es nicht nur komisch, sondern erwiderte es, setzte noch eins obendrauf, sie nannte meine Mutter Muschilein. Ich hielt die Luft an. Wie würde sie, die Strenge, Ungerechte, darauf reagieren? Sie hat immer Wert darauf gelegt, auch angsteinflößend zu sein. Nun sah sie sich einer jungen Person gegenüber, die unbefangen war. Es gab eine Hochzeit in der Familie, das hatte uns alle zusammengeführt.

Meine Mutter hat oft gegen mich gelacht, gern gegen andere. Nur wenn sie es zuließ, lachten wir zusammen. Ihre Art von rheinischem Frohsinn gehört zu den unüberbrückbaren Fremdheiten.

Als die abendliche Feier begann, wurde ich wie immer bei solchen Gelegenheiten verdrossen und einsam.

Da sah ich die beiden Hand in Hand. Die eine war zu alt zum Feiern, die andere noch zu jung. Ich wollte die Hand des Kindes aus der Hand meiner Mutter lösen, weil noch einmal alles Bittere in mir aufstieg. Mir schien, meine Mutter habe diese Gnade, dieses

Geschenk nicht verdient, nicht meine harte schlagende Mutter. Aber da war auch die Ahnung, daß mein Schicksal und alle meine Gefühle so außergewöhnlich nicht sind.

Die unbehaglichste Erinnerung an eigene Schuld durchzuckte mich. Meine Tochter, ich sah deine Stirn wieder auf den Stein prallen, du warst noch keine zwei Jahre alt, und ich tratschte mit einer Nachbarin. Es ist nicht die einzige Erinnerung, die sich nicht abstellen läßt. Ich war nicht so gut, wie ich sein wollte. Weil ich die Fehler meiner Mutter unterließ, schienen mir die eigenen Sünden läßlich.

Aber war nicht auch meine Mutter aus gleichem Grund über ihre Mutter erhaben? Ihre Eltern hatten nach einer Eifersuchtsszene ihre drei kleinen Kinder hilflos allein in der Wohnung gelassen, sie verlassen. Der Mann war nach Berlin abgehauen, die Mutter verschwand nach Holland, für immer. Meine Mutter aber war trotz Not und Verzweiflung und auch ernstgemeinter Anträge, die sie in Versuchung führten, bei ihren Kindern geblieben.

Im Lauf unseres Lebens werden wir befangen, das Ich auf alles und auf alle zu verteilen. Aber mitten an einem stimmigen Tag kann es geschehen, daß uns die klare Erinnerung bedrängt, aller mogelnder Schmuck abfällt. Kein Baum ist in der Nähe, in dessen Schatten zu fliehen wäre, die Kraft reicht nicht, einen Arm zu heben, geschweige einen Arm zu suchen, in den sich unterschlüpfen läßt.

Dann ist alles genau so gewesen, wie es nicht hätte sein sollen.

1988

Der Dank

Von dem Mann meiner Träume hatte ich sehr klare Vorstellungen. Er sollte große dunkle Augen haben und schwarzes Haar. Oder schmale graue ironische Augen, dann wuscheliges blondes Haar und das Gesicht ein bißchen zerknittert, oder ein großes, nicht brutal, aber kantig.

Oder ein sehr Langer, sehr Schlanker, still und skeptisch.

Als ich dich zum erstenmal gesehen habe, warst du für mich wie die Tapete hinter dir. Wie die Kollegen, die an dir vorbeiliefen. Ich hätte dich auf der Straße nicht wiedererkannt. Du mußt einen sehr schlechten Tag gehabt haben.

Einen knochigen Mann mit braunblondem Haar und blaßblauen Augen, breiten Schultern, trotzdem Bauchansatz, braunem Nacken und Sommersprossen auf den Handrücken, tiefer, lauter Stimme, oft hektisch bis jähzornig, habe ich mir eigentlich nicht erträumt.

Unsere Zeit der Romantik dauerte vielleicht einen Monat. Damals blühten die Rosen, also bekam ich sie, in allen Farben. Wäre die Zeit der Orchideen gewesen, dann hättest du die besorgt. Du bist der größte Beschaffer, den ich kenne. Es gibt keine Kapern? Du findest die Kaufhalle, in der sich die Gesamtlieferung des Planjahres stapelt.

Das ist verführerisch. Ein Hirte ist verführerisch, wenn man ihm auf der Weide begegnet: wie der Hund ihm gehorcht und wie der Himmel hinter ihm sich färbt, er steht da, groß, einsam, und über die Natur weiß niemand mehr als er.

Wenn man im Urwald einen Forscher trifft, der auch noch einen Kompaß hat und furchtlos ist, wie sollte man ihm als Frau nicht verfallen?

Jane muß Tarzan lieben, da sie ihm am Ort seines Wirkens begegnet.

Dein Feld ist der Alltag. Was mich zu Schreikrämpfen bringt und mich bis zu unserer Begegnung verschlissen hat, das kostet dich ein Achselzucken. Du machst es, du kannst es, du kennst überall jemanden, der weiß, wie es geht.

Und ich hatte meine beiden Kinder und meine Arbeit im Labor und die Wohnung, und das alles gepackt, denn ich hatte es packen wollen.

Der Erzeuger der beiden Kinder war einer der Männer, die im nächsten Augenblick nicht wissen, warum sie im vorigen etwas getan oder unterlassen haben. Einstein war bestimmt unpünktlich, wenn er sich, sofern er sich mit Leuten zum Essen verabredete. Aber dann hielt ihn ein Gedanke ab.

Meinen hielt gar nichts ab und trieb nichts. Er wollte leben, diesen Satz hätte ich an die Wand spucken können, so kotzte er mich an. Denn ich habe im Lauf der Zeit begreifen müssen, daß er darunter nichts anderes verstand, als sich jede Lust und Laune zu erfüllen. Bis nachts um drei Uhr Sport sehen und dann bis mittags im Bett liegen. „Ich hab's sowieso im Rücken."

Er wollte die Kinder haben, damit sagte er mir: „Du wolltest mich, und nun tu etwas dafür." Ich habe getan. Ich habe in meiner Wohnung eine bedeutungslose Hülle herumlaufen lassen, die sich für den Mittelpunkt der Welt hielt. Er war pingelig mit seinen Hemden, aber die Erziehung der Kinder interessierte ihn nicht. Sie selber interessierten ihn nicht. „Ein Theater machst du immer", das galt mir, weil ich stundenlang in der Poliklinik saß, dann mit dem kranken Kind und den Einkäufen nach Hause hastete, das Essen kam später auf den Tisch, und er brütete sich ein schweres Leben zusammen, während er das Kunststück vollbrachte, mir bei meiner Hast seelenruhig im Weg zu stehen und Sprüche abzulassen. Wenn du es ruhig angehen würdest, hier ist ja immer Hektik angesagt, wegen jedem Schnupfen wirst du hysterisch, guck doch mal in den Spiegel, andere Frauen machen das mit links, laß es doch liegen, wenn's mich stört, werde ich es schon wegräumen, vielleicht kommen wir jetzt bald mal zu Stuhle.

Der Idiot war ich. Das weiß ich heute. Damals dachte ich, allein mit zwei Kindern, dann wird man einsam.

Ich habe ihn rausgeworfen. Meine Kraft sammelte sich an einem Punkt, den weder er noch ich für möglich gehalten hätten.

Es gibt Wörter, die ich nicht kannte. Entweder habe ich sie in jener Stunde erfunden, oder sie hatten sich wie Gallengrieß angesammelt. Ich habe sie alle alle ausgesprochen, gebrüllt, geschrien, und es war, als ob ich meine Hülle sprenge, einen Asbestanzug ausziehe, ach was, von mir schleudere. Diese Null von einem Menschen, weder Patriarch noch Partner, weder liebenswürdig noch respekteinflößend, dieser Mann ohne eine Vorstellung von sich selber oder von einer Frau. Dieser Abhampler im Bett, der mich niemals in den Arm nahm, außer um sich zu entspannen, wirklich, ich hätte Geld dafür nehmen müssen.

Man sieht das im Film und glaubt es nicht. Aber ich packte ihn am Kragen und am Hintern und schmiß ihn aus der Wohnung.

Seine Sachen habe ich ihm am nächsten Tag geschickt, aus.

Mein Herz und meine Schultern, meine Arme und mein Bauch wurden von einer Folter befreit.

Ich habe meine Arbeit gemacht wie immer. Natürlich sagt man seinen Kolleginnen Bescheid, ihr „na endlich" wußte ich vorher. Aber wenn die Kinder im Bett waren, dann bin ich durch die Wohnung gelaufen, manchmal nackt, und habe geschluchzt, geredet, die Faust an eine Wand geschlagen, mich selber an den Haaren gerissen. Vor Wut auf mich und vor Erleichterung.

Ich war die ganze Zeit bergauf gelaufen, rechts und links nur Steine neben mir, nun weitete sich der Blick, und das Leben schien unglaublich einfach, alles war möglich.

Es blieb nicht so wunderbar, konnte nicht so bleiben. Als der furchtbare Schreck über diese unsägliche Lebensart überwunden war, hat mich der Alltag wieder gebeutelt. Ich dachte, daß der Kerl in einem recht gehabt hat, freilich ohne mir zu helfen, er hatte das nur benörgelt, aber ich bin wirklich etwas umständlich und werde leicht nervös. Im Lauf der Zeit drehe ich mich um mich selber und schaffe wenig. Ich hätte wohl mal Urlaub haben sollen, aber das war eben fünf Jahre lang nicht möglich gewesen, das Geld dafür war nicht da, und wir wußten auch keinen Platz.

Die Kinder hätte ich nicht unterbringen können, und um ein Vierbettzimmer hatte ich mich nie bemüht.

Dann kamst du. Durch dich habe ich bemerkt, daß meine vermeintliche Unzulänglichkeit zu einem großen Teil Überlastung war. Ich stand zu sehr unter Druck. Das schlechte Gewissen gegenüber den Kindern oder der Arbeit oder der Versammlung oder dem Wochenendputz der Hausgemeinschaft, das war immer rege. Sorge für mich selber blieb da nicht. Eine praktische Frisur tut's auch. Der Mantel auch noch, das Kleid geht noch ein Jahr, Schuhe müssen sein, also schnell, flache, schön praktisch.

Nachdem du mich einmal besucht hattest, liebte ich, wie und was du tatest. Durch dich kam ich zu mir selber. Die Kinder krabbelten einmal an dir hoch und blieben dir im Genick oder auf dem Schoß und waren gleichzeitig so liebenswürdig, so vergnügt, daß auch dies ein langes einsames Weinen aus mir stieß. Die Kinder beruhigten sich, wenn du kamst. Dies möchte ich nicht zugeben, aber es war so. Die Kinder haben dich vor mir geliebt. Sie erhoben Anspruch auf dich. Du bist wahrscheinlich der geborene Vater. Nur, daß in mir jede Sehnsucht danach, zu tragen und zu gebären, absolut und endgültig befriedigt war. Der Gedanke an noch einmal neun Monate und Wehen und Kindergeschrei und Windeln weckte den Wunsch, lieber tot zu sein. Die Kinder zeigten vom Tag deines Erscheinens an nie mehr Langeweile. Ich bin vorher oft verzweifelt, daß sich geliebte Wesen derart an den Möbeln langdrücken können und dauernd fragen, was sie jetzt machen sollen. Nur, um dann doch vor dem Fernseher zu landen. Mit dir waren die Kinder immer aufgeregt vor Interesse. Auf mich kam es eigentlich nicht an. Einmal dachte ich, wenn ich jetzt aus der Tür gehe, sie bemerken es nicht. Während sie aus Holz die Kojen für die Kuscheltiere basteln, kann ich bis ans Ende der Welt gehen, ehe sie meine Abwesenheit bemerken.

Mich hat deine Idee berührt. Bei den Kindern hatten sich geschenkte Kuscheltiere angesammelt, und während die ersten noch Individuen waren, wurden sie nun Menge, die im Weg lag.

Du hast dir mit den Kindern für jedes Tier eine eigene Wohnung ausgedacht. Auf so etwas wäre ich nie gekommen. Manches war so einfach. Die Eule auf einem Brettchen, ich hätte das wohl auch gekonnt, aber es wäre mir nicht eingefallen. Und während ihr das gemacht habt, erfuhren die Kinder mehr über die Lebensweise der Tiere als von mir bei den obligatorischen Gängen durch den Tierpark.

An diesem Tag packte mich die Eifersucht. Ich wollte auch ein Kuscheltier sein oder haben, ich wollte, daß die Kinder schlafen und du für mich da bist. Du solltest nicht Roller reparieren und Radwege erklären, sondern nur mich ansehen, mir endlich sagen, was du von mir willst.

Wir lebten wie eine Familie, aber du hattest dich mir noch nie zugewandt, mich nicht anders als im Spaß geküßt, dich mit mir und den Kindern auf dem Teppich gebalgt und mir mindestens die Hälfte aller Arbeiten abgenommen. Es schienen für dich keine zu sein. „Ich hab was gesehen, heute gab's Kirschen, hier, pack mal weg." Und da lagen die Dinge, nach denen ich mir die Hacken abgelaufen hatte, Küchenkrepp, die Turnschuhe für die Kleine, Abendbrot und für Sonntag was zum Einfrieren. Der Gefrierschrank ist alt, sagtest du, aber er funktioniert noch. Da stand er, Tür auf, Eis raus, Vorgekochtes raus, das Leben kann einfach sein.

Aber wir hatten den ersten Schub verpaßt. Wir konnten doch nicht ewig so weiterleben, wann endlich würdest du mir sagen, daß dies alles für mich Einzigartige geschah. Ich war beim Friseur gewesen, hatte zum Glück ein paar Pfund zugenommen, meine Brüste sahen nicht mehr so hoffnungslos leer aus, und ich denke schon, daß ich mehr und anders lachte.

Ich lehnte mich in die Türöffnung und sah dich an. Ganz am Anfang hatte ich dich einmal weggeschoben, es inzwischen aber vergessen, nun fiel es mir wieder ein. Du hast mich angesehen, sehr lange.

Es macht Spaß bei euch, sagtest du, wenn ich dir auf den Wecker falle, mußt du es mir sagen.

Mich überfiel die Sucht, dir alles zu erklären, mein ganzes Leben und mein Unglück und alles Versagen.

Ich liebe dich.

So antworte doch. Leg nicht den Kopf schief, laß nicht die Arme baumeln, antworte mir, ich liebe dich, mein Herz schlägt, lächerlich, gleich wird es wie eine Kuckucksuhr aus meinem Hals schnellen, die roten Flecke, die gehaßten, überfluten meinen Hals und mein Gesicht und endlich, endlich. Ich liebe dich und habe noch nie geliebt. Einmal, im Buddelkasten, da habe ich den kleinen Freund geliebt und ihm meine ganze Eierpampe geschenkt, mehr hatte ich nicht zum Teilen. Aber er gab sie an Susann weiter, und mir brach das Herz vor Eifersucht.

Wie zart du bist. Wie vorsichtig, wie du mir Zeit läßt, wie sicher du bist. Wie du nicht glaubst, daß eine Frau wie alle Frauen ist. Glaub mir, ich werde nicht ein Leben lang so weinen und mich so an dich flüchten, es ist nur zuviel auf einmal, und wenn dies Glück ist, dann bin ich glücklich. Nun gehörst du auch mir, nicht nur den Kindern. Ich werde atmen lernen ohne dieses ständige Stocken, tiefer atmen, nie mehr angstvoll und hastig. Auf dem Rücken liegen und atmen, verheult, hungrig nach einem Glas Wein oder Wasser.

Lieber Gott, falls es dich doch geben sollte, dann laß mir das, ich habe einmal keine Angst vor jemandem oder um etwas.

Ich hasse dich. Aber nein, Haß ist ein aktives Gefühl, Haß hat Ziele, sinnt auf etwas.

Ich kann nicht hassen. Haß frißt alles auf, was man lieben möchte.

Ich verachte dich. Weil du lügst.

An sich finde ich es nicht schlimm, wenn jemand nicht die Wahrheit sagt. Die Unwahrheit zu sagen macht auch Mühe. Wer weiß das besser als ich. Mein ganzes Leben lang habe ich immer Lüge und Wahrheit gemischt. Aus Angst, aus Scham, weil ich die Kraft nicht hatte, auszuhalten, was auf die Wahrheit folgen würde. Es braucht den Schwur: Wir wollen immer ganz ehrlich zueinander sein, ehrlich müssen wir uns schon in die Augen sehen können. Aber wenn es konkret wird, ist das schwieriger. Man hat Gefühle, von denen man nicht weiß, woher sie kommen. Auch Ängste, die man nicht erklären kann. „Entweder du hast Angst, dann weißt du auch, warum, oder wir können uns darüber nicht unterhalten."

Ich verachte dich, weil du unachtsam und oberflächlich lügst. Deine Lügen brauchen nur zwei aufmerksame Ohren und ein mittelmäßiges Gedächtnis. Wenn ich was zurechtbog, hatte ich halbe schlaflose Nächte, schweißnasse Hände und immer Angst, immer Angst, es kommt raus und ich werde verstummen vor Scham und Entsetzen. Dabei ging's manchmal um zehn Mark oder eine kaputte Erbtasse. Oder einen vergessenen Anruf, von dem ich dann gesagt habe, es war keiner. Oder ich habe einen eigentlich geselligen Abend mit Kollegen, selten genug, hochgeschraubt zur Arbeitsberatung. Wie wenig du dich mit deinen Lügen anstrengst, das beleidigt mich.

Würdest du sorgfältig ausklügeln, tief vergraben, Anstrengung dran verwenden, daß ich dir nicht draufkomme, das könnte mir Mitgefühl abfordern. Aber du hast gelogen, wie du im ersten Jahr die Ostereier für die Kinder versteckt hast, zum Finden. Du wolltest entdeckt werden, und ich bin darauf reingefallen. Du hast mir überlassen, wie ich auf deine Schnitzeljagd reagiere. Ich könnte dich schlagen dafür, daß du unter meinen Augen wieder ein wunderbarer Mensch geworden bist. Und ich wußte nicht, daß das alles nicht mehr mir galt.

Während ich dachte, daß wir bloß eine Krise hatten, weil die Kinder aus dem Haus sind und du damit schwer fertig geworden bist, schwerer als ich, ging dein Leben ganz andere Wege. Ich dachte auch, daß im Alltag auf neue Weise ein eigentlich bezaubernder Mann zum Vorschein kommt, den ich nun endlich ganz für mich allein habe.

Mich haben die lauten und rauhen Jahre der Kinder geschlaucht. Ich habe sie oft nicht ertragen. Sie waren auch zu dir nicht immer liebenswürdig. Aber von Etappe zu Etappe haben sie sich doch bei dir Hilfe geholt und dir mehr gesagt, als ich weiß und je wissen werde. Im Bastelkeller, wo ihr mich noch nie haben wolltet. Es gab Zeiten, da habe ich mit meinen Kindern kaum noch gelacht. Ehe ich mit der einen Unverschämtheit fertig geworden bin, kam die nächste. Und sie waren unverschämt und egoistisch, sie waren es, schlampig dazu, verstockt, unentwegt beleidigt, verschlossen. Zu dir auch, ich hatte nicht den Eindruck, daß sie dir für all die Jahre deiner Umsicht dankbar gewesen sind. Als ich das einmal gesagt habe, wohl mit Bitterkeit, da gab es einen Riß zwischen uns, und ich hoffte, es ist nur so eine Art Schnur gerissen, aber genau wußte ich es nicht. „Dankbarkeit? Das ist das letzte, was ich mir von meinen Kindern wünsche. Mitleid, bitte, wenn ich mal im Rollstuhl sitze. Aber Dankbarkeit, wie soll die denn aussehen?“ So hast du mit mir gesprochen, und ich wollte viele Worte darauf sagen, aber ich fand sie nicht. Dankbarkeit gehört doch auch zum Leben.

Als es in den Wohnungen der Kinder vorerst nichts mehr zu nageln gab, war es eine Weile schwer mit dir. Aber dann warst du wieder ganz du selber.

Ein von einer anderen Frau Herausgeforderter, woher sollte ich das wissen. Erneuert und erfrischt probiertest du Veränderungen aus, verjüngtest dich. Ich dachte erst, du wolltest nun alles nachholen, was wir beide vordem nicht haben konnten, und ich schäme mich dafür, daß ich sozusagen auf der Schwelle rumtrippelte, als hätte ich einen Hut auf dem Kopf und wolle mitgenommen werden, während du mich wohl schon vergessen hast, wenn du über die Schwelle gingst.

Oder soll ich sagen, ich komme mir nachträglich vor wie eine Hündin, die Gassi geführt werden wollte?

Dein Fortgehen war das eine, aber du kamst immer wieder nach Hause, hast mir deinen neuen Stil vorgeführt, deine neuen Hobbys und deine neue Art, etwas zu erklären. „Alleinsein, das ist ganz wichtig. Wir haben immer den Fehler gemacht, daß wir ständig alles gemeinsam machen wollten.“

Das hast du mir beigebracht. Und solange die Kinder im Haus waren, galt das nicht als Fehler, sondern als äußerst erstrebenswert.

Du warst unglaublich erfinderisch, selbst den maulenden, fast erwachsenen Kindern die Vorfreude und das Interesse zu wecken. Ich war nicht verrückt auf die Kumpels von denen und auf die Zeltnächte, und dauernd diese Musik, Propankocher und Grill.

Einmal in meinem Leben möchte ich in einem teuren Hotel am Meer unter einem Sonnenschirm sitzen und aus einem vasengroßen Glas etwas trinken, wovon ich nicht weiß, wie es schmeckt, am Rand müßten Früchte stecken, ach, vielleicht würde ich es nicht trinken und löffeln, sondern nur ansehen und weinen über alle die Wünsche, die ich in meinem Leben doch auch hatte und die ich mir nie erfüllen konnte. Die du nicht einmal kennst. Was außerhalb der Möglichkeiten liegt, muß man nicht auch noch aussprechen. Ich möchte einmal Urlaub machen, wo es nicht mindestens die halbe Zeit regnet, wo man mir eine Speisekarte hinlegt, wo ich mich nicht anstellen muß, um ein paar Brausen abzufassen, gut, das habt ihr gemacht, aber gemacht mußte es werden.

Manche Frauen gehen zur Kosmetikerin, legen sich hin und lassen sich verwöhnen. Oder Massagen, meine zehn vom Arzt verordneten Massagen haben mir sehr gut getan, manche Frauen leisten sich das immer.

Nun sagtest du auf einmal, nur aus einer gewissen Distanz ist Annäherung möglich. Ich habe nie gesehen, daß die Kinder zu dir Distanz gehalten hätten, und nie, daß es dich störte. Wenn wir mal an einem Sonnabend vor einer Flasche Wein und dem Fernseher saßen, konnte plötzlich die Tür aufgehen, die hatten sich mit ihrer Verabredung vertan, sich gelangweilt, kamen nach Hause und flegelten sich sofort hin. Natürlich wollten sie noch etwas zu essen, ein anderes Programm. Es endete immer damit, daß ich ins Bett ging, und ihr habt euch einen gemütlichen Abend gemacht. Ich behaupte, daß du dich gefreut hast, wenn sie gekommen sind. Dann warst du lustig, geschäftig, „Kinder gehören im Dunkeln nach Hause“, haha!

Nun hast du dir Abende für dich genommen und mich mir selber überlassen. Du sagtest, man muß auch mal mit einem Abend machen können, was man will. Ich saß ziemlich dämlich herum. Ich wollte eigentlich nicht allein sein, und wenn ich es vielleicht noch für mich entdeckt hätte, so reichte die Zeit nicht, die ich ohne Argwohn war. Mir schien der Stapel Bücher, die ich schon lange mal lesen wollte und nie lesen konnte, zu hoch. Nahm ich das oberste weg, blieben immer noch zu viele. Und was gingen sie mich an. Ich bemerkte, daß mein früher brennendes Interesse an den meisten von ihnen erloschen war oder gerade nicht zutraf. Die geliehenen Bücher brachte ich zurück, aber die mit soviel Lust gekauften waren auch nur Papier. Ich nahm meinen alten Maupassant und meine alte Effi Briest, aber an den ersten Abenden deiner Abwesenheit blätterte ich nur. Ich saß im Sessel, aber in Gedanken rannte ich in die Küche, scheuerte den Herd innen, strickte den hellblauen Pullover weiter, der halbfertig schon zwei Jahre im Korb lag, ich ging in Gedanken spazieren, bis ich entnervt aufstand und einmal um den Block lief. Allein. Ohne deine Hand am Ellbogen, ohne ein paar Worte hin und her, ohne Stehenbleiben, guck mal, der Baum ist doch geworden. Alle anderen gehen jetzt zusammen, dachte ich, und selber kreise ich einen halben Meter neben dem Erdball.

Danach war alles wie vorher. Ich konnte nichts mit mir anfangen. Wie habe ich die Vorstellung geliebt, einmal allein zu sein und nur zu schweigen, mich ins Bett zu legen oder vielleicht nur auf einem Fleck zu stehen und an die Wand zu gucken, ohne angesprochen, gefordert, befragt, in Anspruch genommen zu werden.

Ich werde dir keine meiner Vergeblichkeiten aufzählen. Eine Stulle im Stehen in der Küche, fades, hohles Fernsehprogramm, das mit dem wirklichen Leben nichts zu tun hat, mit meinem jedenfalls nicht. Ich versuchte, Mozart zu hören, zärtliche und übermütige Musik, aber ich heulte.

Ich wäre gern krank gewesen oder hätte wenigstens ein paar bedrohliche Symptome gehabt, um hilflos sein zu dürfen. Du, den jedes Schwälbchen oder Kälbchen rührt, würdest doch eine hilflose Frau nicht allein lassen.

Du hattest mich mir zurückgegeben, aber wer war das, den ich da auf einmal bekam? Ein Wesen, das lauter Dinge tat und dachte, die es nicht tun oder denken wollte. Die Küche mußte sauber sein, wenn du nach Hause kommst. Warum mußte sie das? Sie hätte doch kopfstehen oder abgebrannt sein können, ich habe vorher nicht bemerkt, wie wichtig mir eine aufgeräumte Küche war. Im Spiegel sah mich eine total unaufgeräumte Person an, die hektisch an einem Buttermesser herumwischte.

Ich ahnte die Wahrheit und machte mich bereit für den Schlag, der kommen mußte. Mein Mißtrauen hatte versagt, nun gab mein Gesicht im Spiegel die Auskunft, die ich nicht gebrauchen konnte. So neugierig ich mich betrachtete, die Leere blieb. Woraus bestanden die kleinen Falten, die den Mund nach unten zogen? Sehorgane, aber nicht Augen, wie ich sie an anderen Menschen mag. So will ich mich nicht sehen, das kann ich nicht hinnehmen.

Und doch ist die Wahrheit auch, daß mein Gesicht zugrunde gegangen ist aus Mangel an Düften, die man verschwenden muß in seinem Leben, aus Mangel an Verschwendung von Nächten des Überschwangs und der ureigensten Erfindung der Zärtlichkeit. Ich habe nie eine wache Liebesnacht verbracht. Wie soll ich wissen, ob es sie gibt? Oder gibt es sie nur vor Abschieden, großen und tragischen, wenn der Mann in den Krieg geht und der Schlaf die auf einmal unsterblich Liebenden nicht erlöst? Die Nacht vor der Schlacht, die Nacht vor dem Bombenalarm, die Nacht, bevor er zur Fahne geht und sie sind noch so jung und ahnen, daß diese Zeit sie auch trennen könnte.

Eine Nacht der Leidenschaft kenne ich nicht. Als wir uns das erstemal liebten, war ich überwältigt von deiner Natürlichkeit und daß es nichts Peinliches gab. Du hast nicht unerträglich geschnauft, oder erst, als ich nichts mehr wahrnahm als dieses Wohltun einander, und übrig blieb neben dem Genießen nur mein Staunen, daß man so heiter sein kann, so ohne Schwere, ohne Verpflichtung zu schweigendem ernstem Vollzug.

Aber den Wecker habe ich danach aufgezogen und bin nicht in deinem Arm eingeschlafen, sondern in mich geduckt wie immer. Den Frühling habe ich immer nur als einen Strauch gesehen, manchmal nur den Strauß Flieder im Glaskrug. Und was weiß ich vom Herbst? Hab ich mich je in herber Landschaft gegen den Sturm gestemmt, Vorfreude auf ein wärmendes Ziel in der Seele? Nein, aber wie ist meine Seele, welche Farben liebt sie, welche Gerüche? Meine Seele, welche Kostbarkeiten bewahrst du dir auf? Fotos aus der Kindheit, der langweiligen, bedeutungslosen, mit dem Warten auf den nächsten Geburtstag, der Ungeduld, in die nächste Klasse zu kommen, in die Oberstufe, in die Lehre, ins erste Bett mit einem Mann, dem ersten Kind entgegen.

Was möchtest du mitnehmen, Seele, wenn du fortgehen würdest, aber bei diesem Wort endet die Chance schon, denn du, Seele, hast ja kein Wohin, und dein Woher kenne ich auch nicht.

Mir ist der Augenblick nicht bewußt, wo ich kein Kind mehr war. Wie sollte ich nicht auch für möglich halten, ich hätte nie aufgehört, eines zu sein. Obwohl ich jene Phase meines Lebens nicht mochte. Von den Verboten umgeben, hatte ich mich lauter Zeremonien zu unterziehen, die mir alle lästig waren. Da ich mir nie aus Bedürfnis die Hände wusch, sondern nach Regeln, drückte ich mich vor ihnen. Wem je hätte ich meinen Körper aus Lust und Übermut gezeigt, übermütig vorgeführt, ihn gar eingesetzt für kleinen Liebesgewinn?

Der erste Abend allein war der schlimmste. Ich konnte nicht zu Quellen zurückkehren, kannte keinen Bach, der mich hätte mitnehmen können zu einem Fluß, einem Strom zum Meer.

Ich dachte: Er wird nach Hause kommen und sagen, alles Quatsch, es war langweilig, zu Hause ist zu Hause.

Aber das hast du nicht gesagt. Du fingst an, von getrenntem Urlaub zu sprechen. Du erinnertest mich an meine längst vergessene Sehnsucht, einmal den sanften frühen Herbst zu erleben, den ich zugunsten deiner Lust, mit den Kindern den prallen Sommer zu genießen, zuerst verdrängt und dann nicht mehr gewußt habe. Sommer, das waren die

Ferien, dann die Gewohnheit, das waren wir, unsere Familie, nach den Möglichkeiten, die es für uns gab.

Aber jetzt redetest du von unnötigen Opfern. Ich sollte mir doch meinen Herbst endlich mal nehmen. Ich weiß, daß ich keinen besonderen Sinn für Humor habe, Die Steigerung mancher Witze war, daß ich sie nicht verstanden habe und ihr drei konntet euch kugeln. Manchmal, Pein und unvergessen, habt ihr nicht sichtbar, aber innerlich abgewinkt und das Thema gewechselt. Ich wirke immer unbeholfen, wenn ich witzig sein will. Aber diesmal wollte ich witzig sein, ich sagte: Du hast wohl Angst, daß ich in der Sonne zu früh Falten kriege? Du hast mir dein Gesicht zugedreht, langsam, zugedreht, und ich sah in deinen Augen, daß es dir grenzenlos gleichgültig war, ob ich je, niemals oder sofort Falten bekommen würde.

Da war er, der Augenblick, die Sekunde, das volle Licht auf die Szene. Ich hatte etwas gesagt, was Zukünftiges betraf, und du warst nicht schnell genug gewesen. Deine Augen hatten mir mitgeteilt: Das ist mir doch egal. Wir werden dann nicht mehr zusammen sein. Niemals zusammen die Alpen sehen, keinen silbernen Hochzeitstag, keine lange Allee mit buntem Herbstlaub durchwandern und sich endlich mehr sagen, als sich sagen läßt in gewöhnlichem Alltag. Wer jetzt kein Haus hat, wird sich keins mehr bauen ...

Leben wär eine prima Alternative ...

Verzeih mir, oder: ich hasse dich, oder: ich verachte dich, das bedeutet ein und dasselbe.

Ich habe die Kinder heimgesucht, nacheinander, wollte mit ihnen und in ihnen etwas finden, was es gegeben haben muß, etwas von mir, den Widerschein eines Feuerleins meiner Liebe, der doch in ihrem Herzen und in ihrem Lächeln noch zu finden sein mußte. Ah, da kommt die, die uns geboren hat, die uns liebte, die es nicht leicht hatte um unsertwillen.

Ich habe um nichts als ein Glas Wasser gebeten. Die Kinder fragten mich nicht nach dir, vermutlich waren sie ohnehin mit dir in Verbindung und wußten mehr über dich als ich. Falls dies so war und nicht nur mein Verdacht, weshalb sahen sie mich dann nicht barmherzig an, weshalb brachten sie mich nicht mit Tränen zum Weinen, umschlangen mich nicht mit ihren Armen wie früher vor dem Einschlafen? Warum waren sie verlegen und taten beschäftigt oder ließen, falls sie es wirklich waren, nicht Bleistift und Lebenswerk oder Kuchenteig aus den Händen, um sich mir zuzuwenden, mir ganz und mit der Liebe, die man einander doch schuldet?

Wenn ich tot bin, brauche ich ihre Trauer nicht. Jede Träne, an meinem Grab geweint, fällt auf Sand und bedeutet mir nichts. Jetzt hätte ich sie gebraucht, die Trauer und die Träne, jetzt hätte ich ihre Worte und ihr Erinnern an die guten Stunden nötig gehabt, sie hätten alles heraufbeschwören müssen, was es an Einzigartigem in unserer Familie gegeben hat. Nur so wäre mir Trost geworden und solche Art Hoffnung, die waghalsig macht, bereit, sich zu streiten und zu kämpfen für etwas, ohne das auch die Düfte und Jahreszeiten und die Landschaften und das Hotel mit dem Longdrink exotischen Aussehens nichts bedeuten.

Die Kinder hatten meine Freude über ihre Selbständigkeit so ernst genommen, wie ich sie damals meinte. Haut ab und laßt euch ja nicht so oft sehen. Es war lustig und ernst gemeint.

Geht endlich ein Stück aus meinem Leben, so ein Wort ist doch nicht böse, jeder ist sich selbst der Nächste, das ist doch auch ein ernster Spruch. Erst wenn man dazu einmal im Leben gekommen ist, können einem die anderen wieder nahe sein.

Ich merkte, daß sich die Kinder für mich Zeit nahmen. Das Äußerste an Fremdheit scheint mir, wenn Besuch da ist und alle fühlen sich verpflichtet, das Gespräch nicht abreißen zu lassen. Als ich ging, bei den einen wie den anderen, hatte ich das Gefühl, den ganzen Tag am Webstuhl gestanden zu haben. Mir taten die Knochen weh vor lauter Mühe, locker zu sein.

Da ich dich nicht hasse, möchte ich dich verachten können. Wer gibt dir das Recht, mir alles zu entziehen, was gut für mich gewesen ist, auch wenn ich mir dessen nicht immer sicher oder gar bewußt war. Es gibt den Ausdruck nicht, den ich suche. Ich gebe dir die Schuld an mir. Das tue ich, und ich tue es gewaltig. Auch ich habe nicht alles von dir gekriegt, nie. Auch ich hätte mir gewünscht, daß du manchmal nur mir gehörst, um mich bittest, mich bewunderst, mich anstaunst.

Wolltest du es nicht gemütlich haben? Wer wollte es gemütlich haben? Wenn ich es war, dann wegen zuviel Ungemütlichkeit vorher. Du hast diese Gemütlichkeit nicht abbestellt, und mir ist sie wichtig geworden.

Ja, ich weiß, daß ich abends keine Lust mehr hatte, ins Theater oder ins Kino zu gehen, daß ich nie Skatspielen gelernt und mir einen Hund verbeten habe. Aber mit den Kindern hast du doch deinen Skat, dein Canasta, dein Rommé gehabt, und der Hund, den gab es doch, und es gibt ihn bei der Tochter noch. Ich durfte ihm das Fressen machen, euch erwartete er am Fenster.

Ich wollte auch nicht mehr mit dir schlafen. Je seltener du dich mir zugewendet hast, desto lieber war es mir. Ich wollte dieses Kapitel in meinem Leben abschließen. Ich dachte, das haben wir zum Glück hinter uns, ich muß nun nicht mehr auf Signale achten und mich nicht mehr darauf einstellen. Ich selber habe nie Zeichen gegeben. Manchmal kroch ich zu dir ins Bett. Wenn die Zeit ran war, wollte ich es hinter mich bringen.

Nun, da du abends immer vor mir einschliefst, konnte ich es mir gemütlich machen.

Aber dann hast du die Wohnung umgeräumt. Wir haben das Schlafzimmer aufgelöst. Wie habe ich mir das früher gewünscht, und nie habe ich mich getraut, diesen Wunsch auszusprechen. Meine unruhigen Nächte, ich hätte so oft gern Licht gehabt und gelesen oder mich herumgeworfen, ich bin nachts unruhiger als am Tag. Getrennte Schlafzimmer, mein heimlicher Traum so vieler Jahre. Du mit deinem leisen Schlaf, deiner Ungeduld am Morgen, wenn ich, nervös vor Bewegungsmangel, erfuhr, ich hätte mich gedreht wie ein Drahtwurm.

Als wir das Schlafzimmer auflösten, waren wir beide übermütig. Und selbstlos, nimm du die schöne Uhr, die Bücher nimm zu dir ...

Aber ich wußte nicht, daß wir wenig später in den getrennten Zimmern zuviel Anzeichen von Trennung haben würden. Es vollzog sich, daß der eine dies, der andere jenes an sich nahm, und du ließest den Kindern manches zukommen, das war ihnen nach unserem Tod zugedacht. Warum jetzt? Mit warmer Hand macht mehr Spaß, das ist kein Spaß, solches Weiterreichen.

Ich würde die andere Frau mit einem Knüppel in der Hand aufsuchen. Heimsuchen. Aber ich weiß nichts von ihr. Ich habe versucht, einen fremden Duft zu erschnüffeln. Bin dir wie ohnmächtig vor die Füße gefallen, um zu erfahren, ob du versuchst, in die Telefonzelle abzuhauen. Das alles hat nichts gebracht, deine Taschen, deine Brieftasche, deine Wäsche, nichts.

Meine Tochter hat den Kaffee auf den Tisch gestellt und mich gefragt: „Nimmst du Zucker? Einen oder zwei Löffel?“ Wer bin ich denn, daß sie mich das fragt? Kennt sie meine Augenfarbe?

Niemals würde sie dich das fragen. Dir haben sie ja immer eine Flasche Bier in den Kühlschrank gestellt, eine zum Mischen draußen gelassen. Und natürlich die richtige Sorte, und wenn wir zu meinem Sohn oder zu meiner Tochter gingen, konnte ich wetten, daß es Hammelbraten gibt und grüne Bohnen oder was dem am ähnlichsten ist. Wie zu Hause, wir können es bloß noch nicht so gut, haben sie gesagt und mit dir gestritten, wer es besser kann, sie oder du.

Mir hat niemand gesagt, daß die Geschwister sich verabredet haben. Nun stehen also zwei Enkel gleichzeitig ins Haus. Ich könnte schwören, daß du es vor mir erfahren hast. Du hast es gewußt, ich habe es dir angesehen, Heuchler, als ich dir die Nachricht nach Hause brachte. Es ist nicht wahr, daß ich nur Einwände hatte. Sie wissen doch selber, daß es zu früh ist. Man wird das doch noch sagen dürfen.

Vermutlich hast du dir eine mit Kindern gesucht. Das ist dann ein Abwasch, zusammen mit den Enkeln.

Ob die Kinder etwas wissen, weiß ich nicht. Ich weiß nicht, ob es etwas zu wissen gibt. Ihr habt euch hinter meinem Rücken gegen mich zusammengetan. Das werde ich dir nicht verzeihn.

Ich hasse euch.

1989

Eine naschhafte Person

Sie fühlt sich in einem Heim, einem Hotel, noch mit der Handtasche unter dem Arm auf der Landstraße relativ behaust bis glücklich, wenn in erreichbarer Nähe wenigstens eine Praline ist. Die Sehnsucht nach belohnender Süßigkeit ist nicht zu verdrängen.

Während der Arbeit ist sie in Hochstimmung, manchmal gelangweilt, aber sie hat Methoden entwickelt, sich dann so zu beschäftigen, daß die von ihr nicht zu beeinflussende Zeit ziemlich ohne Schaden für ihre Seele vergeht. Abends im Bett, wenn sie die Augen schließt und sich der Stille überläßt, die ihr ureigenes Reich ist, kommen alle Sehnsüchte. Auch die überwältigende, jetzt langsam etwas Süßes im Mund zergehen zu lassen. Könnte sein, sie wird im Dunkel wieder jünger, ist eine ungelebtere Person. Das hebt die Müdigkeit fort, die doch berechtigte, und läßt sie Ereignisse haben, die schön sind, solange sie nur von ihnen denken kann.

Erleben möchte sie sie nicht.

Lange Jahre hat sie so geträumt, die unentbehrliche Mitarbeiterin eines bedeutenden Mannes zu sein, in dessen Werk ihre Unablässigkeit einfließen würde, der das wohl wüßte, aber sie hätte nicht unter der umfassenden Verantwortung zu leiden. Natürlich sah sie sich dann als eine schöne Frau, schlank, großäugig, verschlossen. So sieht sie nicht aus. Fast alles an ihr ist rund. Sie hat ihre Schönheiten, in der Jugend war sie im Zustand der Verliebtheit vermutlich sogar eine, aber sie hat nicht so gelebt, dies an sich zu konservieren. O ja, manchmal trauert sie den Strahleaugen nach, die jetzt im Spiegel oft ernst aussehen, sich schmal machen beim Nachdenken, harte Blicke haben können, sich nur noch selten spontan mit Tränen füllen.

Sie weint, wenn sich jemand freut, wenn einem anderen etwas Schwieriges über dem Durchschnitt gelungen ist.

Sie weint nicht mehr aus Zorn, nie mehr aus Kränkung. Sie ist eine sachliche Person geworden, die den Zorn überdenkt und die Kränkung zu verstehen sucht. Manchmal scheint ihr, sie habe bereits eine lange Strecke gelebt, und wenn es jetzt zu Ende wäre, ein Drama könnte man das nicht nennen, man müßte von einem guten und sinnvollen Leben sprechen.

Das ist es, bis hierher. Und hat doch Augenblicke gehabt, wo ein harter Schnitt alles beenden sollte, was so weh tat, so schwer zu entscheiden war, tiefe Spur hinterlassen würde.

Sie denkt in abgerissenen hieroglyphischen Träumen noch immer an die Besuche zur Unterbrechung einer Morgenübelkeit, die in üble Lage hätte führen können. Ein schlechtes Gewissen hatte sie danach nicht. Ihre Sehnsucht nach einem Kind sollte zusammengehn mit den Umständen, unter denen es gezeugt, getragen und geboren wurde.

Aber sie konnte nie vergessen, wie körperlicher Schmerz sich mit dem der Hilflosigkeit mischte. Sie wollte das nicht mehr und verweigerte sich eine Zeitlang, dann verweigerte ihr Körper jede Annahme.

Das erfuhr sie, als sie es sich wünschte. Als sie ein Kind wollte. Sie bekam keins mehr.

Später erkannte sie, daß sie sich dieses Kind gewünscht hatte, weil sie sicher war, ein Kind lieben zu können. Die Wehrlosigkeit des Kindes würde es ihr übereignen für einen Zeitraum von Jahrzehnten. Ihr Herz dürfte sich ihm arglos öffnen, sie dürfte flüstern mit ihm in aller Ehrlichkeit, sagen, was man sich sonst nicht zu sagen getraut.

Das war etwas anderes als der aufzehrende stetige Kampf mit dem Mann. Ein kluger oder ein dummer Mann, immer war mit ihm zu kämpfen. Er wollte, daß die Liebe so sein sollte, wie er sich selber liebte, wie er sich sah, wie er sie sich vorgestellt hatte. Es mag an ihr gelegen haben, aber immer nach dem schönen Werben setzte der Kampf um ihren Besitz ein. Sie erlebte nicht, daß einer nach den ersten Besuchen nicht mehr kam, ihrer nach der ersten Begegnung in einem Bett überdrüssig wurde.

Sie erlebte das andere Extrem. Sie konnte Liebe auslösen. Wer sich ihr zuwandte, wollte sie haben. Das sagt sich so leicht. Sie war keine, die jedermanns Geschmack war. Wer ist das schon. Aber wenn sich eine Annäherung ergab, mußte sie immer schon nach kurzer Zeit die meiste Kraft darauf verwenden, sich zu ändern.

Dazu gehören zwei. Sie war das geeignete Material für einen, für jeden, der sich die Frau so zurechtbiegen will, wie er sie braucht. Obwohl sie lebhaft schien, schlagfertig, im Alltag behende und eine tüchtige Person, war sie solchen Attacken ihre ganze Jugend hindurch hilflos ausgeliefert. An keinem Hut könnte man soviel herummodeln wie an ihrer Seele, ihrer Psyche, ihren Gewohnheiten. Der eine wollte, daß sie ihm alles sagte, was sie dachte, und den Fisch nur auf eine bestimmte Art zerlegte, die Brecht für charaktervolle Menschen empfahl, daß sie im Bett schwieg und keine eigenen Reaktionen zeigte, weil es ihn gestört hätte in seiner Phantasie, die Bilder brauchte, um den Körper zu bewegen. So zerbrach ihre Beziehung, weil sie ihm vom ersten Tag an nie etwas sagte, was ihr wichtig war. Der vor ihm hatte ihr nämlich die bittere Erfahrung gebracht, daß jedem Aussprechen nur Wellen von Strafexpeditionen folgen. Das einmal Gesagte, das so hinreißend verziehen wurde, kam bei jeder Kartoffelsuppe wieder auf den Tisch und gedieh zu einem Geschwür, das eines Tages alles lebendige Gewebe zerfressen hatte. Beide Männer hatten gesagt, ich liebe dich. Beide hatten gesagt, sie würden sie umbringen, wenn sie sich je einem anderen zuwandte. Beide betrogen sie nach kurzer Zeit regelmäßig und sehr geschickt, wenn auch auf die Dauer nicht geschickt genug.

Beide gaben ihr die Schuld daran. Weil du so bist. Und dann folgte die Aufzählung von tatsächlich ihr gegebenen Eigenheiten, auch Mißverständnissen.

Sie nutzte die Jahre solcher vertanen Versuche, sich von jedermann hinbiegen zu lassen. Ob sie das wußte oder nicht, ob sie es da schon zugegeben hätte oder heftig geleugnet, sie bereitete sich auf ihr Leben als einzelnes Wesen vor. Das tun die meisten Männer von Anfang an, es ist ihnen nichts Besonderes, sich das Leben vorzustellen als eine Kette von Ereignissen, die sie auslösen können oder denen sie begegnen müssen, aber immer doch sind sie im Mittelpunkt ihres eigenen Daseins.

Sie las, leidenschaftlich, geduldig, manches verstand sie, anderes verstand sie nicht, aber sie brachte sich viel Literatur zur Kenntnis. Nicht in ihren Besitz, obwohl sie das glaubte, glauben mußte, wie sollte man sonst die ersten Schritte so langen Weges wagen?

Sie las Freud, und es war zu früh für sie, seine richtigen Gedanken von den Irrtümern zu trennen. Sie hätte bei Freud entdecken sollen, daß ihr aus liebearmer Kindheit eine Furcht vor Liebesversagen in doppeltem Sinne geblieben war. Sie fürchtete, nicht lieben zu können. Sie fürchtete, nicht geliebt zu werden.

Was sie glaubte, war die Verliebtheit. Die ist ja leicht nachzuweisen. Da wollte ihr einer das Auto umkippen, weil er sie halten wollte und sie ihm davonfuhr. Ein anderer schickte ihr monatelang, bis zur Langeweile, jeden Tag einen Blumenstrauß. Nun, er hatte einen Dauerauftrag erteilt und so nicht viel Arbeit mit dem Vorgang. Ein anderer, der sie begehrte, erlebte eines Tages die Ankunft eines solchen aus Eifersucht geschickten Straußes, und eine Stunde später verwandelte er ihre Wohnung in einen überfüllten Garten.

Seltsam, daß sie das eine wie das andere nicht irritierte. Sie erkannte den Eifer. Aber ihr eigener Übereifer bestand darin, daß sie verzweifelt nach einer Lösung suchte, die es nicht geben konnte. Sie wollte niemandem weh tun.

Sie hatte nicht gelernt, auf etwas zu dringen und eine klare Entscheidung durchzusetzen. Diesen Mangel hatte sie durchaus nur in den Angelegenheiten ihres Herzens. Es war, als sei sie zwei Menschen. In ihrer Arbeit konnte sie sich auf ihren Instinkt wie auf ihren Kopf verlassen, sie machte wohl Fehler, aber auch das war zu erkennen, daraus war zu lernen.

In Liebesdingen war sie unglaublich blöd. Sie ließ sich tyrannisieren, bluffen, ausnutzen, belügen, saß jeder drittklassigen Erklärung auf, und mehrmals verlor sie ihren Anteil an gemeinsamem Besitz, aus Stolz, vorgeblich aus Sinn für Würde, in Wahrheit, weil ihr

Schuldgefühl stärker war als ihre Einsicht, daß schließlich auch sie weiterleben mußte, nicht nur der todesnahe Davongehende, der sich übrigens in jedem Fall anschließend glänzend erholte. Um ihr nie zu verzeihen. Das wußte sie, trotz gegenteiliger Beteuerung. Aber damit mußte sie leben. Wer imstande ist, große Gefühle auszulösen, wird sie alle kriegen, die vom Anfang und die vom Ende. Die sich nicht sehr ähneln.

Sie wußte nicht, was sie wert war. Hielt sie sich einen Tag lang großer Dinge für fähig, konnte der nächste sie zur elenden Kreatur machen.

Dies war die schwerste Arbeit: zu sich selber finden. Sie konnte sie nicht eher leisten, als bis ihr das Leben genügend Wissen dafür zugeführt hatte, nicht ohne ihr eigenes Verdienst. Dennoch hielt sie sich unangemessen lange damit auf, es anderen recht machen zu wollen.

Davon ist sie nie frei geworden. Noch immer neigt sie dazu, sich selber zu wenig in Schutz zu nehmen.

Aber nun ist sie älter geworden. Ihr kam die Erkenntnis, daß einmal erfahrene und angenommene Liebe auf eine besonders schwierige Weise mitlebt, auch weiterhin. Liebe stirbt nicht, das ist nicht wahr, die Gefühle können sich ändern, aber alles mit dem anderen Gelebte durchzieht auch fernere Zeiten, an denen der Fortgegangene zum Glück nicht mehr teilhat. Sagen wir, zum Glück. Ein Rest Kenntnis aus dem Kaffeesatz bleibt da immer. Aber wie überzeugt wir gewesen sind, damals, bei der Ohrfeige, damals, bei dem verhängnisvollen Entschluß, wir wollen uns immer alles sagen, damals, als die Arbeit aufgegeben wurde, weil es ihm so lieber war, damals, als man sich den Garten hat überhelfen lassen, und nun blieb einem die Arbeit in den Händen, weil er im Aufstreben nicht gehindert werden durfte. Warum zum Teufel hatte man nicht zugegeben, daß man weder Gartenarbeit wollte noch Vorfreude empfand, wenn der Samstag näher kam, an dem das Erstandene vorgekocht und gerichtet und zusammengepackt werden mußte, an dem die vielen Taschen und Töpfe, endlich noch das Blech mit dem Kuchen darauf warteten, verstaut zu werden, und es brach ihm wieder diese verhaßte üble Laune aus, die später natürlich lachend überspielt wurde, aber sie war gewesen und hatte die Sonne weggenommen und die einzigartige Chance, einen Tag lang sich selber auszuspannen und auf die Weide zu laufen. Es war ihre eigene Schuld. Sie saß über Jahrzehnte an fremdem Werk und Geschmack, fremder Freude und unterdrückte sich, wie es keiner der Männer gekonnt hätte, wenn sie es auch versuchten.

Sie kam ihnen abhanden. Immer, am Ende, aber dann hatten sie wieder ihr Teil an ihr getan und unterlassen, wieder konnte sie nur entkommen, wieder fielen böse Wörter, die nagten, fraßen, nicht mehr zurückzunehmen waren, wieder war etwas ins Leben gekommen, was bis zur Stunde ihres Todes in alles sein Eigenleben hineinweben würde.

Sie empfand Altern als Vergnügung. Der Ansturm der Bewerber verzog sich, eine mögliche Liebe erwies sich als Arbeit und unsterbliche Materie. Sie werden sterben müssen, sie beide, aber er ist der erste Mensch, der sie mitgenommen hat bei dem langen und schweren Weg durch all das Geröll aus Vorurteilen, Befürchtungen, falschen Gedanken und anderer Erfahrung. Sie haben sich den Kopf blutig geschlagen am Bild des anderen, sie steckten ein und teilten aus, wie sie es nie von sich geglaubt hätten. Auch sie hörte sich Sätze sagen, von denen sie nicht gedacht hätte, sie könnte sie denken, geschweige einem anderen ins Gesicht schreien. Der Lernprozeß ihrer Liebe war die anstrengendste Neuigkeit, die ihr je zuteil geworden war.

Lange Jahre war ein jedes von ihnen sich seiner eigenen Liebe sicher, bezweifelte aber die des anderen.

Es geschah in anderthalb Jahrzehnten, was sie nie gewollt hatte.

Sie hatte einem Mann mindestens so viel zu verdanken wie sich selber. Auch wenn er sie nicht leiden konnte, versagte er ihr nie seine Solidarität. Er beleidigte sie tödlich, am meisten durch ungeschickt formulierte Wahrheit, aber er duldete ihr keine Beleidigung von anderen. Gab er sie gelegentlich mürrisch, so gab er ihr doch immer seine Hilfe. Die konnte in einer heißen Suppe bestehen, wenn sie schlotternd und entnervt, und nervend zugleich, aus kühnen gelungenen Unternehmungen so erschöpft nach Hause kam, so an sich zweifelnd, sich in Frage stellend, daß sein Schweigen, die Suppe und endlich sein Machtwort die Welt wieder ins Lot brachten.

Sein Einspruch tat am meisten weh, und es dauerte am längsten, bis sie hinter Wörtern die Erfahrung und die klügere Sicht schätzte.

Er wurde für sie Heimweh, das sie bei Namen nennen konnte. Sie litt körperlich, wenn sie sich weiter von ihm entfernen mußte, als seine Stimme reichen konnte.

Eines Tages, als sie aus dem Himmel wieder auf der Erde anlandete, kraftlos, die Todesangst noch in den Knochen, sah sie ihn vor der Barriere stehen und auf sie warten.

Was immer ihr das Leben abverlangte, was es ihr wieder weggenommen hatte oder im falschen Augenblick vor die Füße warf, und wenn sie auch ihre Lektion immer nur vorläufig lernte, dies begriff sie an diesem Tag, und daran hielt sie fest: Er sei ihr so wichtig wie sie sich selber. Als sie dies dachte, wunderte sie sich nicht so über den ersten Teil des Gedankens. Es waren ihr andere schon wichtiger gewesen als sie sich. Darin auch lag ja das Unheil. Sie wunderte sich aber, daß sie denken konnte, sie sei sich wichtig. Und daß dies schon ein bedeutendes Maß ist, nun endlich doch, wenn einem jemand anderer so wichtig ist, daß man nicht ohne ihn zurückbleiben möchte. In keiner Weise.

Noch immer hat sie Hemmungen, als erste die Zeitung zu lesen. Sie denkt, wenn sie sie nicht wieder richtig zusammenlegt, wird er ihr das ankreiden. Das tut er auch. Er ist nicht gerecht. Nein, gerecht ist er so wenig wie sie. Aber er hat verstanden, daß in ihr ein Mensch steckt, der sein eigenes Leben haben muß. Der Ziele braucht, vielleicht nie zu erreichende, vielleicht nur für sich selber. Der sein Quantum an Irrtum und Vertun braucht wie jeder. Und daß Liebe nicht ist, damit der andere aufhört, wie jeder zu sein. Er läßt sie in Ruhe und hilft ihr, das auszutragen, was sie beide wichtig finden. Manchmal kann er sie nicht brauchen, manchmal sie ihn nicht. Sie sagen sich nicht alles. Sie kann sich denken, daß er öfter schwindelt, sie bemerkt das durchaus. Aber es ist nie gegen Wichtiges an ihr und in ihrem Leben gerichtet.

Er ist ein erwachsener Mensch und noch ganz der besondere Junge, der er einmal war.

Sie ist ein erwachsener Mensch und fängt an, das Kind zu verstehen, das sie nicht gewesen ist.

Sie würde ohne diese Liebe nicht mehr leben wollen. Die Entdekkung, daß sie lieben kann, kam vor der zögernden Bereitschaft, zu glauben, sie werde geliebt und daß Liebe eben so ist, so normal, so schmerzhaft, so sehr in alles hineinreichend. Liebe ist für weniger nicht zu haben.

Und dennoch liegt sie im Dunkeln und stellt sich Ereignisse vor, läßt Schokolade auf der Zunge zergehen, und wenn fern ein Zug pfeift, glaubt sie für einen Moment, es sei gar nicht wahr, daß sie Reisen hasse.

Es ist aber wahr. Nur darf man das bei uns nicht sagen. Es klingt borniert und opportunistisch.

Sie denkt darüber nach, ob sie das ist, oder ein wenig davon, das wäre schon zuviel. Ohne festes Bild von sich lebt es sich menschlicher.

1989

Lieber Mann

Männer sind Wesen, die ich für sehr wichtig halte. Nicht immer für nützlich. Männer sind klug. Viele von ihnen wissen alles, und fast jeder weiß alles besser.

Männer wecken, was in uns steckt. Die Freude am Frühling, die Freude an uns selber und Mordgelüste. Ach ja, manchen hätte ich umbringen sollen. Aber ich habe es nicht getan, und er hat dieselbe Handlung an mir auch unterlassen. Er hat nur bis zu Ende an dem Ast gesägt, auf dem ich saß.

Stehaufweibchen überleben das. Aber gewiß ist in mancher Situation in mein aktuelles Sprachporträt die abgestufte Wertschätzung des Mannes eingeflossen. Ich bewundere Männer. Sie haben etwas ungezwungen Absolutes. Uns übernehmen sie wie ein Grundstück, das von nun an in ihre persönliche Pflege übergeht. Wie einen Wertbrief, den sie Schatz nennen und von dem vielerlei Art von Zinsen erwartet wird.

Ein Mann strengt sich sehr an, um sich so zu verhalten. Er weiß nicht, daß er so ist. Aber er kennt viele Männer, denen er das nachsagt.

Über die redet er nicht freundlich.

Männer haben Angst. Das meiste von ihrem Mut brauchen sie, die Angst nicht zu zeigen. Dabei möchte ich mir ihrer großen und kleinen Ängste sicher sein können. Die Angst an einem Mann scheint mir so natürlich wie das Fell an einem Affen. Wie sollte er nicht Angst haben? Andere und dieselbe wie ich?

Vor Männern, die sagen, daß sie keine Angst haben, habe ich Angst. Ich denke, daß sie Tigerzähne haben oder Piranhas sind.

Freilich, Männer im Auto sind umzingelte Krieger, durch Lenkrad und Gaspedal gebunden an Händen und Füßen. Aber da kann man sehen, zaubern gilt nicht, sonst würden ja alle anderen Idioten in Erdspalten verschwinden.

Männer haben große Lust zum Basteln. Besonders am Weiterleben der Menschheit, an der Beschaffenheit des Planeten. Deswegen suchen sie mit großer zahlenmäßiger Überlegenheit ihres Geschlechtes für uns nach außerirdischen Wohnungen. Dabei werden sie schwerelos.

Auf der Erde ist das nicht so. Da müssen sie, statt sich zu Gruppenfotos zu stellen, was natürlich weit häufiger vorkommt, auch schon mal Kartoffelnetze tragen und an unserem Charakter.

Wie leicht zu bemerken war, rede ich von einer Epoche in der zurückliegenden Geschichte der Menschheit. Von der Zeit, als ich jung genug war, eher ohne mich als ohne den Mann an sich leben zu können. In Briefen, die ich zu meinem Verständnis schrieb, kamen solche Sätze vor wie: Ich kann ohne dich nicht leben.

Nicht gesagt habe ich: Ich möchte mich dir schenken. Dieser Satz kam mir kitschig vor. Aber ich bin mir nicht sicher, ob ich mich nicht doch, einmal würde schon reichen, so verhalten habe.

Wenn mir ein Mann begegnete, war er schön, geistreich, gebildet, spontan, sinnlich, empfindsam, verträumt, hilfsbereit und veränderungswillig.

Er war schön.

Seiner Schönheit tat ich Abbruch durch einen Ausbruch meiner Kochlust.

Aß er nicht, war ich nahe am letzten Seufzer. Wem es bei mir nicht schmeckte, dem mußte es bei einer anderen schon geschmeckt haben.

Er war geistreich.

Wie geistreich er wirklich gewesen ist, erfuhr ich nur in den ersten Begegnungen. Von da an hielt ich es für überaus wichtig, ihn mit meinen Ansichten über die Lebensweise der Papuas, die Verwendung von edelsüßem Paprika auf die einzig richtige Weise, Rilkes Motive beim Verfassen des Poems mit dem Anfang reiten, reiten, reiten, über was ein Kind ist, was eine Frau ist, was ein Mann ist, über die einzige Art, glücklich zu sein und glücklich zu machen und eine Million andere Themen zu unterrichten, denn wir wollten uns ja näherkommen, kennenlernen, unseren Reichtum an Geist austauschen. Obwohl er mir mit der Zeit weniger geistreich als mufflig-maulfaul vorkam. Schön und geistreich, das hatten wir damit auf menschliches Maß gebracht.

Er war gebildet. Nun ja, was einer so weiß. Ich wußte das, er wußte das, selten hatten wir die gleichen Bücher gelesen, ich nicht einmal alle, über die ich sprach.

Seine Bildung verschaffte uns schöne Stunden. Vordem und nachdem war Free Jazz nicht eben meine kundigste Strecke, aber mit den Flügeln hymnischer Empfindungen ist leicht segeln. Mir fielen Redewendungen ein, die paßten auf nichts so gut wie auf Free Jazz. „Unglaublich vital", zum Beispiel, oder „von niemandem so nachzumachen".

Natürlich sagte ich das nicht, während die Platte lief, die ich später als erste zertöppert habe. Da hatte ich mein kluges Schweigen und manchmal ein Lächeln, das hätte Leonardo da Vinci gern gemalt, aber ich lächelte nach seinen historischen Daten.

Man kann dem überlegenen Wissen eines anderen auch begegnen, indem man ihn reden läßt. In größerem Personenkreis schafft das den ersten Zweifel. Steigern läßt sich die Einschränkung durch behutsames Kopfschütteln an beliebigen Stellen. Sehr wirksam, um so mehr, je weniger man versucht, die richtigen Stellen zu treffen.

Er sagt zum Beispiel: „Das Ozonloch wird größer." Behutsames Lächeln, Kopfschütteln. Da jeder glaubt, er besäße diese an sich banale Information auch, wirf ein: Das kommt doch sehr darauf an.

Dieser Satz ist gegen Wissen und Bildung, selbst gegen die Meinung eines anderen Menschen wärmstens zu empfehlen, und so verschlafen kannst du als Frau gar nicht sein, daß du ihn dir nicht merken könntest. Du kommst mit ihm durch, er reicht völlig.

„Mit dem Handwerk geht es wieder aufwärts" – Kopfschütteln – „das kommt doch sehr darauf an."

„Kinder haben heute mehr Selbstbewußtsein." Da das niemand genau weiß, spiel du dein Spiel, ich weiß etwas, was du nicht weißt. Und lächle, lächle.

Spontan waren sie.

Am Anfang waren sie spontan. Das bleiben sie selten, die Männer. Ich weiß nicht genau wie, aber wir gewöhnen den meisten von ihnen eben das am schnellsten ab. Nun habe ich selten gesehen, daß sie spontan die Stube malern, aber am Anfang haben sie schon spontan ein paar Kumpel eingeladen oder sind zu ihnen gegangen oder haben sich entschlossen, doch nicht zu sparen, sondern das wunderbare Motorrad zu nehmen, doch jetzt schon ein Kind zu wollen, den Überpreis für die verlauste Datsche dann eben abzustottern.

Das alles gibt sich, mit der Spontaneität hat man als Frau nicht lange Sorgen.

Sie waren sinnlich.

Sinnlich sind sie immer geblieben, nur hat sich das Objekt der Begierde in Aussehen und Adresse geändert.

Die Empfindsamkeit.

Die Empfindsamkeit wuchs. Gegenüber den Gewohnheiten des nun benachbarten Menschen zum Beispiel. Unsere entzückendsten Eigenschaften wachsen sich dabei am schnellsten als Waffe gegen uns aus.

Damit kann man aber leben. Ist er eben ein bißchen überempfindlich und hat's mit der Leber.

Jeder Kater am Morgen kommt vom Kartoffelsalat am Abend, das wissen wir Frauen.

Von der Verträumtheit wollen wir schweigen. Es war gar keine, sondern eher eine Art Trottligkeit, endogen, unheilbar, zunehmend nervend.

Bleibt die Hilfsbereitschaft, die gab es. Aber das Leben sollte schön für ihn sein, und wo auf dem Erdenrund wäre noch eine, die mit bereits geklebter Rauhfasertapete, entleerten Mülleimern, aufgegebenen Briefen und schönlauniger Teilnahme am Nachtangeln immer neue Überraschungen bereithält?

Laß, ich mach schon, hatte seine Mama gesagt. Laß, ich mach schon, sagen wir als Geliebte zuerst, und dann verändert sich etwas.

Jedenfalls war das alles früher so. Heute hebe ich schon mal schüchtern den Finger und sage: Ja, aber Männer sind doch auch Menschen. Selbst eine Jeanne d'Arc wäre ohne Gefolge wohl zu Hause geblieben. Die Ausnahme, meist waren wir das unselige Gefolge. Die haben den Jung-Siegfried gespielt, schlimm genug. Aber welcher Teufel hieß uns verlangen nach einem, der uns besiegt?

O Penthesilea, wenn am Ende alle tot sind, kann ja keiner schön, geistreich, gebildet, spontan, sinnlich, empfindsam, verträumt, hilfsbereit und veränderungswillig sein.

Heute, aber wirklich erst heute, und das entschuldigt frühere Verhaltensweisen nicht, heute, wenn ich Brunhilde wäre und träfe Krimhild vor Rathaus oder Kirche, ich würde sagen: Paß auf, tritt da nicht rein – und ich würde sie als erste hinein- und wieder hinausgehen lassen, sooft sie nur will.

Andererseits: Ich würde auch behaupten, es sei die Nachtigall und nicht die Lerche, selbst wenn ich die beiden unterscheiden könnte.

1988

Kopfstand

Eines Tages bemerkte ich, daß ich domestiziert war.

Ich behaupte nicht, daß ich apportierte, nein, ich brachte weder hechelnd Stöckchen, noch machte ich Männchen oder bitte, bitte für einen Leckerbissen. Ich war domestiziert.

Es war Teilen meiner Natur an den Kragen gegangen.

Wenn ich getadelt wurde, gerügt, oder kritisiert, angehalten, mich anders zu verhalten, als ich meinte, es entspräche mir, dann riß ich nicht etwa Wände ein, ich bockte nicht einmal, allenfalls malmte ich mit den Zähnen, aber schon währenddessen besann ich mich.

Es gab viel Grund, an mir auszusetzen: Ich hatte zuviel oder zuwenig unter Beweis gestellt, mich nicht durchgesetzt oder dazu die Ellbogen benutzt, ich hatte empörend zuviel und langweilend zuwenig über die Stränge geschlagen, hatte mich aufgedrängt oder verletzend zurückgehalten.

Mein Outfit war nicht durchdacht. Ich teilte auch zu schnell anderer Leute spontane Einfälle. Ich hätte mehr bleiben sollen, wie ich war, mich andererseits flexibler auf neue Situationen einstellen. Aber nicht beeinflussen lassen, von anderen, von jedermann, von Unbefugten.

Wer einmal an meinem Tisch gesessen hatte, wollte etwas von mir.

Wer einmal in meinem Bett gelegen hatte, erhob Anspruch.

Wem ich einmal zur Zufriedenheit gearbeitet hatte, der erwartete Steigerung und nun immer alles, ohne Komplikationen bitte, keine Schwierigkeiten, du weißt, wie es ist.

Wurde mir der Ton verwiesen, nicht richtig verwiesen, nur ein gänzlich anderer als meiner anempfohlen, weil meiner sich manchmal dem des mich Ansprechenden anglich, dann dämpfte ich die Stimme, ich sprach sonor.

Auf die verräterischen Stellen, in denen sich meine Krallen verbargen, klebte ich freiwillig Heftpflaster.

Mir kam die Lust abhanden, in der Sonne zu dösen und auf Beute zu lauern, von der ich aus Erfahrung wußte, sie käme flanieren und würde sich anbieten.

Ich ähnle mir nicht mehr sehr, und also verhängte ich den Spiegel und verließ mich auf Augen, deren Blicke mir oft zu verstehen gaben, daß sie mühelos allen Grund erkennen, was mir auch vorher nie möglich war. Nie einfach, nie bis auf allen Grund. Sichtiger als ich konnte inzwischen fast jeder sein.

Das Lauernde, Sprungbereite, Hörscharfe war noch in meiner Natur. Aber ich nahm zu mir, was mir angeboten wurde, so verlor ich den Heißhunger und gewann Reflexe, die abhängig waren.

Manchmal, wenn es niemand sah, räkelte ich mich in nichts als meinem Fell auf nichts als nacktem Boden, und meine Kehle sang und knurrte. Aber von allein stellten sich diese mir doch gegebenen Lebensäußerungen nicht mehr ein. Ich mußte sie mir vornehmen, einplanen, einpassen in bereits Verplantes. Wenn sie sich doch aus dem Unterbewußten lösten, dann paßte es nicht zur Gelegenheit. Über altes Spielzeug gebeugt, kramte ich mürrisch. Mitten in einer Mühsal bergauf sang ich, während ich andere einholte, überholte, und da ich sie keuchen sah, nahm ich ihnen von ihrer Last, um nicht die Lust am Singen zu verlieren durch ungute Erinnerung.

Mein Fell war dünn geworden und bedurfte ständig der pflegenden, schützenden Hände, an die sich die schutzlos gewordenen Stellen gewöhnt hatten.

Ich bemerkte auch, daß ich meinen vordem scharfen Augen in nichts mehr traute. Was ich sah, konnte so sein, aber auch ganz anders.

Vielleicht hätte ich es erst einmal anpacken oder fressen sollen, dann hätte sich schon ein Bild ergeben. Träumen und Einbildung läßt hungrig.

Ich konnte nicht mehr so oder so reagieren, nur noch so.

Denken macht Bedenken, dabei blieb es oft.

Wenn ein Regen fiel, der mir vorher nicht angekündigt worden war, flüchtete ich vor ihm, manchmal, aber meistens lief ich ungerüstet in ihn hinein. Also schadete er mir in prophezeiter Weise. Wie dumm ich mich doch benahm.

Was sollte da erst bei Schnee, Feuer, Hagel geschehen.

Ich bemerkte, daß ich, ganz ohne es zu wollen, auf der Suche war nach einer rauhen, kahlen Höhle, und ich begann wieder zu blinzeln, um meine Augen feucht zu halten oder weil meine Augen feucht waren.

Ich empfand mich wohl als ungerecht, auch als undankbar, aber diese Gefühle gerieten vom ersten Unbehagen bald zu einer durchblutenden Lust. Ja, ungerecht. Ja, undankbar. Und meine Vorstellung pfefferte einen Blumentopf hinterher. Ungerecht, wunderbar. Undankbar, einzigartig.

Dabei hatte der Jagdtrieb vordem doch soviel Ungemach mit sich gebracht. Meine Narben waren unübersehbar. Wie oft war meinem Heißhunger auch die Beute entgangen, erwies sich als stärker, unbesiegbar.

Lag ich nicht früher oft genug hechelnd, armselig, geschlagen, überwältigt von Hunger und Durst, ohne die Kraft eines Gefährten, auf hartem Gestein, weil sonnigere Plätze hätten errungen werden müssen, aber ich hatte die Kraft nicht?

Nun lag ich in der Sonne, ewige Sonne, sichere Sonne, hochgeschobene Sonne, fade Sonne, zum Dreinschlagen fade Sonne, und ich, ebenso fade, erklärte früher gekannte Gefahren, und manchmal stupste ich die junge vorwitzige Brut, die dauernd mit der Nase nach vorn schnupperte.

Niemand fürchtet mich mehr. Ich würde die Tatze ohne Absprache nicht heben. Nicht einmal bei Gefahr. Da schon gar nicht.

Nur in den Träumen, das blieb mir, reckte ich den Hals, machte die empfindlichen Augen weit auf, knurrte und sang – und sprang, für jedermann unerwartet, aus schöner Trägheit zu gefährlichem Angriff.

Wenn ich erwachte, spielten meine Muskeln, und meine stumme Kehle war angespannt.

Ich war domestiziert, aber kann sein, ich spielte das und es war nur eine der Phasen, die man überlebt und über die man auf der nächsten Strecke einsamen Trottes lacht oder knurrt.

1987

Grünspan auf Messing

Die Ziege ist weg und gut.

Bei mir ist alles in Ordnung. Ich steck die Enden zusammen und werde Dichter. Autor! Irgendwie Schreiber. Das hat meine Natur drauf, das muß ich loswerden. Die hat Briefe von mir, alle ohne Durchschlag. Wie komm ich da ran?

Scheiß drauf, ich schreibe eine Million neue. An solche, die auch lesen können – von anderm ganz zu schweigen.

Es geht mir dreckig, die Welt ist in Ordnung. Ich find mich mit dem Dichter in mir ab, besser als mit allen andern Typen, die sich je nach Tageszeit, Umstand und Verfassung vordrängeln wolln.

Zum Beispiel dieser Löffel, der jetzt bloß auf die nächste Straßenbahn wartet, um in ihre Richtung abzuzittern. Hausschlüssel zurückgeben! Nachgeben! Das sagen, was einem immer erst hinterher einfällt.

Die Braue ungesteilt
bin ich, der unverweilt
ins Wort fällt jedem Augenblick
dem Tod nach
der mich anstarrt
von Denkmälern
aus verdienstvollen Augen
mir, der sich nicht umdreht

Was das heißen soll? Die Bezirkspresse hat's gedruckt. Weil da steht: Verdienstvolle Augen ..., das hat gefallen, natürlich haben die das Gedicht nicht verstanden. Aber die Sache ist ja so: Ich verstehe es selber nicht. Was mich stört, ist der grammatikalische Schnitzer: „unverweilt".

Das ist Quatsch, wenn schon, dann muß es heißen, der „presto" oder „tutti" oder so ...

Aber das ist nicht mein Problem ... der presto ins Wort fällt jedem Augenblick? hat was!

Könnt ihr euch vorstellen, daß ihre Eltern sie Wismutha genannt haben? Mit „h" hinter dem „t"? Wismutha? Ihr Vater hat den ganzen Wiederaufbau alleine weggeschleppt.

Was du siehst ringsum.

Er hat es vorher gewußt, besser gewußt, gleich gedacht, er hat mit angepackt.

Hab ich gesagt zu ihm: Überall?

Er: Jawoll, überall. Wir waren uns für nichts zu schade.

Ich: Dann wissen wir ja, wem wir manche Scheiße zu verdanken haben!

Er: Raus.

Ich: Korrektive Denkweise ist wohl nicht drinne, was?

Er: Düse ab.

So redet der Typ.

Er hat unsere Sache vorwärtsgetrieben, alles geschnallt, gut, ich sage: Was machen wir denn nun mit dem lieben Gott? Die Leute, ich auch, wolln irgendwas dafür wiederhaben. Er, sofort: Gehst du heimlich in gewisse Kreise?

Ich: Wozu das? Gehen ist falsch, ging, ich ging paarmal, aber es ist nicht meins, ich will was Neues haben.

Er, Handbewegung: Wo du hinsiehst, ist Neues. Du brauchst dich bloß daran zu beteiligen.

Ja, sag ich, ist nicht falsch, so viel Ehre tu ich dir gar nicht an, ist nicht falsch, ich weiß. Wenn ich Gefühle haben will, dann fahr ich mal nach Dresden, aber das mein ich nicht.

Ich weiß nicht, was ich meine. Ich möchte alles ganz klar wie Käse durch die Folie vor mir haben. Wenn eine zu kurze Beine hat, dann will ich die sehn. Wenn's nicht besser geht, klar, logo.

Aber etwas fehlt. Da fehlt was.

Der Mann hat ja tatsächlich mehr gemacht, als ich machen würde, weil soviel Anteil am sogenannten Ganzen würde ich nicht reinbuttern von mir. Na, weiß ich nicht. Käme drauf an. Hat auch schon solche Situationen gegeben.

Aber dem hat ja die Zeit gefehlt, sich umzusehn, zuzuhören, einem einzigen Menschen einmal bis zu Ende zuzuhören, zum Beispiel seiner Frau. Die kennt nur noch Satzanfänge oder Satzschlüsse, aber das macht gar nichts. Ihr Mann liest in der DIN-A2-Zeitung auch nur die Zwischenüberschriften und erklärt einem ein bißchen mehr als das Ganze.

Manchmal liegt er schief. Manchmal redet der sich noch in Rage, da haben wir beide schon rausgekriegt, daß er die Argumentation wegen der Zwischenüberschriften falsch verstanden hat. Wer, wir beide? Wismutha und ich.

Und wenn das nun auf einmal im letzten Moment des Lebens überhaupt nicht wichtig gewesen ist? Falsch verstanden oder richtig verstanden, wenn das überhaupt nicht wichtig war und es vielleicht darauf angekommen wäre, daß jeder erst mal sich selber begreift? Wer er ist, was er eigentlich wirklich will und worauf es ihm, wenn man ihm Zeit genug läßt, ankommen könnte? Da sagt der, das nächstgrößere Motorrad oder möglichst gleich 'n Auto, Wohnung, Spaß haben. Woher weißt du denn das? Und erklär mir doch nicht, daß ihr nicht auch euren Spaß gehabt habt mitten in den Trümmern und an den großen Worten, an eurer Idee, anno Null und von nun an ...

Gut! Gut! Ich halte dir die Sprüche nicht vor, hab ich gesagt, die ihr heute unter Irrtum einreiht.

Aber ich halte dir vor, daß ihr denkt, wir müßten Sprüche weglassen, weil ihr begriffen habt, daß man besser weniger macht. Wismutha. Ein schönes Weib! Die hat die verschluckten halben Sätze von ihrer Mutter drauf und den Schädel und Durchblick vom Vater.

Sie ist weg. Jeder kriegt, was er verdient, hat mein Doktor neulich gesagt, als ich mit einem halben Magendurchbruch bei ihm angetanzt bin.

Warum rauchen Sie soviel? Ich rauche nicht viel, ich rauche. Man raucht oder man raucht nicht. Alles ist in Ordnung. Wenn ich vierzig werde, mir reicht das.

Ich werde Dichter. Das kann man heutzutage ganz einfach sagen, wie man sagt: Diplomphilosoph. Klingt auch zunächst ganz unwahrscheinlich, aber man kann das heutzutage sagen. Philosoph, Dichter, so mußten einen früher erst mal die andern nennen. Na gut, nicht mein Problem.

Ich sage zu ihr: Uta, du wirst nicht erwarten, daß ich groß rumrede, für Gefühle nehm ich keine Wörter, die's schon gibt, warte ab, wir müssen uns neue machen, die angeschimmelten Dinger aus den Schlagern werden wir uns doch nicht ernsthaft um die Ohren hauen, also wenn du fühlst, daß sich da bei mir was tut, dann schielst du nicht direkt.

Sie hat mich angeguckt mit ihren Augen, die mich unwahrscheinlich an den Kerzenhalter von meiner Großmutter erinnern, Grünspan auf altem Messing, rundum Elsterglanzpaste, solche Augen, und rechts und links Haare wie die Nußbaumtruhe von ihren Alten, sie sieht mich an, ungefähr zwanzig Lichtjahre, dann sagt sie: „Hör doch auf zu spinnen, Mann."

Das war's erst mal. Gut, ich spinne, Klar, ich spinne. Ich sage: Wenn ich eine will, kriege ich sie auch.

Sie guckt wieder einen Monat und sagt: „Na und? Denkste, ich nicht?"

Nun ist das ja so. Bei mir hat's dreiundzwanzigmal genau so geklappt. Ich wollte, die wollte, vermutlich. Vielleicht wollte sie auch erst nicht, oder dann nicht mehr, so tief bin ich da nie eingestiegen. Ich springe nicht auf einen bestimmten Typ an, aber anspringen tu ich immer – wenn ... ja, das weiß ich nicht so genau. Stimme, das muß sein, tiefe Stimme. Ich kann diese Piepsen nicht ab. Gucken. Die müssen gucken können. Gradeaus, mich an, auch mal weg. Das sogar noch mehr. Die müssen mal weggucken können auf etwas, was mit mir überhaupt nichts zu tun hat.

Komisch, auch in einem ganz vollen Saal ist es immer eine. Ich bin noch nicht dahintergekommen, warum das so ist. Warum grade die? Die eine und dann muß es sein. Und bisher hat's immer geklappt. Mit Uta, das ist 'ne andre Sache, stimmte und stimmte nicht.

Ich werde einen Roman schreiben und die weibliche Hauptfigur Uta nennen. Wismutha hat die zehn Minuten nach der sozialistischen Namensgebung schon nicht mehr geheißen, sondern Püppi, und schon in der ersten Klasse war sie die Uta.

Sie hat recht, ich spinne. Ich hab gedacht, sie beschwert sich, daß ich ihr nicht bißchen aufspiele, Komplimente mache und so. Ich hab ja auch so was gedacht, Mann, in meiner Birne warn ganze Hitparaden an Blödigkeit. Na, da muß man sie sehen, um zu wissen, was ich meine.

Sie kommt zurück. Ich weiß das. 'türlich, bin auch schon so 'n Neunmalschlauer wie ihr Vater. Es läuft auf einen Kompromiß raus. In einer Sache, wo es keinen Kompromiß geben kann. Is 'n Fliegenfänger ein Kompromiß?

Wir verstehn die Alten nicht, weil die anders sind als wir. Wir verstehn, daß sie anders sind und warum das so sein muß. 'ne andere Generation, andere Arbeits- und Lebensbedingungen, historische Erfahrung usw. Es ist alles ganz einfach, solange es nicht konkret wird. Solange nicht das Thema Musik oder Möbel dran ist, oder die Seychellen oder Kleidung, egal. Für die Alten war es unheimlich wichtig, daß sie alles kaufen, wegschließen, besitzen konnten. Daß alles sicher war. Ist ja klar, da hing früher bei vielen das Leben dran. Ich muß mich auf dich verlassen können. Unter dem ging's bei denen nicht.

Wenn ich die Geschichte richtig verstehe, haben es die Frauen in den miesesten Zeiten vergleichsweise am besten gehabt. Du weißt ja nicht, was du da sagst. Zyniker, wie kannst du so etwas überhaupt aussprechen.

Es stimmt trotzdem. Da wurden sie behandelt. Es kam auf sie an. Die Männer hätten sich nicht die Hälfte soviel Mist leisten können, wenn die Frauen dafür nicht mit gradegestanden hätten.

Das ist eine vulgäre Lesart! Setzen! Wenn die Frauen nicht dafür gradegestanden hätten. Nicht alle, natürlich nicht.

Lieber Gott, Klippschule.

Ich weiß nicht, ob ich die Geschichte an irgendeinem Punkt bisher richtig verstanden habe. Der mir vermittelte Lehrstoff hat aus mir eine Persönlichkeit geformt, die das unheimlich scharfe Gefühl hat, daß man sich mit der Geschichte mal befassen muß. Das ist nicht so leicht. Ich kann schreiben wie verrückt, und lesen fällt mir schwer. Zeitunglesen fällt mir schwer, Romane habe ich drei durch, man kommt mit dem Lesen der Waschzettel an sich ganz gut auf 'ne zwei, fast immer. Ohne Hinterland, sag ich trotzdem, hätten die Männer nicht dreißig Jahre Krieg machen können, oder sieben, oder sechs. Hab ich Uta gesagt: Ihr müßt erst mal mit euerm eigenen Anteil fertig werden. Granaten drehn und sich die Kinder umbringen lassen. Lenin, Marx, alles Männer. Warum wart ihr den Männern treu? Ihr habt durchgehalten.

Guckt die mich an und sagt: „Sag ich zu dir, daß du in Auschwitz auf der Rampe gestanden hast?" Unfair! Extreme sind geschlechtslos. Auschwitz und Vietnam, das ist geschlechtslos.

Aber Odysseus umgekehrt ist nicht vorstellbar. Er repariert den Gartenzaun, während sie zwanzig Jahre lang – und da sind wir wieder bei Uta.

Liebe in dem alten Sinne, so wie eben früher mit Vergiften und es brach ihr das Herz und er ging in die fernen Tropen und niemand hat ihn mehr zu Gesicht gekriegt, das ist heute nicht mehr möglich. Ich habe ein Buch gelesen, klar lese ich, kleiner Ulk vorhin, Hochzeitsnacht heißt das, Liebesgeschichten zwischen neunzehndreiunddreißig und -fünfundvierzig. Das darf man vielleicht heute als satter Zwanziger nicht lesen. Das ist vorbei. Große Lage, große Gefühle. Und es ist eben nicht dasselbe. Klar geht's heute ums Leben und klar erst recht. Aber die damals, die konnten mit ihrer Angst und mit ihrer List noch wohin, in die action. Ich lehne ab, daß wir unsers Liebe nennen. Ich hätte mich noch wegen keiner umgebracht. Und das Verfluchte ist eben: Ich weiß nicht, was ich wegen einer überhaupt gemacht hätte. Hätte machen können. Außer rauskriegen, daß man nicht auf eine raufhopst, hopphopp und wieder runter.

Wie das geht mit einem Mädchen und daß man das nicht gleich weiß, wissen kann, das weiß ich.

Es ist bloß so: Die wissen das natürlich auch. Und helfen bei jeder Bemühung. Man will ja gut sein. Aber natürlich als Mann eben doch so 'n bißchen auch ein Wunder. Und wenn's eine Arbeit wird, die klappt, weil jeder seinen Teil dazu tut, dann ist es eben kein Wunder.

Ich glaub, in mir steckt so was wie ein Dichter, aber ich kenn auch meine Haken. Die Alten hatten es leicht mit dem Überblick, von uns aus gesehen, kleiner Dialektiker ich, aber da gab's eben oben, unten, rechts, links, ja, nein. Was will ich? Ich will ja sagen zu dem Teil einer Sache, den ich verstehe. Und man sagt mir, das geht jetzt nicht. Du mußt schon auch noch einen Teil Vertrauen drauflegen. Sonst kommst du mit deinem Verstehen, mal oder immer, um den Gongschlag zu spät. Ich bin aber nicht so schnell, und was heißt Vertrauen? Mit Vertrauen komm ich ja auch erst weiter, wenn ich weiß, wohin damit. Ich verstehe heute was, und morgen versteh ich was anderes, durchaus nicht immer mehr. So ist der Mensch, aber so sind die Zeiten nicht.

Ich habe bisher, außer einen Teil von mir, noch überhaupt nichts verstanden. Ich weiß nicht, ob meine Mutter für meinen Vater wichtig ist. Das geht ja noch. Aber vor allem weiß ich nicht, warum ER für sie so wichtig ist. Wie sie heute noch aussieht, könnte sie fast jeden andern haben. Sogar die Hälfte von meinen Kumpels. Sie ist die angenehmste Person, die einem als Mutter widerfahren kann. Leise, eine ganz leise. Ich hatte noch nie eine, die so leise Hände hat. Komisch, bei meiner Mutter quietscht keine Tür, die sonst immer quietscht. Ihr rutscht kein Geschirr aus der Hand, nie hat sie im letzten Moment 'ne Laufmasche.

Mein Vater ist ein doller Kerl. Ein Durchreißer, Aufreißer wahrscheinlich auch. Hat immer 'ne eigne Meinung. Er wartet, bis einer seine Begeisterung nicht mehr zurückhalten kann, und das genaue Gegenteil davon ist dann seine Meinung.

„Junge, wenn wir dich in einer fremden Stadt abstellen, du findest doch noch nicht mal den Bahnhofsimbiß." Als er das gesagt hat, war ich zwölf Jahre, sieben Monate und achtzehn Tage alt. Und habe bei zwei verschiedenen Freunden mindestens dreimal in der Woche übernachten dürfen, weil meine Eltern der Meinung waren, das sei immer noch besser, als mich allein zu Hause zu lassen. Ersatzfamilienatmosphäre. Ich sehe jetzt wenig Fernsehen. Fast alles habe ich damals schon gesehen.

Ein Vater wie aus dem Bilderbuch. Groß, stark, kein Dummer!

Er hat mir etwas voraus, was ich nicht einholen kann, und das weiß er. Darauf reitet er rum – Ich weiß nicht, was das ist.

Jedes Leben ist anders, er kann mir nicht vorwerfen, daß ich seine verdammte Tüchtigkeit nicht habe. Es gibt nichts, wo er seine Schläue nicht vorführt. Er gibt immer an mit einem Dreh, einer Lösung, er hat auf alles eine Antwort. Gelernter Bürger dieses Landes. Der macht dir aus Wüstensand Rumkugeln. Und wer braucht die? Ehe er eine 6-Ampere-Sicherung wegschmeißt, widmet er ihr noch 'ne nachdenkliche Gedenkminute. Meingott, sag ich, bohr 'n Loch rein und nimmse als Kerzenständer für die ganz ganz kleinen Kerzen für die ganz ganz kleinen Zwerglein. Er sagt: „Hol Luft, Junge, und zwar, ohne was damit anzufangen. Einfach rein, raus."

Er macht mich wütend. Es ist nicht die Zeit für so 'ne Kleinkleininordnungbringerei. Wir verpritzeln uns seit vier Jahren am Toaster die Pfoten. Jeder von uns hat sich schon Kohlen aus dem Ding gefischt, 'n Schlag gekriegt – aber Pappi repariert und strahlt. Weil's einmal wieder geht, oder sechsmal, egal.

Und was er inzwischen alles nicht macht. Ich ertapp mich immer wieder dabei, daß ich andern Leuten unter ihre Aufsätze Zensuren schreibe. Man haßt es und macht es. Wozu muß ich mit jedem Schraubenzieher in jedem Loch Bescheid wissen? Gut, ich akzeptier das Theater, als ich gesagt hab, ich weiß nicht, wie man einen Einschreibebrief aufgibt. Akzeptier ich. Man muß aufpassen, daß man bei der Faulheit nicht erwischt wird. Ich brauchte nie mit 'ner Mark über 'ne ganze Woche zu kommen, also wozu so 'n Überlebenstraining?

Ich brauch nicht zwei rechte Hände, bei uns kommt man noch sogar mit zwei linken zurecht, nicht politisch gemeint und kann sich natürlich auch ändern. Es macht mir nichts aus, mich zu entschuldigen, wenn ich Mist gebaut habe, und ich weiß nicht, was das ist: falsche Scham. Ich hab schon Mühe mit dem Begriff: Respekt. Ich hab Interesse, das hab ich.

Ich kenn ein paar Leute, die interessieren mich. Mich interessieren alle Leute, ein paar besonders.

Uta! Hat mich besonders interessiert.

Ist ja alles total unverständlich. Man kann überhaupt die meisten Dinge nicht erklären, sich selber nicht, und andern schon gar nicht.

Oben und unten, rechts, links, gut und böse, klar. Ist „verzeihen" richtig? Ist es wichtig? Wo kommt das überhaupt her, von welcher Kulturstufe, daß jemand jemandem etwas zu verzeihen hat und es auch tut? Oder nicht kann, oder nicht macht, je nachdem. Was ist das, frage ich euch, werte Altvordern, wer hat das erfunden, was ist „verzeihen", wie macht man das? Wie geht man zu jemandem hin und verzeiht ihm? Was sagt man da?

In meiner Kindheit kam das Wort nicht vor. Ich weiß nicht, warum es niemand gebraucht hat, ich kenn's nur aus der Literatur, bei uns war aber Leben. Mir hat nie jemand etwas verziehen. Ich meine das als Vorgang. Als ich das Wort zum erstenmal vor mir sah, auf einer Buchseite, das hat mich umgewedelt. Verzeihen, vergeben, vergehen, hinsinken. Nie in meinem Leben habe ich gesehen, daß jemand hinsinkt. Oder habe ich keine Augen im Kopf? Ich kenn Liebe vom Fernsehn. Im Theater. Kino. Rock. Pop. Ich habe noch nie gesehn, wie Liebe aussieht, wenn sie sich im Leben zwischen zwei Leuten abspielt.

Klar hab ich das gesehn. Ich meine, hinsinken. Meine Mutter, mit den Augen. Da hat ihre Mutter zu ihr gesagt: „Wer's einmal macht, macht's immer."

Ich war zehn, als mein Vater weggegangen ist. Und wiedergekommen und weggegangen. Und meine Mutter arbeitet immer noch im selben Betrieb wie als Lehrmädchen. Und wollte nur ein Kind. Und nie aus der Wohnung raus.

Ich habe zu Uta gesagt, was man eben sagt. Und sie ist mitgekommen. Fand ich ’n bißchen schnell, aber wenn der Blitz einschägt, der macht das ja auch nicht langsam. Langsam war ich beim Ausziehn. Da hab ich mit ihr gesprochen, aber ich habe das natürlich nicht gesagt, wir warn doch nicht auf ’ner Versammlung, wo einer erst ’ne Grundsatzerklärung abgibt und dann kommt die Tagesordnung.

Aber ich hätte gern, ich hätte gern zu ihr gesagt: Du, ich mag nicht, wenn mir Sonne in die nackten Augen scheint. Ich will anfangen mit dir, erst mal anfangen. Geh jetzt weg, oder komm morgen auch, und dann wieder.

Und immer und so, daß es was Richtiges hat.

Sie raucht, ich nicht mehr. Sie ist aufgestanden, ich bin liegengeblieben. Sie ist gegangen, da hatte ich noch die Augen zu. Beim nächsten Mal wieder. Warn wir bei ihr. Sie steht auf, zieht sich an, steht an der Tür: Ich bring dich.

Draußen kein Mond, kein gar nichts. Bringt mich zur Straßenbahn, guckt mich an, Grünspan, Messing, eben Metall im Blick.

Ich wollte schon beim erstenmal mit ihr liegenbleiben und paar Worte suchen, die man eben sagen muß. „Das ist es“ oder „na also“ oder so. Aber ich kann nicht. Ich hab’s ihr aufgeschrieben, in meiner Art, und natürlich gezeigt. Ich hab ihr eigentlich alles gezeigt. Was ich geschrieben habe und wie es mir geht. Und es kam nichts zurück.

Na doch, eine Eisscholle kam ganz langsam angeschwommen.

Ich glaube, daß ich dauernd mit mir geredet habe, und sie mit sich. Sie hat einmal gesagt: „Du, ich hab mit mir zu tun. Und du spinnst nicht, du willst spinnen. Aber ich nicht.“

Das war alles. Ich möcht ihr gern verzeihen, aber ich weiß nicht, wie man das macht. Da müßt ich ihr ja erst mal sagen, wie ich den Namen Wismutha finde.

Liebe, das ist eine Sache, die wahrscheinlich sein muß, denn warum sollte sich sonst einer mit Farbeimern und Wohnungsamt und Kaufhalle und all so ’m Krempel abstrampeln? Aber vielleicht denken die Leute bloß alle, daß es das gibt, was sie eben Liebe nennen, und in Wirklichkeit ist es ... na ja, bloß so was Ähnliches. Grünspan auf altem Messing. Es ist aus, aber ich könnt mir schon denken, daß es so was wie Liebe gewesen ist.

Für mich jedenfalls: einmal und nicht wieder. Das mach ich nicht noch mal durch. „Ich bring dich“ hat sie gesagt und „ich hab mit mir zu tun.“

Vielleicht warn das ganz wichtige Sätze, aber ich habe keine Ahnung. Mir ist ’ne ganze Menge erklärt worden. Und wer erklärt mir Uta?

Nicht mal Mond, kein gar nichts.

1984

Die Männer, die Frauen

Die Männer haben nicht das Recht, uns unsere Haarfarbe vorzuschreiben. Da haben wir nach Jahrzehnten unzulänglicher Naturfertigkeit Lust auf ein bißchen sündiges Tizian oder ein paar Lichtschimmer, und sie sagen: Ich habe eine andere geheiratet, und so, wie du jetzt bist, da mache ich Terror. Und sie machen ihn, den Terror, und darauf haben sie kein Recht.

Wir Frauen haben nicht das Recht der ständigen Verallgemeinerung und Unterstellung. Jeder Mann darf mal über jeden Mann lachen, lacht er aber mal über eine Frau, zeigt er endlich sein wahres Gesicht: die Fratze des Unterdrückers. Die meisten Frauen können nicht über sich selber lachen, und darauf haben sie kein Recht.

Die Männer haben nicht das Recht, uns für unbelehrbar zu halten, nur weil wir es in gleichem Maße sind wie sie. Partiell sind wir es, zugegeben, aber sie behaupten, es läge nicht in unserer Natur, korrektiv denken zu können, und darauf haben sie kein Recht.

Wir Frauen haben nicht das Recht, das Monopol auf jede männliche Begierde zu erheben. Er hat gesagt: „So wie mit dir war es noch mit keiner anderen.“ Aber wir Frauen haben nicht das Recht, dieses Wort eines Tages in furchtbarer Weise wahr werden zu lassen. Die Männer haben immer geträumt und geschweift. Sie müssen das, denn sie können nur dann treu sein, wenn sie ungestraft träumen und schweifen dürfen.

Die Männer haben nicht das Recht, uns noch einmal großzuziehen.

Das tun sie, auch der Beste unter ihnen erliegt dem Aberglauben, er fände unsachgemäß bearbeitetes Material vor, das er nachbessern muß.

Aber wir Frauen haben nicht das Recht, so schwach zu sein, daß uns gerade das immer wieder passiert.

Die Männer haben nicht das Recht, Feigheit mit Härte zu tarnen. Aber wir Frauen haben nicht das Recht, solch ein Exemplar eben deshalb zu lieben und die unscheinbaren progressiven emanzipierten weitgehend gutwilligen Moosblümchen hochnäsig zu übersehen. Wir haben nicht das Recht, den Mann nur dann zu lieben, wenn wir ihn nicht verstehen.

Die Männer haben nicht das Recht, uns nur dann zu lieben, wenn wir dem Tagesidol am nächsten kommen und also wie ein Modeartikel gut im Preis stehen. Sie nennen Charakter und Reife, was sie allmählich formt, und nehmen dasselbe bei uns als Schwund des anfänglichen Wertes. Wenn jede vierte Frau so häßlich wäre, wie es sich jeder zweite interessante Mann leisten kann, dann bliebe jedes dritte Kind ungeboren.

Wir Frauen haben nicht das Recht, den Mann so zu lassen, wie wir ihn sehen, wie er aber auch vielleicht nicht mehr sein möchte oder schon nicht mehr ist.

Das wäre unzulänglich.

Die Männer sagen, auf Unzulänglichkeit haben wir ein historisches Recht. Die Männer haben eigentlich nicht das Recht, uns ein Recht zuzugestehen. Sie können es sich an den Hut stecken, aber eine solche Aufforderung macht uns ihnen ähnlich. Wir haben aber nicht das Recht, ihnen ähnlich zu werden, während sie sich unähnlich werden sollen.

Falls das schon passiert ist, hat sich nichts gebessert, sondern nur geändert. Na dann gute Nacht, ein frommer, neu in Frage gestellter Wunsch.

1987

Aron

Glücklich ist, wer vergißt, was nicht mehr zu ändern ist, hat sie immer gesungen, nach einer zerkratzten Schallplatte, eines von den Andenken, wie sie jeder Mensch hat und kein anderer versteht.

Sie ist tot.

Auf dem Friedhof war eine lausige Kälte.

Man kommt ja darüber weg.

Jeder Mensch ist ersetzbar, und ich habe bis zuletzt die Fresse gehalten. Daß ich es geschafft habe, macht mich froh und wird mir zusetzen.

Wenn man wie ich 1960 geboren ist, da hat man eine ziemlich glatte Kladde. Was warn die großen Ereignisse? Die Empörung über den Vietnam-Krieg, Angst um Kuba, die Begeisterung, mit der wir ferne Siege gefeiert haben, und die Anstrengung, auf die nötigen Zensuren zu kommen, oft ohne Spaß, sehr oft ohne Spaß.

Die erste liebe Lehrerin.

Wir hingen alle durch, als wir sie in der fünften Klasse abgeben mußten. Frau Ostner! das war ein Mensch, nicht besonders hübsch, Silberblick, zu blonde Haare mit einem Gelbstich, aber sie konnte so lachen, wie ich kaum eine Frau habe lachen sehen. Ich erzähl mal ein Beispiel:

Die Musiklehrerin kommt nicht, aber Frau Ostner möchte nicht, daß die Stunde ausfällt. Steht sie da, Rock, Pullover, lächelt.

Wir waren zwölf, eigentlich war mit uns nicht fertigzuwerden.

Sie sagt: „Wißt ihr was? Ich kann nicht singen. Ich singe falsch, aber ich mach's trotzdem. Und wenn ihr lachen müßt, dann lacht. Ich nehm euch das nicht übel. Vielleicht kriegen wir es hin.“ Sie hat wirklich falsch gesungen und 'n paar Tasten auf einem Pianola gedrückt. War irgend so 'n Frühlingslied mit Sozialismusvergleich, aber es hat keiner gelacht, keiner. Vielleicht war's das Fairste, was wir in unserem ganzen Schulleben zusammengebracht haben.

Zum Schluß hat sie einen roten Kopf gekriegt. Sie hat uns angeguckt, lange. Und dann hat sie gesagt: Bande.

Ich hab bis jetzt im Leben von drei Frauen so eine Art Hauptfigur abgegeben.

Die älteste davon ist im Jahre 1903 auf dem Lande geboren worden. Ich kenn das Dorf. Ich kann sogar die Sprache ziemlich gut, besser als Bertilde, die konnte Ausdrücke und Wörter für die Arbeit. In dem Dorf hat sich nicht viel verändert, nur der Ortsname. Das Gutshaus hat einen anderen Verwendungszweck, einen kulturellen. Bertilde war dort ein armes Kind unter anderen armen Kindern, polnischen, ein paar jüdischen. Sie kam 1919 nach Berlin, als Dienstmädchen. Hat hier ihr erstes Kind geborn, meinen Großvater. Den hab ich nicht gekannt. Bertilde hat schreiben gelernt und lesen. Das hat ihr die Schule mitgegeben, alles andere hatte sie sich aus dem Leben zu holen. Und hat sie sich geholt. „Wenn du schreiben und lesen kannst", hat sie immer gesagt, „dann steht dir die Welt offen." Stand sie ihr offen? Und was hat sie daraus gemacht? Nicht, daß ich mich mokieren will darüber, daß Bertilde sich keine Gedanken darüber gemacht hat, warum die Niederländer im Jahre ihrer Geburt das Reich der Atschinesen auf Java unterwarfen. Das hatten nicht mal wir bei unserer allseitigen Persönlichkeitsausbildung.

Meine Urgroßmutter Bertilde wollte eine Erdbestattung, wollte ordentlich begraben werden, das haben wir auch gemacht.

Sie war eigentlich meine Mutter. Der Sohn, den sie 1919 in Berlin geboren hat, zeugte ausgerechnet im Jahre 1939 meine Mutter Elisabeth. Meine Großmutter starb kurz danach an einer Infektion, sie hat nicht mehr erfahren, daß ihr Mann in Rußland gefallen ist.

Bertilde hat mit sechzehn ihren Sohn geborn, und als ich sie später mal fragte, was sie von der Ermordung Rosa Luxemburgs mitgekriegt hat, ob die Menschen da nicht entsetzt waren, auch solche einfachen Leute wie sie, und daß es doch eine aufregende Zeit war, Noske-Putsch, alles in dem Jahr, in dem mein Großvater geboren wurde, hat Bertilde gesagt: „Ich hatte meine eignen Sorgen, und um Politik konnte ich mich nicht auch noch kümmern." Das mußte ich akzeptieren. Sie konnte sich das in ihrer Erinnerung noch nicht mal nachstellen, wie man doch manchmal das Gedächtnis zwingen kann, sich Dinge genauer wiederzuholen, die man nur flüchtig gesehen hat.

Ich habe lange in Bertildes großem Eichenbett schlafen dürfen. Sie hatte immer riesige weiße Nachthemden an, für den Umfang gemacht, den sie vielleicht mal gehabt hat. Ich kenne sie nur dürr und flink. Sie war siebenundfünfzig, als ich geboren wurde, und also ungefähr Mitte Sechzig, als ich mit ihr reden konnte, so, daß ich mich an manches noch erinnern kann.

Meine Mutter hatte wenig Zeit, und ihre sehr unterschiedlichen Lebensumstände machten es schwierig, mit ihr zu leben. Es war nicht tragisch, wir mochten uns, mögen uns, aber Liebe war es nicht, ich glaube, auf beiden Seiten nicht. Bertilde hat meiner Mutter immer zugeredet, was aus ihrem Leben zu machen. Einen Kerl rauszuschmeißen, in eine andere Stadt zu gehen, sich scheiden zu lassen, noch ein externes oder internes Studium aufzunehmen, noch eine Funktion. Ich erinnere mich an meine Mutter als an eine Frau, die ich nie außer Fassung gesehen habe. Oder kamen wir nie in eine Lage, in der sie die Fassung hätte verlieren müssen? Ich kann das nicht sagen. Eine erfolgreiche Frau, eine Frau, die immer feste Ziele hatte, und es stand jedesmal von vornherein fest, daß sie die auch erreicht. Zum Beispiel stand nach mir fest, daß sie nie mehr ein Kind bekommen würde. Stimmt, war so. „Das machste o' richtich", sagte Bertilde, und: „Du sollst ni' so läbn missn wie ich." Das leuchtete meiner Mutter ein. Vielleicht nicht immer. Manchmal hat sie mich beim Abschied fest in den Arm genommen, und kann sein, sie wollte was sagen, was nicht aus ihr rauskam. Aber es war ja so das beste. Es war schön, wenn sie uns besucht hat. Sie war aufgeregt, brachte eine Menge mit und hat Bertilde pünktlich das Geld für mich bezahlt.

Die hat es nicht verbraucht, sondern für mich auf ein Sparkassenkonto gelegt, aber das wußte ich nicht. Ich hab's erfahren, als sie eines Tages gesagt hat: „Gäbn muß man mit warme Hände, sonst haste nischt vonner Freude."

Und dann hat sie gegeben.

Meine Mutter hatte „ihren“ Mann gefunden, war glücklich und wollte, daß ich in die Ehe einheiraten sollte. Ihr Mann ist ein feiner Kerl, ich hätte mir den als Vater gewünscht.

Sie ist nicht so stark, wie sie wirkt oder wirken will. Ich bin ganz erstaunt, daß sie zu den Leuten gehört, die sich schwer tun mit einer richtigen klaren Entscheidung. Warum bin ich darüber erstaunt? Ich weiß doch jetzt, daß Bertilde sie sich so hingeschoben hat, wie sie es wollte. Sie wollte mich bei sich haben – warum? Aus Liebe, natürlich. Und für alle die gefallenen und verreckten und verschollenen Leute, denen sie zugehörte, die zu ihr gehörten. Bertilde war meine Urgroßmutter, sie war die Oma und meine Mutter, und meine eigentliche Mutter so was wie eine große Schwester. Dagegen ist nichts zu sagen.

Meine Mutter stimmte, sie stimmte immer.

Sie kann nicht nur erklären, sie kann auch denken beim Erklären. Was sie selber nicht akzeptiert, das ist für sie vorläufig, in Arbeit.

Vielleicht war Bertilde eine genauso intelligente Person wie meine Mutter. Schwer zu sagen, wenn da ausschließlich Lebenserfahrung ohne Bildung gelebt wird. Da wird im Alter manches starr, und die Vorurteile werden von gar keiner Frage mehr bedrängt.

Ich hab das Abitur gemacht, und es war Bertilde, die mich auf eigene Beine stellte. Sie hatte es gerichtet. Ich hab meinen Studienplatz gekriegt, es ging eigentlich in meinem Leben alles reibungslos, nicht mühelos, ohne die entsprechenden Zensuren hätte ich natürlich nicht in die Naturwissenschaften können, aber auf einem Umweg hätte ich es wohl doch geschafft. Ich hab nie gesehen, daß Bertilde oder meine Mutter was nicht zustande gebracht hätten, was sie wirklich wollten.

Auch meine erste Liebe war so, so einfach, so richtig, so wunderbar, so kitschig und romantisch, wie man sich das nur wünschen kann. Sie war in mich verliebt, so wie ich in sie, eine Zeit, die ist nicht zu vergessen.

Da wollte Bertilde, daß ich gehe. Sie war unsicher. Von Liebe, das hab ich gemerkt, verstand sie nichts, sie glaubte wohl auch nicht daran, daß es so etwas wirklich gibt.

Sie war nicht etwa eifersüchtig. Sie war stolz auf jeden Erfolg von mir, aber sie wollte keine Liebe in ihrer Nähe haben. Nicht bei meiner Mutter und nicht bei mir. Das machte sie verlegen. Damit konnte sie nicht umgehen.

Ich bin an einem 19. Mai umgezogen. Sie wollte, daß ich erst mal selber sehen sollte, was ich zusammenkriege. Meine Mutter hat mit einer neuen Schrankwand gewinkt und ich ab.

Es kam trotzdem allerhand zusammen, Erstkrempel.

Dann kam Bertilde. Mit den alten Kostbarkeiten aus meiner Kindheit. Porzellan, das waren die Sammeltassen aus den dreißiger Jahren, sie hatte ja nichts geerbt. Nur ein paar Stücke, die wollte sie nun in meiner Wohnung, in meiner Bude wissen. Komm, hab ich gesagt, was soll ich mit einem Nähtisch. Gib das meiner Mutter.

Sie wollte ihrer Enkelin außer ihrem bißchen Silberschmuck nichts geben. Ich dachte, na gut, verschieben wir's auf später. Ich hab ihr zum erstenmal Kaffee gebrüht, das war eine unserer richtig guten Stunden. Sechsundsiebzig war sie. Wär's da nicht Zeit gewesen für die Wahrheit? Wär es nicht richtig gewesen, da mit mir zu sprechen? Wenn sich das Leben in ihrem Kopf so verändert hatte, daß sie mir niemals etwas auszureden versuchte, nicht meinen Lumumba an der Wand, nicht das Foto von Angela Davis, nicht die Nachmittage, von denen man vieles hätte lassen können, aber es war doch auch Vernunft, die weitergegeben wurde, ob sie einer genommen hat oder nicht.

Sie hat nie mit mir über meine Freundin gesprochen, das hat mich aber nicht gewundert. Warum sollte sie? Wenn ich was erzählen wollte, hörte sie immer zu, sagte ich nichts, war nichts zu sagen.

Ich hatte Streuselkuchen vom Bäcker geholt, natürlich war der nicht so gut wie ihrer.

Wir haben neunzehn Jahre meines Lebens zusammen gelebt. Vermutlich würde ich jetzt die Decke über den Kopf ziehen und an diesem verdammten Tag heulen wie als Kind. Damals ist sie für drei Tage weggefahren, aber nur bis zum Bahnhof, dann kam sie wieder zurück, und das war gut so.

In den neunzehn Jahren hat sie mir keine Ungerechtigkeit angetan, die ich in meinem Kopf behalten hätte. Sie hat mich geheilt, wenn ich krank war, nicht der Arzt, der vielleicht auch, aber vor allem sie.

Daß ich lieben kann, ich glaube, das kann ich, hab ich ihr zu verdanken, obwohl sie selber das vielleicht nur bei Söhnen konnte.

Was weiß meine Mutter? Was würde sich in ihrem Leben ändern, wenn ich mit ihr spreche? Oder wie soll ich leben?

Schweigen, wieder mal nach Moskau fahren, oder an einem herbstlichen Nachmittag vielleicht Hand in Hand über den jüdischen Friedhof gehen?

Ich habe den kleinen Nähtisch auseinandergenommen, den Nudelmeiertisch mit den Beinchen, so ein niedliches nettes Möbelchen, ich wollte es später meiner Mutter geben, vielleicht hätte ich es auch nicht getan.

Die Briefe und die Fotos muß sie vergessen haben. Das kann einem schon passieren, wenn man alt ist und so ein Möbelchen verschenkt. Da wird das Gedächtnis von all dem Gras, das man über alles hat wachsen lassen, wohl eingeschläfert, oder es stirbt zuerst, ehe der hinfällige Körper stirbt.

Ich stamme von solchen ab. Es muß die Flucht und der Segen aller verlorenen Papiere gewesen sein, der Neuanfang – und sein Tod.

Falls der Mann, der mein Großvater gewesen ist, tatsächlich tot sein sollte. Gelebt hat er jedenfalls. Und lebt vielleicht noch und hat Kinder gezeugt, die mit mir verwandt sind und ahnungslos wie ich.

Der Mann, der mein Großvater war, hatte ihre ganze Zustimmung. Er hatte mehr als das. Sie hat ihn geliebt. Wie mich. Er hatte auch hervorragende Zensuren. Bei seinen Vorgesetzten. In Polen, in der Ukraine, in Treblinka. Sie ist gar nicht so anders in den Briefen an ihn, ich erkenne sie da wieder.

Koseformen, gute Wünsche, Rechtgeben, sie hatte für all das ihre eigenen Sprüche. Die haben sich nicht geändert.

Der Mann kam in unseren Gesprächen so gut wie nicht vor. Sie zog da immer alle Verluste in eins zusammen. So verflucht, so verflucht, hat sie gemurmelt, ich hör das noch.

Als Soldat gefallen, mein Großvater ist als Soldat gefallen, irgendwo im Osten.

Wo ist er? In der Hölle? Es wäre gut, das zu glauben, aber ich bin nicht gläubig. Was hat er hinterlassen? Er war ihr Sohn. Er hat ihr berichtet wie ein Kammerjäger.

Warum besitzt sie ihre eigenen Briefe, besaß sie? Vielleicht nur einen Teil, aber der ist furchtbar genug. Hat sie nicht verstanden oder nicht verstehen wollen? Oder hat sie niemals als Frau einen Mann geliebt und also in mehr als begreifbarer Weise den Sohn? Diesen Sohn?

Ich war ja auch ihr Sohn. Ich war der Sohn meiner Urgroßmutter, die die Mutter eines Mannes gewesen ist, der alles könnte, nur hier bei uns sehen lassen könnte er sich nicht. Jetzt nicht mehr, nicht, nachdem ich diesen Nähtisch zufällig zu gründlich in der Hand hatte. Meine Mutter hat mich angesehen, immer wieder. Was wollte sie sehen? Warum ich nicht weine? Über die gute alte Frau, die immer für mich da war?

Hat mich doch geliebt, die Mütterliche, wie ihren Sohn.

Sie hat meine Sünden verschwiegen wie die seinen. Daß die sich nicht ähneln, ist bis hierher nicht mein Verdienst. Ich weiß zuviel, um damit leben zu können, und zu wenig, um damit fertig zu werden. Ich wollte Kinder.

Ich weiß, was er getan hat, aber ich weiß nicht, wie er war.

Nur ein für mich unscheinbarer Erzeuger steht zwischen ihm und mir. Ich kann in das Leben meiner Mutter schlagen wie eine Bombe. Oder ich kann schweigen. Wie schweigt man darüber?

Wo der Haß sein müßte, ist nichts, noch nichts. Haß wäre gut, und Schlaf wäre gut.

Sie war gläubig. Sie hat vielleicht zuletzt noch einmal gebeichtet. Nein, sie hat das nicht gebeichtet. Sie hat es nicht mehr gewußt. Bertilde, ich würde mir dich gern als eine fremde Frau denken.

In dem Grab da, mit meinen Blumen obendrauf.

1986

Unvergessen

Ich habe etwas nicht geschrieben, was ich schreiben wollte. Der Gegenstand war aufregend und dringlich. Es war Nachricht zu geben, die würde viele Menschen gefreut haben. Versprochen und angekündigt, damit war es öffentlich, und ich hätte über ihn schreiben müssen. Er war für mich, wie für Millionen Leser, tot. Einer der Toten im Konzentrationslager, der auf besonders schreckliche Weise starb. Sie hatten ihn gefoltert. Er sollte verraten und schwieg.

Diese Szenen aus dem Buch, das bei uns jeder kennt, sind nicht zu vergessen. Sie haben einen Teil unserer Ehrfurcht vor seiner Generation am Leben gehalten, wohl zu lange, aber das gehört nicht hierher.

Im Film wurde er von einem großartigen Schauspieler gespielt.

Ich kannte den Autor des Buches, der lange und zäh, nie besonders ermutigt, über etwas schrieb, was er erlebt hatte. Seine junge Frau stammte aus der geliebten gehaßten Stadt, die dem Ort seiner Leiden am nächsten lag. Diese Stadt ist Heimat unseres geistigen Stolzes, aber sie macht uns auch bis heute ihren älteren Bewohnern gegenüber unsicher. Der Autor war ein dünner sensibler Mann, der seine Frau sehr liebte und von ihr geliebt wurde. Er hat sein Buch geschrieben und darin die Namen der meisten Leidensgefährten verändert. Einen aber behielt er bei, wir wußten es nur nicht.

Vierzig Jahre nach dem Krieg erfuhr ich, daß dieser Mann noch lebt.

Ich konnte meinen gütigen Kollegen nicht verstehen. Es traf mich. Erst allmählich wurde mir bewußt, was meine Empfindung verletzte. Der Mann, der das Buch geschrieben hat, war Zeuge so vieler schrecklicher Tode.

Er hat den Tod eines Überlebenden erfunden. Sicher um all der vielen willen, die er nicht erwähnen konnte, und hätte er eine Liste der Ermordeten zu ihren Ehren beigelegt, so wären es mehr Wörter geworden, als das Buch sie hatte.

Und dennoch bin ich mit diesem Stich im Innern nicht fertig geworden. Es war Zufall, nein, es war nicht Zufall, daß ich seine Adresse erfuhr, und er lebe jetzt allein, mit einem kleinen Hund in D.

Ich hatte einen Journalisten nach einem Kind oder Enkel von Widerstandskämpfern gefragt. Wenn es möglich war, wollte ich mit dem Sohn der Coppis sprechen, besser aber mit jemandem, der nicht so bekannt ist. Ich wollte wissen, wie weit zurück seine Erinnerungen reichen und wie man lebt, mit solchem Maßstab, solchem Wissen, solcher Besonderheit.

War das Kind von der Gesellschaft verwöhnt worden, ungemäß gefördert, war ihm Gerechtigkeit widerfahren, oder hatte dieses Kind es schwer, normal und unbeschwert heranzuwachsen?

Bei einem Telefonat tauschten wir Informationen aus, auf einmal kam sein Vorschlag, die Tochter jenes Mannes zu befragen, denn er lebt, lebt in D. Zuerst war ich verwirrt. Ich las in dem Buch alle Stellen, in denen dieser Mann vorkam. Was bedeutete die Authentizität mit dem erfundenen schrecklichen Ende?

Ich erinnere mich der Szene, als der nun tote Kamerad ins Lager zurückgebracht wird und eine schweigende Demonstration ihn aufnimmt, das Äußerste, was man sich leisten konnte.

Peter Edel sagte mir einmal: „Ich sehe im Fernsehen, was die sich alles gegen die Aufseher herausnehmen. Wir hätten in Auschwitz nicht gewagt, ihnen in die Augen zu sehen. Wenn man vor ihnen stand, guckte man auf die Erde und hoffte, mit dem Leben davonzukommen.

Im Fernsehen gehen die als moralische Sieger aus Wortwechseln hervor. Das ist unwahr. Es hat nur knappe Antworten auf gestellte Fragen gegeben und kein Wort mehr."

„Der Autor des berühmten Buches hat seinem ehemaligen Kameraden ein Denkmal gesetzt, setzen wollen."

Diese Erklärung befriedigte mich nicht. Ich habe Leonhard Frank übelgenommen, daß er eine junge Mutter bei der Geburt sterben ließ, um einer anderen ein Kind zukommen zu lassen.

Ruth war Jüdin und von den Nazis ins Bordell gebracht worden. Nun wird sie als psychisch kranke Frau geschildert, die sich der Liebe eines Mannes nicht öffnen kann, obwohl auch sie ihn liebt. Mit dem Waisenkind im Arm heilt ihre Seele, sie kann wieder leben.

Der Vorgang verlangt meine Ehrfurcht. Aber der Autor darf niemals einen Menschen sterben lassen, nur weil er ihn nicht mehr gebrauchen kann. Er hat die Verantwortung für eine von ihm geschaffene Figur wie für Lebendiges.

So bin ich eben nicht damit fertiggeworden, daß der Pippig vom Autor im Buch getötet wurde, in Wahrheit aber überlebte.

Ich wollte mehr über ihn wissen. Es trieb mich und hielt mich zugleich zurück. Er hat mehrere Kinder, hörte ich, und eine Tochter lebt in Z. Dorthin brachte mich eine Bahnfahrt durch drei Viertel der Republik. Der Schwiegersohn und zwei Söhne holten mich am Bahnhof ab. Warum bin ich nicht gleich nach D. gefahren? Das hohe Lebensalter des Mannes duldete doch keinen Verzug. Ich konnte nicht. Dann hätte ich über ihn schreiben müssen, aber vielleicht würde mir das nicht möglich sein, wie könnte ich dann meinen Besuch bei ihm rechtfertigen?

Ich traf die Tochter nicht an. Die war eine wunderbare Mutter, eine wunderbare Frau und eine wunderbare Tochter. Die Söhne erzählten nur das Beste, auch der Mann, und die kleine kuchenstopfende Enkeltochter fragte, wann die Oma endlich wiederkommt. Sie hatte eine Auszeichnungsreise, die konnte sie nicht verschieben, obwohl sie sehr gern mit mir gesprochen hätte.

Ich wollte mich zwingen, die Söhne als seine Enkel zu sehen. Nette Kerle waren sie, den einen erwartete am nächsten Tag der Zahnarzt zu schmerzhaftem Eingriff, aber er war freundlich, lustig, hilfsbereit.

Gutaussehende Söhne, aber ich wollte ja nicht die Söhne von netten Leuten sehen, sondern die Tochter jenes Mannes, aus ihrer Sicht seine Enkel. Die Wohnung war für meinen Besuch in den Zustand äußerster Ordentlichkeit versetzt worden und der Kühlschrank so gut gefüllt, als hätte ich den Weg zu Fuß zurückgelegt.

Der Mittag verging am bestellten Tisch im häßlichen besten Restaurant der Stadt. Die Plaststühle scharrten entsetzlich laut über den Steinfußboden, am Nebentisch wurde ein zu lauter Frühschoppen ausgedehnt, und zusätzlich bediente uns das Radio, oder Tonband, noch mit gebläkten Banalitäten. Was kann man sich da erzählen?

Endlich saßen wir am Kaffeetisch in der Neubauwohnung. Polstermöbel, niedriger Couchtisch, vollgestellt mit Torten, und die Männer zeigten, daß ihnen der haushaltliche Umgang nicht fremd war. Alles ging glatt. Nur war mir leider speiübel, aber ich wagte nicht, nach dem Badezimmer zu fragen, auch hätte dazu einiges an Möbeln gerückt werden müssen. Mir war übel von der Bahnfahrt, vom Rindsbraten im Ratskeller, oder vom Kaffee, oder von der Kopfschmerztablette. Mir schien, daß ich immer dicker, größer und schwerfälliger wurde. Ich hätte mir gewünscht, daß einer etwas Dämliches sagt. Oder etwas vertritt, was ich ganz und gar nicht einsehen kann.

Der Vater und die beiden Söhne aber waren in ihrer Uniform der Volksarmee unangreifbar freundlich, zuvorkommend, hilfsbereit, sauber, adrett, sachlich. Vor mir stapelten sich Fotoalben. Das ist unsere Mama. Und das ist unser Opa. Und das sind wir mit Opa und Mama.

Ja, aber die Mama war nicht hier. Und der Opa interessierte mich nicht als solcher, sondern als Held eines Buches, das Lebenswerk seines Autors ist. Und diese Wohnung war eine zu kleine Neubauwohnung, in der drei Söhne erwachsen geworden sind, in der zuviel Möbel und zuviel Mitbringsel von Reisen standen, und die Männer in ihren Uniformen sprengten diese ordentlich beklebten Wände, nein, natürlich sprengten sie gar nichts, sondern taten ihren Dienst, damit nie wieder etwas gesprengt werden sollte.

Ich wußte das, auch ehe sie es sagten. Sie taten das nicht pathetisch, aber ich frage mich schon, ob sie alle ursprünglich denselben Berufswunsch gehabt haben oder ob hier Familientradition zur Pflicht des einzelnen geworden ist, unabhängig von möglichen anderen Neigungen.

Ich war fremd für sie. Wir kamen einander nicht näher. Ich konnte nichts tun gegen die Glätte meiner Fragen und ihrer Antworten. Vielleicht hätte ich allein kommen sollen, aber der Journalist, von dem ich die Information hatte, war freundschaftlich mitgekommen und hatte eigene Absicht für sein Blatt. Er drängte mich nicht in eine Richtung, aber ich fühlte mich von ihm bedrängt, alles großartig zu finden, nach Hause zu fahren und es zu besingen. Mir war nicht nur übel, ich fühlte mich auch fehl am Platz. Ich hätte gern Nippes weggeräumt. Er schien mir den Atem zu nehmen, aber ich haßte mich gründlich dafür, daß es mich anging.

Natürlich fuhren wir auf die Datsche, die mit den eigenen Händen aufgebaut war.

Klein, Doppelstockbetten, Zäunchen hier und Zierzaun dort, ein Stück Garten hintenraus, dort wunderbare fast schwarze Rosen, die mit dem Kopf nickten, der zu schwer war für ihren Hals.

Hier haben wir alles, was wir brauchen. Ja, das haben sie. Und es hat gewiß viele Wochenenden gedauert, viele Feierabende sind hingegangen, ehe sie es so hatten, wie sie es haben wollten. Daß nichts von dem Fleck Erde mehr so war, wie sie ihn vorgefunden haben.

Und der Vater, Schwiegervater, Opa?

Ach! Sagen Sie bloß!

Aber jetzt weiter, weiter, hört nicht auf, nur weil ihr die Geschichte vielleicht schon tausendmal erzählt habt. Oder nie? Sie kommt schwerer zusammen, nicht so vorgestanzt.

Der Mann hatte ein Mädchen, seine große Liebe. Er wurde eingesperrt, noch in der Weimarer Republik, sie bekam die Benachrichtigung, er sei tot. Da war sie schwanger. Ohne Arbeit, in Gefahr, verhaftet zu werden, allein. Ein Genosse, der illegal arbeitete, nahm sich ihrer an und heiratete sie. Bei ihm durfte sie trauern, sie konnte ihr Kind bekommen, und er gab auch dem seinen Namen.

Dann wurde er verhaftet. Da hatte sie drei Kinder. Er kam nicht zurück, er wurde im Konzentrationslager umgebracht.

Als der Krieg zu Ende war, stand der Vater ihres ersten Kindes, ihr angeblich toter erster Gefährte, vor ihr. Er heiratete sie und war allen Kindern ein gleich guter, gerechter und liebevoller Vater.

Unsere Mama ist die Jüngste von den beiden, die kam noch nach.

Wie haben sie gelebt? Sie waren unzertrennlich. An einen Streit zwischen den beiden kann sich niemand erinnern.

Das kann nun wieder nicht sein, wenn es eine Liebe war und vier Kinder im Haus aufwuchsen.

Ein paar Schritte im Garten mit dem Sohn, einem ernsthaften angenehmen jungen Mann. Schwierig sei er schon, der Großvater. Er sei ein schwieriger Mann. Sie fahren jetzt eigentlich nicht mehr zu ihm. Er hat einen kleinen Hund, den hat er, verletzt, wahrscheinlich geschunden, aufgelesen. Der beißt jeden, außer seinen Herrn und Beschützer. Aber der Großvater legt ihn nicht an die Leine, er bindet niemanden an, das kann er nicht. Nun sagen sie ihm, sie können aber nicht mit den Kindern kommen, der Hund beißt doch, da soll er ihn solange einsperren. Das tut er auch nicht, er sperrt niemanden ein, und er sagt, der Hund beißt nicht mehr, aber dann beißt er doch wieder, das können sie mit den Kindern nicht riskieren. Die Mama fährt, die hat keine Angst vor dem Hund. Sie sagt, wenn er es wagt, gibt sie ihm eine. Aber das läßt der Großvater auch nicht zu.

Schwierig. Was kann man da machen? Während ich noch nach einer nicht möglichen Lösung suche, kommt befremdliche Ruhe in mir auf. Mir ist auch nicht mehr übel. Der Kopf wird klar. Nein, zum Abendessen gehen wir nicht mehr in die Wohnung, ladet uns im Gästehaus ab. Ich will mich nur noch ausziehen, hinlegen, zudecken und nachdenken. Mein freundlicher Reisebegleiter meint, wir könnten noch ein Bier trinken.

Es gibt aber keins, und ich trinke auch kein Bier. Ihm hätte ich es gegönnt, aber es gibt keins. Morgen früh kommt ein Genosse und bringt uns das Frühstück. Und dann werden wir „im Objekt" erwartet.

Ach, mein armer umsichtiger Kollege Journalist. Du hast dir soviel

Mühe gegeben, alles angemeldet, vorgerichtet, eingeleitet, leider auch zu Hause schon angekündigt.

Du hast nicht wissen können, daß mein Koffer schon geschlossen war und ich, um alles in der Welt, lieber nicht in das Objekt gefahren wäre. Es brachte mich dem, was ich suchte, nicht näher. Aber wie soll man das erklären? Am Morgen steht ein strahlender junger Mann in der Küche, auch in Uniform sieht er aus, daß sich ein Mädchen leicht in ihn verlieben könnte, er hat nichts Uniformes an sich. Die Entschuldigung, wir verursachten ihm Mühe, nimmt er nicht an. Hat sich gefreut, macht einen Singeklub, und wir verstricken uns ins Gespräch. Leider kommen auch noch andere zum Frühstück, da nimmt er Haltung an und muß verschwinden. „Setzen Sie sich mit her." Ein strafender Blick meines Journalisten, nee, das geht nicht.

Ihm geht es gut im Objekt. Die Ausbildung der Fernmelder interessiert ihn, fesselt ihn, nun läßt er mich aus den drängelnd leitenden Augen.

Ich versteh nichts davon. Die jungen Männer vor mir üben wie wild und haben Angst vor einem Fehler. Die Rügen sind streng, der Schwiegersohn von meinem großen Alten läßt nichts durchgehen.

Ich kann den Ton nicht ertragen. Und werde den Verdacht nicht los, heute geht's noch ein bißchen martialischer zu, vor mir. Warum spricht dieser gestern so freundliche Mann, wie Männer in kämpferischer Gewandung seit Tausenden von Jahren sprechen, wenn sie vorgesetzt sind und alle anderen zu Idioten machen dürfen?

Einer verheddert sich, „der will bloß nicht". Da kommt Beschämung auf, ich will raus, aber ich kann nicht. Hefte meinen Blick auf den jungen Mann und warte, daß er hersieht, um ihn verschwörerisch anzulächeln. Aber er blickt nicht hoch und bittet erst am Ende der Stunde, in der Freizeit üben zu dürfen.

Männerspiele. Gebt mir einen ruckelnden schuckelnden Zug und laßt mich heimfahren und in Ruhe überlegen, woher in mir diese Ruhe auf einmal, wenn ich an den bevorstehenden Besuch in D. denke.

Ich komme mir drauf. Meine lebenslange Angst vor Hunden ist bekannt, nicht so bekannt, daß ich sie verloren habe, seit neben mir meist ein sehr langer kräftiger Mann geht, der noch dem kläffendsten Köter ins Fell greift und mit ihm redet, in einer Sprache aus seiner Kindheit, die offenbar immer verstanden wird. Sie tun ihm nichts, nie. Drücken den Rücken durch und strecken ihm ihren Kopf lang, damit er noch einmal zugreift, nicht sanft, nicht streichelnd, eher derb, zottelnd. Aber sie mögen es, und meine Angstkiekser überhören Timpetu und der Hund.

Aber in D. wäre er vermutlich nicht dabei. Und der Hund ist als beißend ausgewiesen.

Ich muß dort nicht hinfahren. Ich muß den Mann nicht fragen, wie es ihm mit seinem Tod im Buch ergangen ist.

Natürlich fahre ich, ich habe es mir und anderen ja versprochen, und wenn die Leser eines Tages erfahren, er ist nicht zu Tode gefoltert worden, sondern lebt noch immer, nun schon über achtzig Jahre alt, dann werden sie sich freuen. Aber ergibt das nicht falsche Beruhigung? Warum soll ich Tränen trocknen, die so angebracht sind wie um nichts sonst in der deutschen Geschichte? Liegt nicht über der lieben Familie in Z. auch eine Art Zwang, in so etwas wie im Frieden mit Maßen weiterzuleben, die der Familie vom Vater vorgegeben sind? Müssen nicht gerade sie alles unterlassen, was im menschlichen Leben doch auch seinen Platz hat? Es gibt keine Scheidungen und keine Skandale. Wer in die Familie einheiratet, ist ein sauberer Kader.

Ich verstehe das in seiner Zwangsläufigkeit, aber es macht mir Schwierigkeiten. Ich fürchte das Exempel gegen andere gesetzt, die leicht unterliegen können, vor solcher Norm.

Die Ruhe bleibt mir nicht. Es wird nachgefragt. Ich kann mir das alles selber sagen. Natürlich warten sie in Z. darauf, was ich über sie schreibe. Sie haben sich Mühe mit mir gegeben. Und sie haben mich in D. angekündigt. Ich lasse nichts von mir hören. So nicht und so nicht.

Dann kommt die erwartete Nachricht. In der Zeitung steht:

„Dem unerschrockenen ... setzte ... in seinem weltberühmten Buch ... ein bleibendes Denkmal... Wir alle kennen das aufmunternde ... des Häftlings ... aus der Effektenkammer im KZ ...

Wir bangten bei der Lektüre und beim Betrachten des Spielfilms mit dem mutigen Antifaschisten ... Im Buch wird ... von den Faschisten zu Tode gequält... Der ... der Realität dagegen gehörte zu denen, die mutig das KZ selbst befreiten. Vor wenigen Tagen ... 86 Jahre alt... in D.

Bereits in der Weimarer Republik kämpfte er ... machte sich die Herrschenden zum Feind. Er wurde verfolgt, verhaftet, verurteilt. Viele Jahre mußte er in faschistischen Zuchthäusern und Konzentrationslagern zubringen.

... gehörte er zu den Organisatoren des Widerstandes ..., noch jenseits der 80 arbeitete er... machte Geschichte bis ins hohe Alter ... Ist unvergessen."

„Bleibt unvergessen" müßte da stehen, denn er ist ja eben erst gestorben. „Ist unvergessen", das knüpft an den Tod im Buch an.

Warum hast du ihn sterben lassen, du leiser, bis ans Ende zu Tode erschrockener Mann, der es nie lange an einem Ort aushielt? Nur eine so junge Frau mit diesem tiefen Verständnis konnte es aushalten, von einer Wohnung in die andere zu ziehen und in jeder Stadt übereilt abzureisen.

Ich kann nicht glauben, du habest dir das nicht bis zu Ende überlegt. Mir steht kein Wort des Einwandes gegen dich zu. Dein Lebensgang und der meine vertragen keinen Vergleich. Wir kannten uns, damit ist auch nicht anzugeben, mit dir war leicht bekannt zu werden, du hattest nichts Abweisendes oder Unzugängliches an dir. Und du warst dankbar für jede Freundlichkeit. Aber du hast einen Mann sterben lassen, der noch gelebt hat, und da verstehe ich dich nicht. Und ich habe vor der Gelegenheit versagt, über den noch Lebenden zu berichten. Eine Niederlage, aber werfe einer den ersten Stein.

1988

Es gibt keine Einsamkeit bei uns

Bei uns muß niemand einsam sein.

Einsamkeit ist in unserer Gesellschaft nicht vorgesehen.

Du hast deine Brigade, dein Kollektiv, deine Mannschaft, dein Team, deine Poliklinik, deinen Arzt. Du magst ihn vielleicht nicht, wer hat gesagt, du mußt dich in ihn verlieben. Es gibt Regionen auf der Erde, da leben Menschen, die haben noch niemals einen Arzt gesehen und kämen gar nicht auf die Idee, über ihre Gefühle für ihn nachzudenken.

Wenn ich doch auch einmal so argumentieren dürfte, wenn es um meine Arbeit, mein Bewußtsein, mein Verhalten geht. Ich kann mich an dergleichen Rabatt nicht erinnern und mich bei faulem Gemüse im Regal, pampigen Auskünften, verrottenden Bauteilen und bombastischem Sprachgebrauch weder mit der Hexenverbrennung im Mittelalter noch mit der Arbeitslosigkeit im Kapitalismus trösten. Sagen wir „Verräter", muß er feige sein. Er ist vielleicht nicht feige, aber wir sagen feiger Verräter, hohe Wirksamkeit, aktives Schöpfertum, Vervollkommnung. Es gibt von alledem kein Gegenteil, und ich würde schon zufrieden sein, wenn eine Sache nur wirksam ist, jemand immerhin schöpferisch, wenn etwas besser wird. Aber ich höre „reales Leben", obwohl es kein irreales gibt, und wenn wir etwas machen, von dem wir hoffen, es könne ein kleines Stück weiterführen, dann nennen wir es kühn und vorwärtsweisend.

„Es gibt keine Einsamkeit, an der du nicht selber schuld bist." Ich gebe das zu. Meine Einsamkeit kam aus Vorgängen, an denen ich beteiligt war.

Es gab sogar Situationen, in denen habe ich sie gebraucht. Sie gesucht. Da es Einsamkeit bei uns nicht gibt, war es gar nicht so einfach, sie zu finden. „Du siehst schlecht aus, willst du nicht vorbeikommen, was brauchst du, was hast du, was machst du, wo gehst du hin?"

In die Einsamkeit, hätte ich sagen wollen, aber wie hätte das geklungen?

Ich brauchte Zeit, um zu überlegen. Nüchterner, auffressender Vorgang. Ob ich mein Leben ändern will, muß, zum Beispiel. Ein Risiko eingehe, für einen Anfang, eine Chance mit ungesichertem Gewinn.

Bin ich denn niemand, mit dem ich reden kann?

Wir waren glücklich, eine Zeitlang waren wir das. Es gehört zu den überkommenen oder gar schon neuen Riten, daß man auch diese Zeit in den Mülleimer zu stecken hat.

Unser Glück war, und es war keineswegs unbedeutend.

Gearbeitet haben wir beide, geschont haben wir uns nicht. Wenn wir nach Hause kamen, beladen, dann hätte jeder von uns einen wunderbaren Menschen gebraucht, der nichts will als zuhören und Mut machen. Es muß eine Art geben, miteinander fertigzuwerden, ohne sich fertigzumachen.

Ich nähere mich dem Gedanken, daß der Augenblick genauester Kenntnis über den anderen etwa beim ersten Kuß liegt. Da weiß man alles und will es nur ums Leben nicht zugeben.

Von da an beginnt eine besondere Art von Unerbittlichkeit. Da geht's fast unaufhaltsam gut – oder unaufhaltsam schief.

Wenn du dich in einer Liebe nicht mehr traust, dich zu deinem Geschmack, deinen Freunden, deinen Lüsten und Genüssen und deinen Abneigungen zu bekennen, wenn du bei Abfrage feige ausweichst, weil du zu müde bist, an einem Berg zu rütteln, dann wirst du einsam. Die Worte sind alle da, in dir. Aber es ist so, als ob man telefoniert und der andere hat aufgelegt. Nun wirst du endlich alles los, was du schon lange mal sagen wolltest. Du sagst es, blendend, unwiderlegbar, idiotisch übertrieben, aber hemmungslos ehrlich, es brandet und heult aus dir heraus. Aber der andere hört es nicht. Auch wenn er anwesend ist. Er wartet auf dein Atemholen, auf die erste Lücke. Dann ist er dran, mit seiner Widerlegung nicht nur deiner Worte, sondern deiner ganzen Person.

Unser Ausharren in Zweisamkeit preisen wir uns lange als Tugend. Als Verantwortungsgefühl, als Treue, als Geduld. Der Magen, die Galle, der Trigeminusnerv werden die Rechnung präsentieren.

Der Preis: ein ganzes schmerzhaftes buntes Leben.

Und dann wieder kannst du nichts tun, nichts. Stehst da und läßt dir das in dein Leben hinein geschehen. Man steht auf, du vielleicht auch, ich stehe auf, Pünktliche, Zuverlässige, Arbeitssüchtige, die weiß, jetzt geht nichts mehr.

Warten, von Alles-schon-Wissen durchzogen. Das Telefon steht dort, es könnte jeden Moment läuten, läutet aber nicht. Schritte nähern sich dem Haus, es stimmt gar nicht, daß du eine Art zu gehen unter Millionen erkennen könntest. Oder: Ich höre ihn nachts durch die Wohnung gehen, und es tut mir weh, weil ihn Ruhelosigkeit treibt, das heißt, neben mir ist die Ruhe nicht zu finden. Später gehe ich leise durch die Zimmer. Wenn ich mit kalten Füßen wieder ins Bett schlüpfe, lasse ich keinen Zigaretten- oder Biergeruch zurück, aber auch keine abgestellte Schallplatte mehr, oft nicht einmal ein aufgeschlagenes Buch. Warum nicht? Wenn eine dasitzt und Musik hört, oder liest, ist es ja fast wie Verrat am Schlafenden – oder wie aufgedeckte Schlamperei.

Wenn du leidest, wenn du wartest, unterbleibt ein Wunder. Die goldene Zugbrücke umsonst heruntergelassen, mach was, mach nichts, zu spät.

Deine eigene Schuld. Nicht nur. Aber auch, doch. Du kannst mit einem einzigen Satz einem anderen so auf das Herz treten, daß er nicht vor kann und nicht zurück. Verrat lebt mit und bleibt unverziehen, ob du ihn erduldest, oder zufügst. Golgatha! Mein Gott, Mein Gott, warum hast du mich verlassen. Das zieht sich durch Lebensgeschichten. Klagt an, klagt ein. Die dreißig Silberlinge vollenden den Verrat und die Einsamkeit. Judas hängt sich auf.

Zweitausend Jahre später wird der israelische Physiker Vanunuu des Verrates geziehen, weil er die Welt wissen läßt, daß Israel die Bombe baut. Gewissenskonflikt – Einsamkeit.

Und ich, und du – wissen wir bis zu Ende, ob wir in Einsamkeit und Qual standgehalten hätten? Auf diese Probe nicht gestellt zu werden, ist Glück. Es reicht auch so. Das Leben hat zugeschlagen, auch ohne unsere Schuld. Ich hab nichts Besonderes erlebt in dieser Hinsicht, wirklich nicht.

Ich habe einiges geglaubt, das hätte ich anzweifeln sollen. Aber schon anzweifeln war ja etwas, was wir unterlassen wollten. Das hat manchmal in der Gesellschaft einsam gemacht.

Ich habe in mir Platz gehabt für Undinge. Die sozialistische Menschengemeinschaft zum Beispiel, per Verlautbarung. Oder der Sturm auf die Höhen der Kultur. Oder daß wir erst morgen so leben wollen, wie wir heute schon arbeiten.

Wir wollten vieles in nie dagewesen kurzer Zeit. Und wenn es nicht ging, dann haben wir so getan, als hätten wir gekonnt.

Auch das macht einsam: wollen und nicht können.

Einer hatte mir erzählt, er sei trotz Hunger, Schlägen, Haft und den Tod vor Augen nie einsam gewesen. Er habe immer die Kameraden gewußt. Ihre Klopfzeichen, ihre kleinen Stücke Brot, ihr verstohlener Gruß halfen ihm, Auschwitz zu überleben. Ein unangemessener Vergleich, ich gebe das zu.

Ich habe erlebt, ich habe überlebt. Immer tun wir so, als wäre mit „vorüber“ und „überwunden“ ein neues Leben möglich. Nein, nein, es war dies alles in meinem einzigen Leben, und wenn jetzt etwas anders ist, dann sind es meine Gedanken darüber.

1987

Abschied von seiner Frau

Für Jürgen Rennert

Die zu spät Gekommene sitzt schräg vor mir, auf der anderen Seite des Ganges. Ihr weißes Haar ist schmucklos am Hinterkopf zusammengedreht. Eine schwarze Mütze hockt ungeschickt auf ihrem Kopf, als Form halb Baske, halb Bäcker. Sie bauscht sich wie durch eine Lufthülle, das will lustig aussehen, aber das Gesicht ist so wenig lustig wie der Anlaß. Wir sitzen in einer Kapelle der Trauer. Zwei Apfelbäckchen glühen im Gesicht der Frau, eine schwere Hornbrille prägt es. Ihre Haut ist so frisch, wie sie nur sein kann, wenn man sich viel in frischer Luft aufhält und nie schminkt.

Eine Christin, ganz gewiß. Wie sie die Blumen vor den Sarg legte, vor ihm stehenblieb, den Kopf neigte und sich gegen die Tränen wehrte, das zeugt von Nähe zur Verstorbenen. Eine trauernde Christin darf nicht nur traurig sein. Der Pfarrer, ich habe schon bessere gehört, will uns überreden, aber sein Text hat wenig zu tun mit der Frau, die ich gekannt habe. Nach seinen Worten war ihr Leben dem Herrn eine Freude, ihr Leiden Gott gefällig, und ihr Ende ist nun der Höhepunkt der Annehmlichkeiten zu Ehren des Herrn.

An Brustkrebs zu sterben ist ein elend Ende.

Die Frau dort drüben könnte Gemeindeschwester sein. Beim gemeinsamen Gesang der frommen Lieder erhebt sie ihre Stimme sicher. Den Text muß sie nicht vom Blatt ablesen. Ich könnte mit einstimmen, mich durch die Melodie tragen lassen, müßte auch nicht so laut singen wie meine Banknachbarin, eine offenbar geübte Kirchgängerin.

Bibelfest sind sie beide, die Frau neben mir und die Frau dort drüben. Sie fesselt mich so, daß ich den Blick nicht von ihr wenden kann. Man möchte ihre Hände haben, wenn man krank ist. Ein Geheimnis wäre bei ihr sicher bis in die Tortur. Sie lauscht dem Pfarrer zustimmend, und ihre Lippen gestalten seine Zitate mit.

Die Frau, die wir hier auf ihrem letzten Weg begleiten, hat Achtung verdient und ein Beispiel gegeben. Ich mag sie nicht zum Vorbild nehmen, denn ich würde wenig taugen, ihr nachzutun. Aber sie hat Tugenden gelebt, nicht nur gerühmt.

Vor dem Brustkrebs fürchten sich alle Frauen.

Die Verstorbene hat zwei Jahre lang gelitten. Ihr wurden alle Behandlungen zuteil, über die das begrenzte Wissen der Mediziner heute verfügt und von denen man eher sagen muß, sie werden der Erkrankten auferlegt. Aber die Frau, von der wir uns hier verabschieden, hat immer an Gnade geglaubt. Sie hat sie erfahren. Das scheinbar verlorene Glück kehrte ihr in der Leidenszeit wieder. Wie ich sie kenne, war ihr der Preis nicht zu hoch. Mit seltener Tapferkeit des Herzens blieb sie ohne Vorwurf ihrem Gott treu, sich selber und ihrer einzigen „unbeirrbaren Liebe".

Sie hat nie geeifert. Ihr Glaube war so tief gesichert, daß sie niemanden zu belehren oder zu bekehren suchte. Obwohl demütig, hat sie sich doch einen Trotz geleistet und gelebt und niemals davon abgelassen, das war die Liebe, ihre Liebe wider alle Furcht vor Vergänglichkeit, wider das häufige Beispiel, daß derlei Zusammengehn nicht auch gutgehn bedeutet.

Über siebzehn Jahre lang war sie Kirchenmusikerin, in Zeiten, in denen es bei uns nicht leicht war, davon zu leben. Sie hat den Gemeindechor geleitet, in dem Ort, wo sie geboren wurde, wo sie gelebt hat und auch gestorben ist. Getröstet, glücklich, mit ihm neben sich, um ein Ende bittend, zurückgekehrt zu einem Kinderglauben an einen Gott, der schwer hört, nicht zuhört, den man zum Hören zwingen muß. „Ich bitte nicht um Genesung, ich bitte um ein gnädiges Ende." Aber dann fiel ihr ein, schon im Dämmern der betäubenden Mittel, er könne sie falsch verstanden haben. „Nicht für ihn, für mich."

Sie war lange Jahre Lohnbuchhalterin. Sie, die ohne Musik nicht leben konnte, die mit der Literatur vertraut war, sie, für die Kunst das Wasser bedeutete, in dem sie als Fischlein schwamm.

Als sie die Liebe erfuhr, war sie schon eine reife Frau. Und er war viel zu jung für sie. Auch machte sie kein Aufhebens von sich, mit Weiberkrempel, versuchte nicht, jünger auszusehen.

Der Pfarrer sagte gerade: „Es war ein Wagnis, als sie vor mehr als fünfundzwanzig Jahren einander das Wort gaben."

Das kannst du nicht einschätzen, Pfarrer. Da warst du noch gar nicht hier. Das größere Wagnis wäre für sie gewesen, diese Liebe auszuschlagen. Du weißt nicht, daß ihre Unverstelltheit, ihr so absoluter Glaube an das Gute im Menschen dem Mann eine Chance gab, seine eigenen frühen Verletztheiten in ein Erwachsensein zu tragen, in dem sie schöpferisch werden konnten. Ihre Kraft zu der seinen machte ihn beredt als Dichter. Daß diese Kraft bei ihr mehr reinen Herzens gegeben wurde und weniger aus der Erfahrung kam, das nahm dieser Chance nichts. Er konnte lange sagen, „sie ist wie ein Kind, sie glaubt alles".

Sie war aber nicht nur die gläubige Christin, die liebende Frau, sie war auch die Tochter eines Vaters, der als Pfarrer zur Bekennenden Kirche gehörte und sich auch so äußerte. Er nahm die Verfolgung durch die Nazis auf sich, und die Festigkeit der Tochter kam wohl auch aus dem prägenden Beispiel des Vaters.

Für die Hochzeit hatte sie einen Trauspruch gewählt, den der Pfarrer jetzt zitiert: Wer an den Pflug rühret und zucket zurück, der ist nicht aus dem Reich Gottes.

Ich glaube, so lautete er. Ich seh sie da vor mir, die blasse weißhaarige Frau, die mir aus dem Krankenbett zulächelte, daß ich Kraft gewinnen sollte. Als ihr Mann mit der Blumenvase kam, sah sie ihn an mit der Zärtlichkeit eines Weibes, dem nur das Fleisch krank war, nicht die Seele.

Sie konnte so herzlich lachen. Auch bei Bemerkungen, die an die Grenze des Gewagten stießen. Sie hatte die Menschenkinder lieb, ob sie nun ihres Glaubens oder einer anderen anständigen Gesinnung waren.

Gerade sie hätte Grund gehabt, eine lange Liste an Ungerechtigkeiten aufzuführen, die sie hinnehmen mußte. Zurücksetzung hat sie kennengelernt, genug von der ihr so fremden Intoleranz.

Sonst wäre sie vermutlich nicht in ein Büro gegangen, ohne zwingende Notwendigkeit. Aber er ein Dichter, ein unbequemer dazu, sie eine ausübende Christin, das war so einfach nicht in den sechziger und siebziger Jahren. Ja, auch in den siebziger Jahren noch nicht. Ich habe auch ein historisches Gedächtnis, nicht nur die Zeitung.

Ihr Mann war gut anderthalb Jahrzehnte jünger als sie. Ein Dichter auf dem Sprung, Idealist, nervöses Wesen, halsstarrig in seinen Überzeugungen, der jüdischen Kultur und den Überlebenden der Naziverfolgung zugetan. Man konnte ihn oft im jüdischen Gemeindehaus sehen, wo er alten einsamen Frauen half. Aber er lernte auch Hebräisch, um jiddische Dichtung in die deutsche Sprache zu übertragen.

Davon konnte man nicht leben. Vorher war er Bausoldat und Krankenpfleger. Bis zu seinem ersten Gedichtband war es ein weiter Weg. Aber er machte sich einen Namen. Dichter wie er haben keinen großen, aber einen getreuen Kreis von Lesern. Seine Gedichte sind anspruchsvoll, nicht auf den ersten Blick zugänglich, aber haftend und sich erschließend bei ruhiger Betrachtung.

Diese Ehe war sein Haus und Hof, aber das Stürmen und Drängen trieb ihn fort, auch in andere Arme, zu anderen Eindrücken und Leidenschaften. Die Größe der Frau war ihre Einfühlung. Das war ihr sicher nicht leicht. Er hatte heftig um sie geworben, auch große Worte gesprochen, die zunächst nur benutzt waren, ob sie je abgegolten würden, das war nicht vorauszusehen. Aber dann hatte sie ihm und ihrem eigenen Gefühl nachgegeben, das hatte er jubelnd gefeiert, eben ein Dichter, immer absolut, immer sich selber glaubend nach bestem Wissen und Gewissen. Seine Frau hat ihn nie bedrängt. Ohne Einschränkung ihrer Würde nahm sie das Nachlassen seiner ungeteilten Zuwendung, verstand, versuchte zu verstehen und leugnete vor sich selber alle sichtbaren Anzeichen tatsächlicher Untreue.

Aber dann wollte er fort von ihr. Erwachsen und frei sein, auch fort aus dem grünen Ort an Rande der Großstadt, aus zu Kleinem, zu Engem. Aussicht auf eine größere Wohnung hatten sie nicht. Sonst hätten sie sich wohl auf einen Kompromiß geeinigt.

Kann sein, daß der für sie beide verhängnisvoll gewesen wäre.

Aber auch wir haben ihm zugeredet, sich zu lösen, sich zu befreien, wo die Liebe nicht gehalten hatte. Er hat nach unserem Rat gefragt, und wir haben ihn gegeben. Aber wir haben nicht gewußt, wie tief diese Beziehung gegründet war. Mochten seine Manneslüste streunen und finden, bei ihr war der wichtige Teil seines Lebens, und sie war die Frau, für die er der wichtigste Mensch auf der Welt war. Vor ihr durfte er sich irren, vorübergehend verzweifeln, weinen wie ein Kind, ungeduldig werden, sie suchte nach dem Sinn und fand ihn immer.

Aber mit ihr auch teilte er am liebsten jede schöne Überraschung. Ihre Verbindung war unauflösbar. Sie kam vor keinen Richter, die Entscheidung über sie fand in der Erfahrung von Zusammenleben und Getrenntsein statt. Es zeigte sich, daß nicht ausgelebt war, was sie aneinander hatten. Einmal traf ich sie auf der Straße, fühlte mein schlechtes Gewissen, weil wir so ganz zu ihm gehalten hatten, da sucht man dann nach einem Thema. Ich bedauerte sie wegen ihres langen Weges zur Arbeit. Wann bist du denn abends zu Hause?

Immer zu früh, sagte sie und verabschiedete sich schnell, weil ihr Tränen kamen. Ich habe ihre Hand festgehalten und etwas gesagt, das sollte Trost sein, und vielleicht habe ich es selber nicht wirklich geglaubt. Ihr werdet euch nie verlieren. An dir hängt er mehr und anders, als er noch einmal an jemandem hängen könnte. Du bist ja auch seine Jugend, sein Anfang, der Mensch, der das meiste von ihm weiß.

Sie glaubte das wohl, aber es vertrieb ihr nicht die Last der Einsamkeit. Er kam immer, wenn er sich ansagte. Und fühlte sich auch wohl bei ihr. Aber er sagte sich nicht so oft an, wie sie es gebraucht hätte. Und wenn sie auch glaubte oder nur hoffte, sie würden einander nie verlieren, so konnte doch der nächste Tag schon eine Begegnung bringen, die wirklichen Verlust bedeutete. Was immer er ihr nicht antun wollte, sie hatte ihn verloren. Trotz aller Freundlichkeiten und des täglichen Telefonats. Das Leben würde sie auseinandertreiben, sie wußte das.

Dann brach ihre Krankheit aus. Angesichts des Todes bekam sie ihr Glück wieder, denn nun gehörte er ihr, ganz allein ihr. Ihr Krankenpfleger, ihr Lanzelot, ihr Mann, ihr Trost, ihr Begleiter bis zum Ende.

An jedem Nachmittag kam er ins Krankenhaus und ging erst zum Beginn der Nachtruhe. Er betreute und versorgte sie. Von solchem Verhalten Angehöriger werden auch überlastete Krankenschwestern beeindruckt. Die Ärzte nahmen ihn ernst und seine Hilfe an, ohne arrogante Weißkittelei.

Er holte sie nach der Operation und dem ersten Dutzend der Bestrahlungen an den Wochenenden nach Hause. Sie hörten Musik, genossen die gemeinsamen Erinnerungen, und sie bereitete in innerer Ruhe ihr Ende vor. Das bedeutete nicht, daß sie aufgaben. Sie kämpften gegen den Krebs, solange es nur möglich war.

Ihr Mann hat ihr Leben verlängert. Er erstritt sich die Möglichkeit, mit ihr in ein spezielles internationales Krankenhaus zu reisen, und dort wusch er Autos, um ihren Aufenthalt verlängern zu können. Sie haben intensiv gelebt, sind an guten Tagen mit ihrem Zweitakter an schöne Stellen der Landschaft gefahren. Dort haben sie ihre Stullen ausgepackt. Die christliche Nächstenliebe ihnen gegenüber wurde schmal, sobald sie sich in Zahlen ausdrückte. Sie bemerkte das wohl und sehnte sich nach Hause. Bei ihm weckte manches den Zorn. Sie war immerhin siebzehn Jahre lang Kirchenmusikerin gewesen und hatte viel ehrenamtliche Arbeit geleistet. Da sie nun Geld kostete, war die Gegenliebe nicht gar so groß. Und die vordem so oft angebotene Herausstellung eines „Dichters von drüben“ ergab sich nicht mehr als einmal. Es blieb beim Autowaschen und sammelte sich zu der wichtigen Erfahrung, daß man woanders zu Hause ist.

Zu Hause waren die Bedingungen für die Ärzte ungünstiger. Es fehlte hier an manchem, was dort herumstand. Aber die Patientin bekam die Zeit der Ärzte und jede mögliche Hilfe.

Ihr Mann hat den Ärzten ein Sonett gewidmet. Ich höre viel anderes, aber dies eben auch.

Sie waren trotz allem noch einmal glücklich. Und er, der sie einst als törichter Junge geheiratet hatte, sich selbst überschätzend und bei ihr Zuflucht suchend, ihre Gelassenheit nutzend, ihrer verläßlichen Liebe viel zumutend, er hat seine Rechnung mit ihr ins reine gebracht und ist jenen Maßstäben gerecht geworden, die er früh dichtend, verworren und eifernd beschwor, in dem einen immer glaubwürdig, in dem anderen oft übertrieben wirkend.

Nun hat er uns zu ihrem Abschied gerufen:

„Ihr Sterben war wie ihr Leben: vielfach schwer und wunderbar klar, heiter bekümmert, verzweifelt gelassen, lebens- und leidensmutig, inspirierend ausdauernd und eigensinnig, unbeirrt liebend, dreist und gottesfürchtig, tapfer und licht, menschenfreundlich ..."

Es ist anders geworden mit den Bedürfnissen aus Liebe. Da viel soziale Bedrängnis weggefallen ist, stimmen die Klischees nicht mehr. Unsere Vorurteile lassen sich davon nur schwer beeinflussen. Hier steht keine Kanzel, ich habe auch nichts zu verkünden. Aber ich denke, wir sollten Furcht abbauen davor, uns auf Liebe einzulassen.

Die beiden sind gemeinsam durch den langen dunklen Tunnel gegangen, der für mich nur in die Erde führt, aber ihr war er der Weg in ein anderes Leben.

Es sind viele Menschen gekommen, auch sehr junge. Sie weinen nachher, auf dem Erdhügel stehend, ihre drei Hände Erde auf den Sarg werfend. Er, ihr Mann, übermüdet und verändert, nimmt jeden einzelnen Trauergast in den Arm, dankt, küßt uns, ob Mann oder Frau.

Ich möchte ihm dort meine Achtung ausdrücken, aber ich kann nichts sagen. Ich bin überfordert und stehe draußen, kann nicht teilhaben an der Verbundenheit, die ich spüre. Von den Anwesenden mögen einige Chormitglieder sein, andere ihrer Gemeinde zugehörig, aber ich sehe auch die jungen Sänger, die ostjiddische Lieder neu ins Gedächtnis bringen.

Dort drüben diese Frau mit der Mütze und den glühenden Bäckchen, die steht im inneren Kreis.

Ich kann heitere Gelassenheit, beherrschtes Hinnehmen und solche Sicherheit im Glauben nicht.

Aber da ich am Abend seine Verse über die schwere Zeit lese, verstehe ich mehr.

Die Lust zu leben schließt die Lust
Zu sterben mächtig in sich ein.
Wenn du mir hingehst, geht auch mein
Dawiderstehn wie deine flammend rote Brust

Den linken Weg des Fleisches, vorletzten Ends.
Wie schön sind deine Augen, dein Gebein!
Ich wurde, war, bin, bleibe dein
Mir und dir Nächster. Alle Reverenz

Den Greifern, Schneidern, Bett-, Betschwestern.
„Sweet Clementine ..." Wir nisten uns in Nestern
Aus Daunen ein. Begehren allerschönste Tage

Stärksten Gemeinseins, -sinnes. Keine Frage,
Daß du und ich vorm Tod gesunden.
Wir werden schon. Und schön. Mit unsren Schrunden.

Eines der „Bucher Sonette".

Wie drück ich aus, daß ich ein wenig mitgelebt habe und nun erst, was sich mir vorher verschloß, auch ein wenig mitgeliebt? Die Rosen auf dem Grab sind euer, dein und dein. Man wird über euch sagen. Das überdauert.

1989

Stille Post

Gib mir den Brief zurück.

Diesen einen Brief, in dem ich dir meine Gefühle offenbart habe.

Als ich schrieb, roch es nach Frühling. Ich werd ihn nicht ausmalen, nicht den Frühling, nicht den Duft aus den Gärten, nicht meine umtreibende Sehnsucht.

Ich schrieb dir, weil ich nie geübt habe, an mich selber zu schreiben. Liebes Tagebuch, ich habe nie ein Tagebuch geführt und igitt eine Freundin nicht mehr leiden können, die mir arglos ihrs gezeigt hat. Ich hab in meinem Leben auch nur ungefähr zwanzig Briefe geschrieben. Man ruft doch an. Aber dir ausgerechnet mußte ich schreiben.

Solange ich schrieb, war alles ganz einfach. Aber die Wörter sind verräterische Lumpen, wenn sie lügen sollen und es partout nicht tun.

Ich habe Sehnsucht nach dir gehabt und dich erwartet, wo gar nichts zu erwarten war. Du kamst nicht.

Beim erstenmal sind wir uns zufällig begegnet. Unerwartet war deine starke Wirkung auf mich und daß ich keine auf dich hatte. Es war so lange kalt gewesen. Da halten wir die Arme eng am Leib, beugen die Gesichter vor dem kalten Wind, schnauben uns die Nasen, wickeln uns ein.

Ich hatte meine ständig kalten Füße durch Wechselduschen oder warme Strümpfe im Bett gewärmt. Sehnsucht hatte ich nicht, die letzte Erfahrung war noch nicht abgearbeitet. Vielleicht sehnte ich mich nach Robert Redford. Das heißt, ich traf keinen, in den ich mich hätte verlieben können. Eine Weile geht man umher, endlich frei, man kann die Tür hinter sich zumachen, hat keine dieser lästigen Verpflichtungen, schrickt nicht mehr dauernd aus Angst vor Falschmachen zusammen, ABER: Man findet sich nicht mehr begehrenswert und gefällt sich nicht. Ich fing an, alt zu werden, wieder mal.

Behaglichkeit wurde fremd. Die Bücher auf dem Nachttisch stapelten sich, ich lag nicht mehr auf dem Teppich herum und blätterte, schlechtes Zeichen. Ich lebte vernünftig. Ja? Ich rauchte wieder, und zwischendurch aß ich aus dicken Kuchenpaketen.

Als einmal bei mir versehentlich die Treppenreinigungskarte abgegeben wurde und ich brachte sie dem Nachbarn, der stand im Mantel und machte es kurz, da kam ich mir vor, als hätte er mich fertiggemacht.

Ich ging in meine Wohnung und haßte mich.

Nein, ich haßte ihn.

So bin ich hingegangen zu den Leuten, die mich eingeladen haben. Hatte ich ihnen das nahegelegt, oder mochten sie mich? Auf solche albernen Fragen kommt man, wenn man zu oft allein ist.

Dort haben wir uns getroffen. Deine Begleiterin machte sich in der Küche zu schaffen und drehte dauernd die Musik leiser. Dafür war ich ihr dankbar. Dann aber stellte sie den Fernseher an und verkündete laut, jetzt käme ein Film, den sie schon seit Jahren sehen wollte.

Man richtete sich nach ihr. Die Anwesenden griffen sich Kissen, hockten sich unbequem auf Lehnen, quetschten sich zu zweit in einen Sessel und sahen sich tatsächlich diesen Film an. Mich hat er nicht interessiert. Ich weiß nicht, wen überhaupt. Ich würde auch nie das Selbstbewußtsein aufbringen, in einer fremden Wohnung auf einmal den Ablauf des Abends zu bestimmen. Aber sie machte das, rauchte, nippte, lächelte die Leute an, und ich dachte auf einmal, daß sie ihr unglaubliches Selbstbewußtsein von dir bezog. Um deinetwillen durfte sich das Mädchen wie ein ungezogenes Kind benehmen. Ich weiß noch, wie sie sich hochräkelte und den Apparat abstellte. Mit einem gemurmelten „so 'n Mist" hat sie das gemacht, und wieder ließ man sie gewähren.

Du hast in der Ecke auf der Erde gesessen, hast nicht einen Blick auf den Bildschirm geworfen.

Ich sah zu dir hin und wünschte mir, ich wäre mit dir gekommen und du kämest mit einem – wenn auch nicht mit meinem damaligen – Mantel herein, würdest mit mir gehen, wir würden uns grußlos verdrücken. Ich habe versucht, dich zu vergessen. Du siehst nicht aus wie Robert Redford und auch nicht wie das Gegenteil. Es waren deine Augen, vor allem, deine Blicke, dein Mund, es war deine Art, mehr kann man nicht sagen. Ich habe dich dort schamlos begehrt.

So was hab ich noch nie erlebt. Es ging mir nach. Ich dachte an dich, und manchmal trieb es mich hin, wo ich dich vermuten konnte. Und traf dich natürlich nicht.

Es tat mir nicht gut, aber ich konnte nicht damit aufhören. Das war nicht angenehm. Eher beklemmend. Ich tat nichts, und das Leben tat nichts. Oder nur sehr wenig. Ich bin einmal ausgestiegen auf der Station, die deinem Arbeitsplatz am nächsten liegt. Ohne zu wissen, ob du nicht mit dem Fahrrad oder mit dem Auto fährst oder nach Hause joggst, lief ich dort lang. Dann sah ich euch, ihr mich nicht. Ihr Mantel hatte riesige Taschen, ihre Arme steckten fast bis zu den Ellbogen drin. Und du hast auf den Asphalt geblickt. Das würdest du bei mir nicht tun. Ich sage dir, ich wäre die Beste für dich. Du bist die andere Apfelhälfte, der Rückflug vom Mond, du bist, was einen Fernseher abstellen läßt, die andere angestellt haben, und als wäre das gar nichts, daß man ist, wie man ist. Ich war, ich bin wie gelähmt vor Ausschließlichkeit. Vor Hunger und vor Durst nach dir. Ich habe doch nicht wirklich geglaubt, daß es so etwas gibt. Solche erwischt's zuerst und am schlimmsten, sagt meine unendlich geduldige Kollegin Selma, die immer gedacht hat, ich wär eigentlich gar kein richtiger Mensch. Sie fühlt mit.

Dann habe ich gehört, daß jene geheiratet hat. Nicht dich. Da habe ich dir geschrieben. Ich habe dich nach dem tschechischen Naturschutzgebiet gefragt, Krkonoše, was ich in jedem Reisebüro tun könnte.

Ich komme mir vor, als ob mein Brief ein unverschämtes Sonderangebot ist. Ich, zu verbilligtem Preis. Oder wie? Ich möchte dich so gern haben.

Dieser verdammte Brief macht mich unfähig, verlegen, häßlich. Der forsche Nebenbeiton. Die Kürze, das Anknüpfen an eine Hallo-Begegnung, die du vielleicht längst vergessen hast.

Was aber soll ich tun? Nichts? Wenn ich ein Mann wäre, würde ich Blumen kaufen und vor deinem Werktor auf dich warten. Ich könnte Grüße bestellen, eine Eintrittskarte in den Briefkasten stekken. Ich könnte alles. Als Frau bin ich angewiesen auf einen Einfall. Ich glaubte, ich hätte einen. Es war keiner. Und nun geht kein zweiter. „Mein Gott, arrangier doch, daß euch Freunde am selben Abend mit acht anderen einladen. Dann wirst du ja sehen."

Wie denn?

1987

Gegen Ende meines Lebens

werde ich hoffentlich auch einen Teil jener hermetischen Alleswisserei haben, wie alte Leute sie gern als scheinbare Überlegenheit gegen Jüngere ausspielen.

Ich habe dann alles gesehen, alles geschmeckt, beantwortet, allem seinen Platz gewußt.

Sicher wird ein Reichtum an Erfahrungen in mir ruhen. Aber ich sehe heute an anderen, das besagt wenig. Ein Reichtum ist es ja eigentlich nicht, es ist nur eine Menge, eine Fülle, ein erhebliches Quantum. Ob es ein Reichtum sein kann und für wen, das hängt davon ab, wie man damit umgeht. Reichtum wird es nur durch lebenslängliches Hinzutun, durch Vergleichen und Anzweifeln.

Es gibt zwei Arten, jemanden zu trösten, der einem in die Arme fällt und glaubt, man könne Rezepte vergeben und wisse viel, denn man habe das meiste hinter sich. Da kann man ausbreiten, was ein Leben alles so fassen kann, und wer nicht eben an Kunterbuntheit seiner Tage leidet, kann in sich Vorfreude zulassen. Kommt also noch, denkt er, alt muß man werden, dann kriegt man alles.

Man kann aber auch zugeben, daß selbst eine lange Lebenszeit immer nur für Anfänge reicht. „Alles, was wird, kann auf Erden nur angefangen werden", schrieb der Dichter Theodor Däubler. So erfährt es jeder, wir verhalten uns so. Wir sind der untergehenden Sonne weggelaufen, weil wir einander in die Arme wollten, nahmen vom Spargel nicht mehr, weil wir uns Appetit auf den Pudding lassen wollten, und schrieben den feinen Winter ab für einen durchaus groben Frühling.

Und haben Anfänge erlebt und gestaltet, die schienen uns unscheinbar und wir einer größeren Sache würdig. Was wirklich in der leichtfertig abgetanen Sache steckte, haben andere nach uns draus gemacht, weil ihnen die Spur des Anfangs in die Augen stach und verheißungsvoll schien.

Ich habe nichts zu Ende gesehen. Oder nur, als ich das noch mußte. Ich habe Zusammenkünfte überstanden, deren Langeweile mich beinahe erschlug, habe Beziehungen nicht abzubrechen gewagt, obwohl sie überlebt waren, ich hielt Bekanntschaften die Stange, die keine Freundschaft oder auch nur Treue ergeben konnten.

Kaum aus der Kindheit heraus, wurde das Leben eiliger. Einmal angestrebtes und trainiertes Lebenstempo läßt sich nie mehr verringern, so daß man sich sorglos und ruhig atmend fühlte und ohne schlechtes Gewissen wäre, weil ohne Eile.

Mit einer Handbewegung läßt sich das abtun. Wozu ein schlechtes Gewissen haben? Ich lad mir doch nicht fremdes Verschulden auf, wie denn sollte ich das bewältigen, wie denn? Ich bin doch nicht verantwortlich für das Ganze. Genug, daß ich meinen Teil überblicke und in Ordnung halte, oft genug in Frage stelle.

Einmal saßen wir, drei Frauen, in ein Ausloten gemeinsamer Arbeit vertieft, im fünfundzwanzigsten Stock in meinem Wohnzimmer, hoch wie die Turmfalken, und eben darum kamen wir dazu, daß jede von uns ihre liebste Landschaft ausmalte. Die eine war in Holland geboren, die andere in Leipzig, ich in Berlin. Die gebürtige Holländerin hatte in die DDR geheiratet und sich das flachste Land mit den wenigsten Balken vor den Augen als Wohnsitz ausgesucht.

Schon ein Baum würde sie stören, meinte sie, sie sehnte sich nach noch weitflächigerer Landschaft. Sehnte sich nach Heimat, nach frühen Erinnerungen.

Mit mir war es einfach. Ich wollte immer möglichst in einem Turm leben, am liebsten in einem Turm auf einem Berg, und eine Zugbrücke wäre mir zusätzlich durchaus angenehm.

Wir Großstädterinnen schwelgten in der Liebe zu Details von urbaner Gemütlichkeit und bauten uns eine schön verbaute heimelige Stadt aus allen Städten, die wir gesehen haben. Von der einen nahmen wir die Brücke, von der anderen eine Sorte Bistros, die dritte gab Erker her, Sträßchen, Gäßchen, Geschichte, weite fremde Dimensionen dachten wir uns, mit Sprachinseln, internationalem Gewirr, erhaltener und dorthin gebrachter Kultur, putzig und ehrwürdig, anachronistisch und verfremdet und doch ein Stück Heimat für Emigranten, die bei Strafe ihrer Existenz gezwungen sind, irgend etwas besser zu können als andere.

Wir priesen uns, die Flachländerin mit ihrer Sehnsucht nach gardinenlosen Fenstern, einsichtbaren Familienverhältnissen und sauber gewaschenen Menschen ohne Deo und Parfüm außen vor lassend, neue Einrichtungen und eben entstandene Straßen, die unsere Furcht mildern, janz Berlin wird ein zugiger Typenbau.

Heimisches, sagten wir, muß wieder einen größeren Anteil am Heimatlichen bekommen.

Heimatlich, das klingt, als ob gleich die Blasmusikanten hereinmarschieren oder die Funkenmariechen kurzzeitig zur Albernheit freigegeben sind. Wir meinen aber Verwinkeltes, Überschaubares, ineinander Verschachteltes, den einen Bäcker, ein viertel Jahr lang dieselbe Postbotin, eine Art sozialer Verläßlichkeit, die uns abhanden gekommen ist.

Das Auseinanderdriften der Großfamilie hat Befreiungen mit sich gebracht, auch Verluste. Das natürliche Nebeneinander von Sterben und auf die Welt gebracht werden ist ein zu großes Ereignis, wenn das eine nicht vom anderen begrenzt wird. Wir fremdeln untereinander, auch in der Familie.

Im Gespräch gerieten wir auf unebenes Pflaster, das uns schließlich zum Rückzug von der geplanten gemeinsamen Unternehmung zwang. Wir hätten zu weit vorprellen müssen, aber dafür waren die Ideen noch nicht stark genug. Zurückbleibend dachte ich weiter darüber nach, warum es noch immer ungleich schwieriger ist, die heimischen Verhältnisse erkennbar auf die Bühne zu bringen, Auskennen als Teil des Heimatlichen zu gestalten, statt fernferner Zustände, ob in Kirschgärten oder aus Purpurstaub, ob da im Zorn zurückgeblickt werden soll oder eine Prostituierte gewandelt. Es ist doch nicht nur Kleinbürgerhochzeit, was wir vorzubringen hätten. Aber Erkennbarkeit im Eigenen unterliegt immer noch dem Argwohn, man wolle es preisgeben zum Abschaffen, und zwar das Ganze, das Eigene.

Heimweh ist ein furchtbarer Schmerz. Gilt das nicht mehr? Oder sind uns, leider einleuchtender Gedanke, die Lästigkeiten so groß geraten, daß manchmal einer neuen Art von Heimweh folgt, wer fortgeht?

Hat er das Zurückgelassene als Heimat schon verloren, und da er sich diesen Verlust eingesteht, kann er auch gut woanders wohnen?

Ich will das nicht denken. Und kann mich nicht einfühlen, oder zuwenig. Aber wie lange noch sollen wir uns immer alles über einen plötzlich aufgedeckten schlechten Charakter erklären? Bei Menschen, die uns gestern noch gut waren, mein oder jemandes Freund zu sein, Kinder zu lehren, Geplagten einen Zahn zu ziehen, sich auf Goethe zu berufen, auf Marx oder auf dich, wenn sie über Moral sprachen? Auf dich, und bist du dann auch ein aufgeklappter fragwürdiger Charakter, moralischer Kronzeuge wider Willen? Laßt uns ernst über diese Dinge denken und zusammenrücken, Schweigen und Kürzel als unzulänglich empfinden, sonst droht einem jeden von uns Verlust an Heimat, am Ende nicht mehr hinnehmbar.

Ich halte diesen Schmerz nicht aus und rede mich raus, andere mögen das für mich klären, wissenschaftlich, analytisch, ehrlich. Dennoch weiß ich, dieser Alb ist nicht von mir genommen. Ehe ich sterbe, will ich darüber reden. Die fort sind, sind nicht fort. Sie machen Besuche und haben Besuche, leben auf engem Raum unser Leben mit, wir das ihre.

Heimweh ist ein furchtbarer Schmerz. Kinder erkranken daran. Kinder aus geschiedenen Ehen brauchen die spaltoffene Tür, das Lämpchen auf dem Nachttisch. Sie fürchten sich. Auch wir haben Kinobesuche unterlassen, weil wir das artige Kind, das uns nichts untersagen wollte, weinend unter der Bettdecke fanden, und natürlich hatten wir nicht das Herz, zu erklären, daß doch gar nichts passieren könne.

Das Kind wußte, es würde Schreckliches geschehen: Wir würden fortgehen. Und ob wir je wiederkämen, wer weiß das bei Erwachsenen, die sich sogar scheiden lassen.

Das Kind heult in die Kissen, auch im Ferienlager und meint die Mutter und den Vater, aber auch das Vertraute zu Hause, hier kann es zuerst nicht mal das Wort für Tränen oder Brot verstehen.

Und ist niemandem mehr kostbarer Mittelpunkt, es muß sich erfahren als nichts Besonderes.

Die Sprache ist es, und nicht die Sprache allein, aber ihr Wert hebt sich durch drohenden Verlust. Viele Künstler sind lustvoll durch die Welt gereist, aber als Emigranten erlebten sie, und einige überlebten es nicht, daß sie ihr wichtigstes Ausdrucksmittel verloren hatten, Sprechen und Schreiben. Auch die verlorene Bibliothek machte die Sprache kenntlich als verlorene Heimat.

Wir haben uns geschämt für unsere mit Schande bedeckte Heimat und griffen nur zu gern nach den Geschichten über die anderen Deutschen, die Ehre gerettet und Ehre hinzugefügt hatten, aber sie waren nicht die Mehrheit.

Wir rissen uns darum, Verantwortung zu übernehmen, und wurden kleinlaut, als wir Überblick gewannen über das, was nun von unserem Schneid und unserer Tugend abhängig sein sollte. Es ging nicht nur um die zwölf Jahre, die über unser Volk ein Netz aus Unheil geworfen hatten, in das jede Familie ihren eigenen Knoten einknüpfte.

Wie es dazu gekommen war, das hätte wahrhaftigerer Aufhellung bedurft, als wie sie nach dieser ausgelösten und erduldeten Katastrophe erfuhren. Damit aber begann etwas, was uns nachgeht. Sind wir schon nicht schmerzhaft genug in die Vorgeschichte zum Faschismus eingedrungen, so gewöhnten wir uns in anders komplizierten Zeiten daran, eben Geschehenes unglaubwürdig zu kommentieren, lieber gar nicht, es jedenfalls nicht dem unbestechlicheren Blick und dem Verstand zu übereignen, so, daß es zu Sprache werden kann. In all dem schwer zu Durchschauenden lag unser Ursprung. Auch wenn er uns zunächst nur Trauer und Beschämung zeigen konnte. Wir haben jedem, der sich in der Zeit des Faschismus gewehrt und dafür gelitten hat, automatisch Sachverstand für alles zugesprochen und ihn überfordert mit unserer durchaus verständlichen, aber idealistischen Verehrung.

Wir wollten es mit dem furchtbaren Erbe aufnehmen und alles besser machen. Das haben wir wohl, besser, aber nicht gut genug.

Dennoch hat sich in unserer Seele vieles an einen festen Platz gestellt, das man nicht einfach dort wegnehmen kann. Ob ein Weihnachtsabend im Schneegestöber, eine heilige Stelle für ein erstes Rendezvous oder jene Telefonate nach der unguten Nachricht, die alle betraf: Hier ist es gewesen, und nirgendwo auf der Welt kann das einer so verstehen, wie der am anderen Ende der Leitung es sofort verstanden hat.

Das klingt nach kleinem und abgezirkeltem Leben. Gut, die Fläche kann Größe ergeben, aber die Vertiefung auch.

Welt anschaun, als Sehnsucht, alte Sehnsucht, etwas ganz anderes zu sehn, daraus kann Weltanschauung werden, muß nicht.

Heimat, das sind die Menschen, mit denen uns die Arbeit verbindet, die Freundschaft, die Liebe. Die Menschen sind ein Teil der Heimat, die von uns verlangt, daß wir sie erwerben, um sie zu besitzen.

Als hätte sie das einer Generation je leicht gemacht, als hätte man dafür von den Altvordern je abgucken können.

Die Heimat erwerben, das heißt immer, sich der unbequemsten Arbeit zu stellen: sie zu erkennen. Sie muß mir so nicht gefallen. Was sie mir abverlangt, das kann vor allem Veränderung sein.

Es ist auch nicht, ob ein Land von der Sonne bevorzugt wird oder mit besonderen Schätzen in seiner Erde ausgestattet ist. Es ist nicht die Schönheit, die dem Auge allfällige, also sind es nicht die Alpen, die Meere, die Inseln, das Flache oder Urbane. Es sind nicht: die tragischen und die glücklichen Länder.

Weltreiche blühen auf und sterben an ihren Irrtümern, selten an Naturkatastrophen, obwohl die heute noch mehr können als früher. Metropolen bilden einen Anziehungspunkt und zeigen dessen Kehrseite, daß man sich angstvoll wendet. Die in der Demokratie am weitesten gediehen waren, sie als Teil ihrer Kultur pflegten, wußten sich nicht zu bewahren vor späterer Barbarei. Da schickten sie ihre tapferen Söhne auf die nackten Inseln, die glutenden, und haben sie dort zum Sterben geschunden, um anderer Meinung willen.

Warum sucht nicht ein jeder von uns den schönsten Fleck auf Erden und läßt hinter sich, was wundergut, das andere Extrem zum Bösen, werden sollte und doch auch auf alte Muster hereinfiel, sie sich neu erklärte, obwohl deren Unbrauchbarkeit historisch bewiesen war?

Neruda ist in Chile geblieben. In Nikaragua sterben großartige Menschen und solche, die vielleicht nicht großartig sein wollen, sondern nur ihr eigenes Leben mit Arbeit und ruhigem Schlaf leben.

Für die Aufhebung der Apartheid sterben auch Kinder, leiden Menschen in Gefängnissen, werden andere mit dem entsetzlichen „Bann“ belegt, der ihnen verbietet, mehr als einen behördlich genehmigten Menschen zu sehen oder den ihnen zugewiesenen Ort zu verlassen.

Können sie nicht fliehen? Fort, da ihnen das Brot mit Blut gesalzen wird? Hätten die Palästinenser nicht, statt ihrer vielen, nicht hinnehmbaren Verzweiflungstaten, irgendwo ein Stück neuer Heimat finden können?

Eine schwer erklärbare Seite des Menschen ist die Beharrung. Selbst die nie gesehene Heimat, ob an der Wolga oder in Palästina, läßt die Gene nicht ruhen. Immer sucht der Mensch nach seinen Wurzeln, nach tieferem Umgang mit sich selber, und wenn er etwas schwer aus den Händen läßt, dann ist es Tradition. Was haben wir unserer Heimat eingebracht? Viel mittelmäßige Arbeit, oft zuviel Langmut, und nur einige von uns haben klare Sicht mit Unbeirrbarkeit des Blickes zusammenbringen können. Nun gut, kein Garten Eden, kein Paradies, manche der Vorzüge wiegen sich auf und sind auch nicht so großartig, wie es degoutant oft betont wird.

Aber hier war ich, hier habe ich gelebt, und was meine Kraft war, ich habe versucht, sie einzubringen, auch wenn sie manchmal außer drei Menschen niemand haben wollte.

Die Decke meiner Heimat bewegt sich an einigen Stellen. Mühsam holen wir die Braunkohle hoch, die schädlich ist für die Umwelt und Menschen ihre Heimat wegnimmt. Die Luft wird durchschnitten von Lärm, der unerläßlich scheint. Ich kann keinen Laden betreten, ohne gepeinigt zu werden von Importen, die Ohren haben mehr davon als die Regale. Für wen wird das gemacht?

Für die Kunden? Die wissen nach wenigen Minuten nicht mehr, ob sie Zahnpasta oder Schuhe kaufen wollten, und oft treibt mich der Ärger raus, wenn in meiner ganz normalen, meist miserabel geführten Kaufhalle die perfekte Musik vom Computer das modernste ist, das frischeste, im Gegensatz zu Quark und Brot.

Für mich ist dies ein Teil der Beschönigungen, die wir uns angewöhnt haben. Warum eigentlich? Ist das Leben ohne das so unerträglich? Wo es schwer hinzunehmen ist, dorthin müßte am ehesten unser Wort reichen. Oder unsere Hand. Heimat, das ist auch, wo ich mir ein Bild für den letzten Blick vorstellen kann und letzte, kaum noch sinnvolle Worte. Solche Worte, Silben, wie ich sie als Kind wenige Male gehört habe, wenn ich des Trostes mehr als alles anderen bedurfte. Na komm, schon gut oder so ähnlich klang das und ist Himmel entfernt von allem o. k. dieser Welt, das ich dem Fernseher oft an den Kopf schmeißen möchte.

Heimat, das ist Bitterwurz, Schierlingsbecher und die einzigartige Nuckelflasche der frühesten Tage.

Man kann fortlaufen, weil es so schwer ist, mit dieser Mischung zu leben. Aber Atem ist gut für Einspruch, und aufgeben zu schwer. Wir verlassen niemals, was uns geärgert hat, das vermißt uns am wenigsten. Wir verlassen, was uns brauchte. Und also haben wir es gebraucht und werden es brauchen, und müssen es machen, und es heißt Heimat.

1989

Der blaue Reiter

Sich einer Frau nähern, nach der Substanz ihres Lebens suchen, aber nicht glauben, man träfe dabei auf ihre Natur. Die ist kaum noch erkennbar, wenn Elternhaus, Schule und der Einfluß der Männer das Ihre getan haben.

Aber sich einer Frau zu nähern ist nicht möglich, ohne die Männer zu suchen, denen ihr Geist folgte, die sich ihre Zutraulichkeit, gar ihr Vertrauen erwarben, die von ihr geliebt wurden.

Ohne die Männer ist die Frau nicht zu verstehen. Obgleich gerade dieser Teil ihres Wesens sie aus unserem Verständnis rücken will.

Die Spuren der Männer am Wesen der Frauen sind deutlicher als umgekehrt. Selbst Frau von Stein wäre austauschbar, gar Christiane Vulpius. Es hätte sich gewiß ein anderer törichter Körper gefunden, so weit vom Goetheschen Geist entfernt, daß Intimität ohne Angst vor männlichem Versagen möglich war.

Paula Modersohn-Becker ist mit einunddreißig Jahren gestorben.

Sie hat gelitten unter den zwanghaften Vergleichen ihres Mannes, der wohl ahnte, daß sie bedeutender war als er. Daß die Natürlichkeit, mit der sie sich den ländlichen Modellen und ihren sozialen Umständen zuwandte, den eigentlichen Gedanken von Worpswede erfüllte.

Sie hätte kein Kind haben dürfen, ihr Körper war dem nicht gewachsen. Aber nachdem sie einmal aus dem ehelichen Clinch nach Paris geflüchtet war, schien Schwangerschaft eine Möglichkeit, sie zu binden und zu behalten.

Sie ist nach der Geburt des Kindes gestorben. Der Mann hat sie überlebt, ihre Bilder die seinen.

Dennoch hat er ihrem Talent geholfen, sich zu befreien, auch von ihm, von respektvoller Unterlegenheit.

Im Lexikon suchte ich vergeblich den Namen von Greta Kuckhoff. Der Sohn von Adam Kuckhoff hat seinen Platz darin bereits gefunden.

Vielleicht wäre Adam denselben Weg von der Auflehnung gegen Hitler bis zur Hinrichtung auch ohne Greta gegangen, aber sie ging mit ihm. Auch sie hat das volle Risiko getragen, und auch er wollte ein Kind mit ihr. Schon in dem Wunsch aber schwang wohl der Gedanke mit, sie zu schützen. Als sie es geboren hatte, verbot er ihr, nicht nur freundlich, die weitere Teilnahme und Mitwisserschaft am Widerstand. Er sagte: Es gibt wenig Kinder bei den Unsern. Die meisten Paare haben verzichtet. Unser Schicksal ist zu ungewiß. Einer von beiden muß überleben und den Kindern bleiben.

Er hoffte, die Richter würden über eine Mutter nicht das strengste Urteil sprechen. In ihrem Fall ist es so gewesen, die Todesstrafe wurde in eine Haftstrafe umgewandelt. Verwehrt ihr das den Platz im Nachschlagwerk?

Der Gedanke verbietet sich, sie habe es leichter gehabt, als sie nicht mehr Funkgeräte schleppte, Nachrichten weitergab, mitentscheiden konnte. Ihr Herz klopfte doch jeden Schritt mit, den die anderen gingen.

Die Richter des „Volksgerichtshofes" hatten schon eine junge Mutter hingerichtet, trotz des Protestes aus vielen Ländern: Lilo Herrmann, zumindest scheinrechtens verurteilt, gefoltert wie eine „Hexe" im Mittelalter, war eine Deutsche. Dies mußte warnen, wie man mit Müttern anderer Völker verfahren würde.

Es kam so. Sie haben die Mütter umgebracht und sogar die Säuglinge, als fürchteten sie sich vor einem neuen Jesus.

Wie harmlos mutet uns dagegen die arme Charlotte Stieglitz an. Mitten in der Zeit des Nudelmeierstils hat sie geglaubt, ein Opfer von antiker Größe würde dem geliebten Mann alle Schleusen literarischer Beredsamkeit öffnen. Stieß sich das Messer ins Herz, um das seine genügend zu erschüttern.

Da legte sich die Bürgerwelt auf die Lauer, aber vielleicht auch nur, was sich literarische Rendezvous gab, und wartete, ob er denn das so brutal Abverlangte auch liefern würde. Aber er war nicht so bedeutend, wie ihn das liebende Auge sehen wollte. Er war auch nicht begabt. Das ist schon wieder ein sehr kühnes Urteil. Selbst wenn er es war – was nicht auszuschließen ist –, nach solcher weiblicher

Übertreibung hätte es ja nur ein genialisches Werk getan. Nur ein gewaltiges hätte dem Vorgang eine gewisse Lächerlichkeit genommen. Überspanntheit war damals nicht unüblich und erfuhr mit der Abschaffung des einzwängenden Korsetts vielleicht erste Mäßigung. Aber Erpressung von der Stieglitz bleibt es doch, und er ist mehr zu bedauern als sie.

Warum hat es fast alle geistreichen Frauen zu einem geistreichen Gefährten getrieben? Umgekehrt ist das, wie wir wissen, durchaus nicht so. Und wer erlebt hat, wie zwei gleichermaßen unruhige, geladene, ständig produzierende, schöpferische, gar noch auf gleichem Gebiet arbeitende Leute mit ihren Spannungen einen Raum überfrachten, nie auf gleicher Höhe, der eine gerade im Rausch der Schöpfung, der andere nahe an der Verzweiflung wegen Ausbleibens der Inspiration, täglich mehrmals solche Verfassungen wechselnd, der wird mit Verständnis sehen, daß nicht jeder Dichter eine Dichterin sucht, nicht jeder Bildhauer nach dem weiblichen Hammer verlangt.

Aber außer Lady Chatterley, und die lebt im Buch, und natürlich hat ER eine vorzeigbare Vergangenheit als Offizier, ist mir kein Beispiel bekannt, wo eine Kluge sich einen herzhaften potenten Waldburschen genommen und für sich allein ihr Teil Welträtsel gelöst hätte. Für sich allein, das heißt mit gebildeten und anregenden Freunden, genügend zum Austausch, solche, die man bei Ermüdung auch wechseln kann. Das ist bis heute für eine Frau nicht so einfach.

Kaum ein Mann wird einsehen, daß ein Weib, wie strebend auch immer, nicht mit ihm allein als geistigem Partner auskommt. Bei den meisten Frauen entsteht neben der Beziehung zu einem Mann eine Art Vakuum. Das muß nicht abverlangt werden, und es gilt vielleicht auch nur noch für meine Generation. Wenn es uns so gerät, hat unser eigenes schlechtes Gewissen, das uns auf der Lauer begleitet, es so gerichtet.

Unternehmungen, Ausdenkungen mit anderen, das alles ist inzwischen üblich geworden. Aber einfach nur reden, den anderen auf sich wirken lassen, gar eine Art schöpferischer Spannung wollen, oder hinnehmen und akzeptieren, daß dies ohne eine gewisse Erotik nicht möglich ist, das gestehen wir einander nicht zu. Die Jüngeren leugnen heftig. Sie sagen, bei ihnen sei das selbstverständlich. Aber wenn ich hinsehe, sitzt die Freundin mit der Freundin, der Freund mit dem Freund, und solange ist die Welt in Ordnung. Alles andere soll Arbeit sein oder wird so hingemogelt.

Es muß eine Art geben, wie es geht. Den Frauen stand früher so etwas wie ein Kreis nur als Ausnahme zu. Nachdem ich gelesen habe, was Varnhagen seiner Rahel ablauschte und als Mitteilung an die Nachwelt für überlieferungswürdig hielt, war ich etwas erstaunt. Mag sein, daß der Zahn der Zeit da viel Fleisch abgenagt hat, aber ich kann die meisten Aussprüche so wichtig nicht finden. Entfernt vom Ereignis, ohne den Tonfall, den Charme und das Charisma der Frau wirkt vieles manieriert, und es könnte sein, das Verdienst der Rahel von Varnhagen bestand vor allem darin, einen Salon zu haben, in dem sich kluge Männer jener Zeit beim Abendbrot gegenseitig anregen konnten.

Zum Dank dafür ist diese Frau als der eigentlich anregende Geist im damaligen Berlin gefeiert worden. Geben wir zu, daß viel mehr von ihr nicht erreicht werden konnte, als in einem Atemzug mit den Brüdern Humboldt, den Brüdern Schlegel, Ludwig Tieck und Heinrich Heine genannt zu werden. Der nun nennt den bewundernden Ehemann Varnhagen seinen „wahlverwandten Waffenbruder“. Friedlich gestimmt, können wir dankbar sein, daß es den Salon gegeben hat und er „als Zentrum der Berliner Romantik“ im ziemlich trokkenen Stadtklima eine Sehnsucht nach geistigem Austausch befriedigte, dessen Früchte freilich zu unterschiedlicher Größe gediehen. Wir könnten solches brauchen, keiner der dafür ausgewiesenen Klubs hat bisher funktioniert. Vermutlich darf man so etwas nicht organisieren, und ein literarischer Stammtisch der jüngeren Zeit hat gezeigt, ein Mittelpunkt entsteht und hält sich durch ein paar Leute und verschwindet mit ihnen. Das Gespräch pflegen, wer kann das heutzutage schon, so offen, wie wir es brauchten, so streitbar, wie es einzig anregend wäre – und wen würde man zu Gast haben? Die widerstrebenden Geister kaum, die fliehen nun einander. Statt pro und contra auszutragen, teilen sie sich ihre Meinung in internationalen Gazetten mit.

Ach, Charlotte Stieglitz, der Überschwang der Frauen ist die halbe Schwäche der Männer. Aber die Ausnahmen haben die Welt bewegt.

In unzähligen Stunden hat die heroische Marie Curie in der Waschküche mit dem Radium Weltmacht zusammengerührt. Die Ehe von Pierre und Marie Curie wird als eine der glücklichsten Lieben gerühmt, auch von den eigenen Kindern. Ob einer von beiden mehr getragen, mehr geliebt und mehr gelitten hat, worin das Geheimnis der bis zum Tod haltenden Liebe bestanden hat, wir wissen es nicht.

Es ist ein Beispiel der eigentlich nicht wahrscheinlichen Art. Soviel Niederlagen bei der aufwendigen Suche nach dem vermuteten Ergebnis, das ergibt doch für gewöhnlich Zank und Schuldzuweisung.

Später, später, aber unabwendbar, kam aus der Arbeit dieser beiden Menschen die Atombombe zustande. Ohne die hätten wir es gut ausgehalten. Aber sie haben nicht wissen können, daß sie so etwas wie Trägerzellen waren, an die sich der menschliche Erfindungsgeist klammerte, auf der Suche, unaufhaltsam, Gut und Böse nicht achtend.

Ich umkreise eine andere Frau. Sie war bedeutend, warum sonst hätte man sich mit ihr zu befassen. Ich bin auf ihren Spuren gereist. Sie ist zu spät gestorben. Das klingt unmenschlich, aber ihr Ende war so, ich hätte ihr ein gnädigeres gewünscht. Ich meine, daß sie nicht mehr wirklich lebte, als sie mit fünfundachtzig Jahren starb. Sie hatte kein tragisches, sondern ein folgerichtiges Ende, das sie hätte voraussehen können, so klug war sie. Ein Ende in der Einsamkeit, verspottet, ausgelacht, unappetitlich.

Auch diese Frau ist nicht denkbar ohne die Umstände und Prägungen der Zeit, in der sie jede ihrem Geschlecht vorgezeichnete Bahn verließ.

Daß sie ursprünglich Berlinerin war, hat sich im Lauf ihres Lebens um für sie bedeutenderer Stationen willen verwischt.

Sie hatte Männer zu Freunden. Einen davon liebte sie. Er regte sie künstlerisch an, lange bevor sie ihn auch in neue Ideen mitreißen konnte.

Sie ist mit ihm, unverheiratet, gereist. Da war sie siebenundzwanzig Jahre alt, also erwachsen, aber es war kurz nach der Jahrhundertwende, also längst nicht die Zeit für solche Freisinnigkeit, oder schon wieder nicht mehr, denn für ausgefallene Leute wie George Sand und Chopin, wie Forsters Frau, wie die Caroline Michaelis-Böhmer-Schlegel-Schelling war so etwas denkbar, in Kriegs- und Revolutionswirren, oder als Kaprice.

Diese hier aber reiste im „tiefsten Frieden". Daß er so tief nicht war, schnitt auch in ihr Leben ein.

Die Schwester von Paul Claudel, Gefährtin von Auguste Rodin, wurde eben als Bildhauerin entdeckt. Sie ist schon sehr lange tot. Also ist es noch länger her, daß sie Bildhauerin war. Wieder wäre unser fröhlicher Waldbursche besser am Platz gewesen als ein weltberühmter Bildhauer. Wie sollte sie sich neben dem als Künstlerin sichtbar machen? Da selbst er Befremden auslöste, selbst Kenner zögerten, seine Art als Kunstart anzunehmen? Sie klopft da auch ein bißchen herum, werden viele gedacht haben, und ihr Werk wurde auf Eigenständigkeit erst gar nicht untersucht. Sie hieß Camille Claudel und hat diesen Kampf in der Liebe und die Konkurrenz um das Werk nicht bestanden. Camille Claudel endete im Irrenhaus.

Nun kommt die Nachwelt und entdeckt, sie hat nicht nur den Mann ihrer Liebe gedeutet und gerühmt, sie hat auch selber geschaffen.

In Knaurs „Lexikon der modernen Kunst" wird auf Leben und Werk von Wassili Kandinsky verwiesen. Zu lesen ist, unter anderem, daß er in Moskau geboren wurde und in Nieully-sur-Seine gestorben ist, also in der Nähe von Paris. Er hat uns anzugehen als einer der anregendsten revolutionierenden Künstler der neueren Kunstgeschichte. Unser Interesse steht ihm auch zu, weil seine Werke nach der

Machtergreifung beschlagnahmt und als Beispiele entarteter Kunst verschleudert wurden. Kandinsky wurde neunzehnhundertzweiundzwanzig Professor am Bauhaus in Weimar, das drei Jahre später nach Dessau übersiedelte. Kandinskys Name kam nach 1933 nicht mehr in den Annalen vor. Den Namen Kandinsky habe ich in meiner Kindheit und frühesten Jugend aus ebendiesen Gründen nicht gehört. Sowenig wie den von Feininger, Kokoschka, Franz Marc. Mag sein, daß dieser Posten in der Gesamtrechnung klein wirkt, aber ich bewahre ihn, denn diese Maler haben in mir Liebe zu Bildern und Hunger auf mehr davon geweckt.

Ich habe aufgehört, mich zu fragen, ob ich sie richtig verstehe. Mir reicht meine Art, sie zu sehen, und die Stimmung, die sie in mir bewirken. Jeder von ihnen führte und verführte zu anderen Malern und Bildern.

Später stand ich vor den Originalen, die überdauert haben. Alle Vorgeschichte mischte sich ungebeten in den Augen-Blick hinein, so war reines Schwelgen, stille Freude allein nicht möglich. Die Bilder sind Zeugnisse einer wichtigen und unruhigen Zeit für die bildende Kunst, der Name Expressionismus sagt zuwenig und wirkt auch zu verschlossen. Abkehr vom Naturalismus, das alles geschieht ja nicht ohne Kämpfe, den Rahmen bildet die Zeit, und nichts geschieht ohne das überragende Talent einzelner, deren Kraft sich manchmal zusammentat.

Damals trafen sie sich in München, jeder von ihnen kam, um Handwerk zu erwerben, also eine Schule zu besuchen.

Der dreißigjährige Kandinsky hatte die Jurastudien und die Aneignung volkswirtschaftlicher Kenntnisse hingeschmissen und wollte sich in München ganz dem Malen widmen. Er wollte lernen. Als Schüler von Franz von Stuck ist er schwer zu denken. Der lehrte an der Akademie, hatte Schule, machte Schule, aber er war kein genialischer Maler und kein solcher Lehrer. Er lehrte Ordentlichkeit, Genauigkeit, er lehrte, wie er selber malen konnte. Neuschwanstein auf Leinwand. Er lehrte, Gegenstände zu malen.

Ein einziges Bild warf in Kandinsky den Sinn solcher Bemühungen auf den Müll. Er stand vor Monets „Les Meules“ und in seiner Autobiographie heißt es, er bemerkte, daß diesem Bild der Gegenstand fehlte, „merkte mit Erstaunen und Verwirrung, daß das Bild nicht nur packt, sondern sich unverwischbar einprägt. Das war die ungeahnte, mir bis dahin verborgene Kraft der Palette, die über alle meine Träume hinausging. Die Malerei bekam eine märchenhafte Kraft und Pracht.“ Welch ein Augenblick, welch ein wunderbarer Moment der Vision, aus den Träumen herauszutreten und jene künstlerische Welt zu schaffen, die vorher durch Normen eingeengt war. Kandinsky begriff, daß er malen mußte, was nur er sah, ihm geschah das Schönste, was es in der Kunst gibt: Aus dem Grübeln und der Schinderei wird die Mühe zur Lust, aus Suchen und Ausprobieren unstillbare Sinnlichkeit.

Kandinsky hatte die Kraft, seiner Erkenntnis zu folgen. Er sagte sich von allem überflüssigen Krempel los und gründete eine eigene Künstlervereinigüng, die „Phalanx“.

Er war damals schon alles, was einem Mann seiner aufregenden Persönlichkeit zustand. Mitglied im „Deutschen Künstlerbund“, im „Pariser Herbstsalon“, der „Berliner Sezession“.

Die Jahre 1903 bis 1907 „fanden ihn auf Reisen“. Eine sehr merkwürdige Formulierung. Haben sie ihn gesucht, die Jahre? Ihn auch gefunden? In Tunesien, Holland, Italien? In Sèvres bei Paris wäre er ein Jahr lang zu finden gewesen.

Aber er war nicht allein. Das verschweigt uns das Lexikon. Es würde bereitwillig ausplaudern, wäre der Freund Franz Marc mit ihm auf Reisen gewesen. Dann hätte sich ja eine bedeutsame Künstlerfreundschaft auf Tour gemacht. Diese Reise zum Sehen, Erkennen, und um die Welt auf sich wirken zu lassen, teilte Gabriele Münter mit Kandinsky. Wie das Bett und den Wunsch nach Ewigkeit ihrer Beziehung.

Gabriele Münter und Kandinsky waren sich in München begegnet und gehörten demselben Kreis von verwerfenden, ausprobierenden, streitenden und solidarischen Künstlern an. Kandinsky war zehn

Jahre älter als die Münter, beide alt genug für eine große Passion, in der die künstlerischen Absichten ebenso ihren Platz fanden wie Zweisamkeit trotz des lebhaften Freundeskreises.

Die noch vorhandenen Zeichen deuten darauf, daß Kandinsky der Münter mehr bedeutete, daß sie ihn geliebt und bewundert hat in erschöpfendem Maß. Neben ihm hatte lange Zeit nichts anderes auch nur Sinn.

Am Ende dieser langen Reise von mehreren Jahren bezogen beide in München eine gemeinsame Wohnung.

Etwa zur gleichen Zeit hatten sie im bayerischen Murnau zum erstenmal die Hinterglasmalerei gesehen, die dort in den Bauernhäusern als Volkskunst oder Hausindustrie geschaffen oder angefertigt wurde. Da gab es Handwerker und naive Künstler. Es gab auch schon wenige Sammler dieser eigenartigen Darstellungen, meist Motive, die Trost sein sollten für schwere Stunden. Da liegt etwa ein Kranker im Bett, und zu seinen Häupten sitzt Jesus Christus, das Kreuz an sein Knie gelehnt, als wär es leicht und leicht zu ertragen. Aber der tröstende Vergleich soll den Kranken erinnern, Jesus Christus habe viel mehr gelitten als er, der große Dulder tröstet den Kranken, der Vergleich erhebt ihn über sich.

Kandinsky war angerührt, die Münter aber fasziniert und geweckt wie durch Glockengeläut. Sie wandte sich diesen Bildern zu, und zunächst erwarb sie Kenntnisse. Das Glas bekam sie leicht, es stand zurechtgeschnitten für tausendfache Wiederholung der gleichen einfachen Motive in den Häusern, wurde von Kraxentragern abgeholt und bis in weit entfernte Gegenden getragen und verkauft.

Man hat den Malern jenes Künstlerkreises in München oft vorgeworfen, sie hätten mit Gewalt den Bruch mit der Tradition gewollt, damit den Boden unter den Füßen mißachtet, ihr Übergang sei zu kraß gewesen, deswegen hätten sie kein Verständnis gefunden.

Eher das Gegenteil ist wahr. Gerade die Künstler um Kandinsky, Franz Marc und Jawlensky suchten neue Wege in der Kunst, aber sie entdeckten und erkannten bei ihrer Suche den Wert der Ursprünglichkeit künstlerischer Ausdrucksformen, auch der Tradition von Marterln und, den Ikonen ähnlichen, Hinterglasbildern.

Im „Blauen Reiter“ haben sie leidenschaftlich dargelegt, daß die neue Kunst dort anschließen muß, wo das Natürliche der Kunst aufgehört hat, daß die Fortsetzung nicht in der Vervollkommnung des Künstlichen liegen kann. Im „Blauen Reiter“ sind zwölf Abbildungen solcher oberbayerischer Hinterglas- und Spiegelbilder.

Dieser Almanach bereitete den Bannfluch durch die mörderischen Tümelnden vor. Wie sollten die Künstler nicht als entartet aussortiert werden, da ihr „Blauer Reiter“ nicht nur oberbayerische und die eigenen Werke darbot, sondern auch Zeugnisse angeblich primitiver Kulturen, Kunstwerke aus allen Teilen der Welt.

Die Maler, die sich dem Kreis zugehörig fühlten, wollten für jeden von ihnen, was in der Kunst unumgänglich ist, einen unverwechselbaren eigenen Weg. Daß der aber neu von den Quellen ausgehen mußte, darin waren sie sich einig.

Gabriele Münter war in Murnau die erste, die sich Glas nahm und das Handwerk erwarb. Sie kopierte zunächst, später durchbrach sie die den Votivbildern gesetzte Grenze, den Inhalt. Die Münter hat in ungezählten Kopien der Technik nachgespürt, die so einfach nicht war. Aber das ist oft so in der Volkskunst, man denke an die sorbischen Ostereier oder an das Klöppeln. Wenn man es kann und es sich vererbt, scheint es ganz einfach. Es ist weit schwieriger, als nicht mehr naiver Künstler das Verständnis für das Wesen einer Sache zu erwerben, in der Chancen für die Kunst stecken, ohne daß schon Kunst vorliegen muß.

Über das Jahr 1908 und ihre eigene Emanzipation als Künstlerin schrieb Gabriele Münter: „... ich habe da nach einer kurzen Zeit der Qual einen Sprung gemacht – vom Naturabmalen – mehr oder weniger impressionistisch – zum Fühlen eines Inhaltes – zum Geben eines Extraktes ...“

Die Qual ist nachfühlbar. Die Suche nach dem eigenen Ausdrucksmittel konnte ihr niemand abnehmen, aber die Freude in ihr, die große

Erregung, etwas gefunden zu haben und es erwerben zu müssen, konnte sich auch als Irrweg erweisen. Sie zweifelte an sich, immer schon, sie zweifelte, ob sie da einer großen Möglichkeit auf die Spur gekommen war oder ob das nun schwer zu schaffende Einfache nicht auf ein kleines einfaches Talent wies.

Aber die Qual lähmte sie nicht. Sie arbeitete sich dieses Leiden an sich selber weg.

Schon nach einem Jahr intensiver Lehre am Bild ging Gabriele Münter einen erstaunlich sicheren Weg zur eigenen Darstellung. Sie fing an, ihren Augen zu vertrauen. Was sie sah, hielt sie immer in seinen Umrissen sofort fest. Erst bei der Ausführung erhielt das Bild eine über das Sichtbare hinaus berührende Atmosphäre.

Zwischen diesen Hinterglasbildern und ihrer anderen Malerei entstand eine Korrespondenz. Sie übernahm Teile der Technik, die sie soeben erworben hatte, weil sie ihrer Vorstellung und ihrem Wesen gemäß waren, nun auch für Bilder anderer Art.

Gabriele Münter schrieb als über achtzigjährige Frau: „Was mich betrifft, so lernte ich diese Technik von Kandinsky, gleichzeitig aber auch von den bunten Hinterglasbildern der bayerischen Bauern in der Murnauer Gegend, die seit Jahrhunderten so malen.“ Sie meint damit den Verzicht auf Schattierung und die besondere Betonung der kräftigen Kontur, durch die das Bild bereits als Komposition festgelegt wird.

Bilder sind nicht zu beschreiben, das gehört sich auch nicht. Aber ich wünschte, ich könnte die Sehnsucht danach wecken, sie zu sehen.

„Der blaue Reiter“, zunächst ein Bild von Kandinsky, dann Titel des kostbaren Buches, das seine zweite Auflage im Jahr neunzehnhundertvierzehn in München erlebte, und eben jetzt, in diesem Mai neunundachtzig, sehe ich es nicht ohne Erregung für neun Mark bei uns angekündigt, mit „farbigen Tafeln“. Für neun Mark, vor mir liegt das geliehene kostbare von damals, zu treuen Händen vorübergehend überlassen, nun wird es für neun Mark zu kaufen sein. Das macht mich unruhig. Wie kann es schon aussehen, für neun Mark.

Die zweite Auflage erschien im Jahr der Anzettelung des ersten Weltkrieges, zwei Jahre bevor Franz Marc bei einem Patrouillengang im Morgengrauen erschossen wurde.

Marc und Kandinsky bekennen im Vorwort zur zweiten Auflage, daß ihr Hauptziel mit der ersten Auflage fast unerreicht geblieben ist. Sie wollten durch Abbildungen und Darlegung ihre Meinung beweisen, daß die Formfrage in der Kunst eine sekundäre ist, gemessen an der inhaltlichen.

Sie trösten sich: „In der Praxis hat ‚Der blaue Reiter' recht behalten. Das formell Entstandene ist gestorben ..., und so geht das Leben, die Wirklichkeit, den eigenen Weg ..., das Publikum (zu dem viele Kunsttheoretiker zählen) fährt im Gegensatz zum geistigen Streben der Zeit fort, mehr als je das formelle Element ausschließlich zu betrachten, zu analysieren, zu systematisieren ... So ist vielleicht die Zeit für das ‚Hören' und das ‚Sehen' noch nicht reif."

Im März 1914 schreibt Franz Marc: „Eine Erfüllung wird sein, irgendwann, in einer neuen Welt, in einem anderen Dasein. Wir können auf Erden nur das Thema geben ....

Wir gingen mit der Wünschelrute durch die Kunst der Zeiten und der Gegenwart ... Wir zeigten nur das Lebendige, das vom Zwang der Konvention Unberührte. Allem, was in der Kunst aus sich selbst geboren wird, aus sich lebt und nicht auf Krücken der Gewohnheit geht, dem galt unsere hingebungsvolle Liebe ..., der große Trost der Geschichte war von jeher, daß die Natur durch allen verlebten Schutt hindurch immer neue Kräfte emporschiebt; wenn wir unsere Aufgabe nur darin sähen, auf den natürlichen Frühling einer neuen Generation zu weisen, könnten wir dies ruhig dem sicheren Gang der Zeit überlassen; es läge kein Anlaß vor, den Geist einer großen Zeitenwende mit unseren Rufen heraufzubeschwören."

Marc schreibt, sie setzen den großen Jahrhunderten ihr Nein entgegen. Und wissen wohl, daß sie mit diesem einfachen Nein „den ernsten und methodischen Gang der Wissenschaften und des triumphierenden ‚Fortschritts' nicht unterbrechen werden". Sie „gehen einen Seitenweg“, schreibt er, „der kaum ein Weg zu sein scheint, und sagen: Dies ist die Hauptstraße der Menschheitsentwicklung.“

Marc hatte recht, der großen Menge war der Weg zu steil und unbegangen.

Über ein mögliches neues Buch nach dem „Blauen Reiter“ schreibt Marc, es käme vielleicht, wenn sie wieder allein seien. „Wenn die Modernität aufgehört haben wird, den Urwald der neuen Ideen industrialisieren zu wollen. Ehe das zweite Buch erfüllt wird, muß vieles abgestreift und vielleicht mit Gewalt abgerissen werden, was sich in diesen Jahren an die Bewegung angeklammert hat.“ Marc hat Angst vor der Menge, ihrer Gier und „Unreinheit“, und er schreibt vom Ringen um reine Gedanken, nach einer Welt, „in der reine Gedanken gedacht und gesagt werden können, ohne unrein zu werden“.

„Wie bewundern wir die Jünger des ersten Christentums, daß sie die Kraft zur inneren Stille fanden im tosenden Lärm jener Zeit.“

Das „Russenhaus“, in dem Kandinsky und Münter lebten, steht noch, es ist nicht so zerpflegt wie die Häuser ringsum, deren Eigenart der weiße Riese zugeschüttet hat. Es duftet aus allen Fenstern gleich sauber, rein, porentief. Der Garten der Münter scheint mir, jetzt in der Erinnerung, wildwüchsig, natürlich. Aber da mich bei diesem Anblick sofort das Unbehagen überfiel, der Garten deute auf baldige Veränderung in ordentlichen Zustand, weiß ich nicht genau, ob Bäume und Wiese wirklich so gartenlaubig aussahen oder ob meine Erinnerung es so gerichtet hat.

Das Haus ist nicht komfortabel. Die Wangen der Treppe sind von Kandinsky bemalt. Etwas ausgebleicht, haben die schlichten bäuerlichen Motive der Lauge und der Zeit widerstanden. Das war ein braver Kandinsky oder ein verspielter, der hier alten Motiven keine Verfremdung angedeihen ließ. Ein Raum ist original dem ehemaligen Wohnzimmer der beiden nachgestellt, auch die Tür steht halboffen, so daß man ins Schlafzimmer sehen kann. Wie auf dem Bild der Münter, an das man sich hielt, als das schon Verstreute wieder zusammengebracht wurde. Gabriele hatte auf dem Bild in ihrer eigenartigen

Genauigkeit, die manche, nicht alle ihre Bilder haben, festgehalten: wie das Licht war, wo die Möbel standen und Wassili, der im anderen Raum aus dem Bett guckt.

Um das Haus zu sehen, muß man Eintritt bezahlen. Die Enkelin der jetzigen Besorgerin kann sich nur noch dunkel an die alte Frau erinnern, die im Dorf unbeliebt war und von den Kindern als Hexe ausgeschrien wurde.

Sie war schwierig, sagt sie. Die Leute haben sie nicht verstanden. Sie hatte kein Geld. Um Naturalien hat sie den Bauern ihre Bilder gebracht, die haben sie um Christi willen genommen und auf dem Boden abgestellt, bis eines Tages Leute aus München kamen und aus Amerika, die wollten die Bilder von der Münter kaufen. Da sind die Bauern mißtrauisch geworden und haben sie nicht hergegeben, sondern auf höhere Angebote gewartet. Auf den Böden liegt noch viel. Aber wundern tun die sich bis heute, daß jemand diesen Bildern hinterher ist, und sie können noch immer nicht glauben, daß dös wos is.

Die Räume erschließen sich nicht, mir nicht. Ich will empfinden und denke intensiv an die Frau, die dann alt, schmutzig und häßlich gewesen ist, an ihre Tränen und dieses kleine Stück Lebensglück, das sie hier in Murnau gefunden hat.

Es sieht alles so hingestellt aus, so traurig unbelebt, nicht authentisch. Die Münter kann ich hier nicht finden.

Sie ist als einzige in diesen Ort zurückgekehrt. Von einer Reise, die ihr den Verlust ihres Lebens brachte. Kandinsky mußte Deutschland verlassen, als der erste Weltkrieg ausbrach. Er reiste nach Rußland. Die Münter ging nach Schweden, um so leichter mit Kandinsky Briefe wechseln zu können. Sie verließ damit ihren Boden unter den Füßen, denn sie bedurfte dieser Landschaft, brauchte das Licht, die Motive, zu denen die Art ihrer Kunst paßte.

Kandinskys Briefe kamen immer seltener. Eines Tages teilte er ihr mit, er habe eine andere geheiratet. Das war im Juni 1917. Für sie war er der Mann in ihrem Leben. Weder über die Verbindung noch über die Trennung, nicht einmal über deren Art ist zu rechten. Was sich zwischen den beiden begeben hat, mag Liebe gewesen sein, ein Nehmen und Geben war es gewiß.

In München, im Lenbach-Haus, stellen sich die Dinge wieder her. Auf den ersten Blick hängen hier nur, allerdings schön und werkgemäß, wichtige Bilder jener Zeit.

Aber in Murnau ist es persönlicher, kann man doch etwas mehr als über Bilder erfahren.

Eben nicht. In Murnau, dem Ort, der sich so verschlossen zeigt, erwachte die Phantasie um Gabriele nicht. Nur Alter und Verfall und unterliegender Vergleich zur Umgebung, muffiges Wesen und kaum nachvollziehbares Leben drängten sich auf.

In München im Lenbach-Haus sind die Bilder befreit von allem, was ihre Maler tragisch beschattete oder abhielt, die wichtigen Wege weiterzugehen. In Murnau kam Kandinsky einmal am Abend nach Hause. Es war Sommer, und seine Augen stellten sich in dem veränderten Licht nicht sofort um. Er sah auf dem Fußboden ein Bild stehen, von der hereinflutenden Sonne so verfremdet, daß er entzückt näher trat, um dieses neue Bild zu sehen. Er selber aber hatte es am Tag vorher gemalt, mit genaueren Konturen und abgesetzten Farben. Die Sonne hob diese Trennungen wundersam auf und gab dem Bild eine eigene Bewegung und Bedeutung. Kandinsky erkannte an diesem Beispiel, wo er suchen, wie er sehen mußte. Er machte sich frei von jedem Naturalismus und gab seine Bilder an den Betrachter her zu dessen eigener Empfindung. „Was wollte uns der Maler damit sagen", das interessierte ihn nicht mehr. Seine großen Werke sind nicht gegenständlich. Das kann sie zum Gegenstand meines, deines Träumens, unserer eigenen Empfindungen machen. Das scheinbare Chaos von Linien und Farben, von angedeuteter Realität oder Naturerscheinung, gehorcht der inneren Ordnung des Künstlers. Einen Wegweiser, nach dem ich in mir dieselbe Ordnung herstellen kann, gibt es nicht. Jeder Tag ist ein anderes Universum. Wenn das Bild darin seinen Platz finden soll, bedarf es der Bereitschaft, lebendige, sich ändernde Welt als Teil einer großen, vielleicht nicht erklärbaren, bis zu Ende möglicherweise kaum erkennbaren Ordnung für schön und wichtig zu halten.

Die Perioden seines Schaffens wurden alle benannt, es gibt eine architektorale, eine Kreisperiode, das ist für Wissenschaftler oder Malstudenten vielleicht wichtig, denen auch nur für etwaige Prüfungsfragen.

Wenn du Bilder liebst und sie nicht analysieren mußt, ist es nicht wichtig. Gesagt werden sollte nur, der Mann war kein Spinner und keiner, der sich davor drückte, Bilder wie Fotografien zu malen.

Er hielt, wie Franz Marc, rote Pferde auf blauem Gras für etwas, was im Auge des Betrachters Wirklichkeit hat.

Gabriele Münter folgte den Gedanken und blieb dennoch in eigensinniger und überzeugender Weise bei ihrem eigenen Ausdruck und einer Technik, die sich ihr erschlossen hatte und ihre Leidenschaft wurde. Das Wichtigste für sie war das Erfassen einer so nie wiederkehrenden Wirklichkeit, eines Augenblicks, in dem die Dinge waren wie vielleicht nie vorher und nie wieder. Sie sah die Bäuerin mit ihren Kindern so im Hof, oder die winterliche Straße, oder die „Zirkusreiterin“.

Als Malerin brachte sie die Kraft des Sehens, die Kühnheit des Festhaltens ersten Eindrucks und die Schlüssigkeit der ausführenden Phantasie zusammen.

Franz Marc: „Es ist wahnsinnig schwer, seinen Zeitgenossen geistige Geschenke zu machen.“ Er berichtet von der Wut und Entrüstung, mit der Meier-Graefe angegriffen wurde, als er seinen Landsleuten die wunderbare Innenwelt von Greco nahebringen wollte. „Er hat sich damit in Deutschland fast unmöglich gemacht.“

Einem anderen erging es noch schlimmer. Dem heute ebenfalls beinahe vergessenen großen Mäzen und Verfechter der modernen Kunst Hugo von Tschudi ist der Almanach „Der blaue Reiter“ gewidmet.

Tschudi starb mit sechzig Jahren, er wurde geliebt von den Malern der jungen Kunst und zeit seines Lebens unflätig angegriffen. Zusammen mit Max Liebermann reiste er als Direktor der Berliner Nationalgalerie nach Paris, um, von Liebermann beraten, Hauptwerke der Impressionisten zu kaufen, während Frankreich selbst noch zwei Jahre später kaum zu bewegen war, eine Sammlung impressionistischer Bilder als „Schenkung Baillebotte“ anzunehmen.

Wilhelm der Zweite hatte sich vor der Nachwelt schon einmal unsterblich blamiert mit seiner Äußerung: „Bei mir werden die Freilichtmaler ein hartes Leben haben, ich werde sie unter meiner Rute halten.“ Was seine Rute anlangt, so hat sie ihm wenig Ruhm eingebracht. Tschudi allerdings mußte auf direkte Veranlassung von jenem sein Amt niederlegen. Er war schwerkrank und ein sensibler Mann, dem die üblen Nachreden wohl zu schaffen gemacht haben, aber er ließ sich in seiner fortschrittlichen Gesinnung bis zu seinem Tod nicht beirren.

Ab neunzehnhundertundneun war er Direktor an den Staatlichen Galerien in München. Während der letzten Jahre seines Lebens schenkte er München eine Reihe der wertvollsten impressionistischen Gemälde. Wir aber, die wir uns in unserer „Nationalgalerie“ mitunter einer gewissen Belustigung über die Putzigkeit der Zusammenstellung nicht erwehren können, finden, wenn wir nur wollen, die Ursachen nicht nur in den Weltkatastrophen, sondern auch beim Potentaten und seinem Kunstgeschmack.

Das klingt so, als hätten wir aus der Geschichte und solchen Geschichten mehr als das übliche Maß gelernt: fast nichts. Aber das ist nicht so. Da es zu leicht belegt werden kann, halte ich mich heraus und überlasse es der Nachwelt, den Kopf zu schütteln über das, was uns an Borniertheit unterlaufen ist.

Franz Marc meinte, „wenn seine Mitwelt die geistigen Geschenke schon nicht haben wollte, es wird noch schwerer, sie wieder loszuwerden“. ... „Der Geist bricht Burgen.“

Mag sein. Die Münchner Künstler jener Zeit haben sich auch für Picasso eingesetzt, auf den die übrige Welt damals kaum mehr als für ein lahmendes Pferd gesetzt hätte.

Es genügt heute nicht mehr, Verbote aufzuheben. Nach so langer Zeit bedarf es behutsamer Vermittlung, die muß permanent sein und ihren eigenen Stil finden, ach, es bedürfte der Leidenschaft.

Mich fasziniert die Künstlerin Münter, aber auch jenes dumme Frauenzimmer Gabriele, das einem Ort die Treue hielt, der sich zu ihren Lebzeiten nur in Verärgerung für sie interessierte. Murnau war ein ihr heiliger Ort, sie hätte ihn verlassen müssen, denn was er ihr geben konnte, besaß sie schon, und wenn es eine riskante Unterbrechung der für sie wichtigsten Eindrücke gab, dann war es ihre Übersiedlung nach Schweden.

Die Münter hat sich als Malerin gewiß unterschätzt. Was sie von sich als Frau gehalten hat, ist nicht mehr zu erfahren. Oder nur zu erahnen. Wenn die überbliebenen Gegenstände, die Fotos von ihr und die Bilder wahr sprechen, war sie eine unbräutliche Frau. Sie hatte nichts Strahlendes, ich kann sie mir schwer in Leidenschaft verstrickt vorstellen. Sie anerkannte andere als bedeutender. Zu ihren Lebzeiten erfuhr sie, nach Kandinskys Trennung von ihr und nach dem Tod von Franz Marc und Hugo von Tschudi, keine Ermutigung mehr. Als sie ihre Bilder um Brot und Milch hergab, malte sie noch immer, aber Ruhm oder auch nur Anerkennung waren nicht zu erwarten.

Kandinsky ist seinen Ideen konsequent gefolgt. Er hat die Mathematik in seine Überlegungen einbezogen und die Inspiration, je freier sie zu strömen schien, um so gefestigter einer Idee untergeordnet. Er erfand Formen, die es vor ihm nicht gab.

Frei ist auch die Münter geworden, hätte sie sein können. Auch sie sprengte den Rahmen, der ihr zugestanden hätte. Dennoch hat sie draufgezahlt. Daß sie als Künstlerin klug war, bedeutet nicht, sie habe das als Frau anzuwenden gewußt oder den heraufziehenden Zeichen schlimmer Zeit genügend Beachtung geschenkt. Sie ist nicht fertig geworden mit Jahrzehnten der Einsamkeit, in der sie von Erinnerungen lebte. Sie wußte sich ungeliebt und wurde unzugänglich. Sie war großartig, in der Jugend eher unschön, im Alter ohne Anmut. Mehr als die Hälfte ihres langen Lebens zehrte sie von der Zeit mit Kandinsky.

Das „Russenhaus“ steht auf dem Hügel, wie abwartend, nicht mehr bewohnt, noch nicht Museum. Und Murnau sperrt sich noch immer diesem Haus, aus weltgeschichtlichen Gründen dessen ehemaligen Bewohnern und einem Stück Kunstgeschichte. Ein so unscheinbares Wegschild wie das zum Münterhaus weisende habe ich höchstens für Bauden gesehen.

Wo Franz Marc gelebt hat, dorthin kommen viele sehr junge Menschen als Besucher und Betrachter. Der kleine Ort heißt Sindelsdorf, und außer Marc schließt ihn nichts an die Welt an.

Wie verwegen, Marc und Kandinsky in einem Atemzug zu nennen, weil sie ein paar Jahre lang um dasselbe stritten und sich gemeinsam um die Kunst bemühten. Als Künstler war jeder ein Universum für sich. Anders als Kandinsky hatte Marc ein demütiges, fast gläubiges Verhältnis zur Schöpfung.

Als er vor Verdun fiel, war er erst sechsunddreißig Jahre alt. Wir nehmen seine Hinterlassenschaft als Gesamtwerk, aber was wissen wir, an welchem Anfang er gerade stand, als ihn der Krieg verschlang. Wir lesen, „Der Turm der blauen Pferde“ war eines seiner bedeutendsten Werke, aber wir können es nicht messen an den Bildern, die er gemalt hätte, wenn es ihm vergönnt gewesen wäre, so steinalt zu werden wie die Münter.

In Sindelsdorf, in seinem ehemaligen Haus, überwältigt mich der Eindruck eines Lebens mit seinen Daten und mit Briefzitaten. „Bewahr mir deinen lieben Leib und alles, was mir gehört ...“, schrieb er am Tag vor seinem Tod an seine Frau. Auch ihr Foto gibt keine Auskunft, was an ihr besonders gewesen sein könnte, sie sieht bieder aus, eher verkleidet. Aber ich erinnere mich an meine Kindheit, in dieser und auch in österreichischen bäuerlichen Gegenden gibt es schöne Männer und oft unschöne Frauen.

Eine Hoffnung will mir flüstern, wir kehrten zurück zu schon einmal Gewußtem und halten den überfordernden Extrakt von James Joyce in der Literatur ebenso aus wie die Versuche der Maler, einer anderen als der platt ablesbaren Wahrheit auf die Spur zu kommen.

So, daß Liebespaare fliegen – tun sie es etwa nicht? –, daß Farben miteinander reden und die Welt hinter unseren Augen dem Mitmenschen einen Fingerzeig gibt, nicht mehr, einen Fingerzeig, die Welt hinter seinen Augen wichtig zu finden.

Dringlich zu entdecken bleiben Frauen. Solche wie Gabriele Münter.

Ich war nicht an ihrem Grab, ich bin zu ihren Bildern gegangen. Tu du mit mir so. Wenn ich nicht mehr lebe, denk an ein Lied von mir und meide den Ort, an den ich erst komme, wenn ich nicht mehr bin.

1989

schuf die Vorstellung, einem trostlosen langen Winter sei kein Frühling gefolgt, der in Erinnerung bliebe.

Unwahr ist das nicht. Es war kalt, die Blüten zogen sich erschreckt wieder zurück, selten haben wir das Wort Bodenfrost so oft gehört. Bodenfrost, das war nicht nur in den Gärten so, die ganze Erde schien von Bodenfrost befallen zu sein.

Dennoch kehrten auf einmal bessere Nachrichten ein, aus dem eigenen Umkreis und in die großen Zusammenhänge. Jeder bedurfte dessen, aber danach hat sich das Leben auch sonst nie gerichtet.

Draußen singt eine Drossel. Das nimmt sich sonderbar aus zwischen dem Halbgebauten, dem Lärm beim Wiederaufbau der Friedrichstraße.

Vielleicht bald, daß sich die abendliche Ödnis, die für eine Großstadt beängstigende Leere nun verliert. Menschengedränge soll sein nach Feierabend, mit Gaststätten, in die man einfach einkehrt, mal festlich, mal auf die Schnelle.

Stunden noch vor ihr, bis sie aufstehen müßte. Die Fenster sind weit geöffnet. Heute ist Samstag, das Enkelkind wird kommen, beim gegenseitigen Berichten werden alle Vorkommnisse und Ereignisse dieser Woche ihren Zorn und ihr Lachen abkriegen.

Das Kind hat Spaß und ist überfüllt mit Einfällen, das renkt ein und lenkt ab.

Ein Gedanke hält sie noch fest, sonst kaum Erstrebtes wird angenehm vorstellbar.

Geld haben, ganz unbesorgt sein können um das Alltägliche. Ein Traum in der Nähe von grobem Unfug, er läßt die Herausforderung aus. Aber er ist da. Müdigkeit mag im Spiel sein, Tribut für den Ansturm, den immer der Kopf aushalten muß. Volleyball wäre gesünder.

Sie hat so leben wollen, und dennoch läßt sie einen Wunsch zu.

Ruhe in eine zuerst überhastet und darum mit so viel Irrtum und Korrektur eingerichtete Wohnung, in der nie alles endgültig steht oder liegt. Sie haben aufgepaßt, daß sich beim Zusammengehn keins von beiden übermäßig anpaßt, denn sie waren schon geprägt.

So entsteht Sammelsurium.

Die Wohnung hat auch zu kleine Räume und ist um ein oder zwei Zimmer insgesamt zu klein, für Leute ohne aushäusige Werkbank. Nur die Sitzungen, Beratungen, Versammlungen und nötige Reisen führen beide fort.

Ihr Zimmer ist besonders klein. Sie möchte einen großen Raum haben, in den die Küche einbezogen ist, mit einer hölzernen Theke, damit der Kochende für alle anderen sichtbar hantieren kann, und es duftet, duftet. Solcher Duft regt die Sinne an, die Sinne regen die Arbeit an.

Sie haben nur die Neubauküche ohne Fenster, mit dem schlecht funktionierenden Abzug.

Noch immer träumt sie von einem Raum mit Platz für barocke Genüsse, wo essen und reden nicht dauernd unterbrochen werden muß, wo die Konfitüren in Reichweite stehen, die Würzgefäße nicht nach jeder Mahlzeit wegzuräumen sind.

So haben sie es nicht. Sie muß achten, daß die Schiebetüren ihres raffiniert aus dem üblichen Handelsangebot gewerkten Kleiderschrankes dicht geschlossen sind, sonst zieht der Duft von Zwiebeln und Knoblauch, wenigstens am Wochenende reichlich in die Mahlzeiten gemischt, in die Kleider, die nach Parfüm duften sollten.

Dennoch liebt sie dieses Eckzimmer, ungeachtet der zimperlichen Ausmaße.

Gelebtes wertet um, mischt sich ein, schafft Sehnsucht nach einer Atmosphäre mit dem Duft von geschnittenen Blumen und dem Glanz von Kerzenlicht. Tulpen als erste Frühjahrsgrüße auf dem Tisch und heißer Tee am Morgen, das sind Genüsse.

Neulich hing ein Bündel Schneeglöckchen an ihrer Wohnungstür und weckte Erinnerung an die jungen Tage ihres Lebens, da sie selber die ersten Blumen des Jahres auf den Schneewiesen sammelte und beim Hochblicken die schneebedeckten Alpen sehen konnte. Geliebte Landschaft, die im Gedächtnis niemals verblaßte.

Warum aber denkt sie jetzt an charmante Gezähmtheit, mit der sie durch Räume gehen könnte, und das Wort Termin wäre ihr ebenso unbekannt wie die schlichte Wahrheit, daß ihre Art Leben nicht nur Fäden braucht, die sich verwickeln können, sie tun es auch, und manchmal rollen die Knäuel durcheinander, oder die Schafe erscheinen in der Stube, wollen geschoren sein, sonst gibt es nicht Fäden noch Knäuel.

Unfug einer Sehnsucht, sie könnte im Dämmern leise durch Räume gehen und mit sanfter, ruhiger beringter Hand Vorhänge schließen, in Zimmern mit schweren Möbeln. Erbstücke, die selber Persönlichkeit sind.

Das Hochhaus wird sie nicht um Generationen überleben. Gebaut in einer Phase kurz vor kühneren und liebevolleren Entwürfen, bildet es einen Widerspruch. Neu genug zum Herzeigen, schon überholt, begehrt als Adresse trotz unzulänglicher urbaner Infrastruktur. Ärgerlich, denn einen Fischladen gibt es hier sowenig wie einen Bäcker, kein Gemüsegeschäft, keine Drogerie.

Man stellt auch nicht ungestraft, gegen jede Erfahrung, solche Blöcke seitlich, da pfeift der Wind durch, und es ergibt sich keine berlinische Straße. Nun kommen kleine Brunnen und viel pflanzlicher Halbhochwuchs. Rings der korrigierende Eifer zeigt, daß wir keinen Fehler zu lange machen. Entmutigend, daß in den vorhandenen Einrichtungen kein Ehrgeiz gute Qualität zustande bringt. Das hübsche neue Cafe bietet nur fette Cremestücke an, warum nicht Plundergebäck, Streuselkuchen, Bienenstich? Keine Bäckerei in der Nähe, so stehen denn die Torten heute und morgen im Kühlschrank und kalten Büfett, bah! Und die Restaurants rings sind zwar großspurig nach Hauptstädten benannt, aber das Essen ist nicht danach.

Das Haus blättert außen, sein Kern dürfte schwer zerstörbar sein, aber sonst alles. Die Rohre aus Behelfsmaterial halten nicht stand, es ist eine einzige Flickerei, seit dem Einzug der ersten Mieter.

Eines Tages wird das Dach vielleicht dicht sein, aber schon stehen die Bauwagen bereit, um fünf Jahre lang die einen Rohre rauszureißen, weitere fünf Jahre lang die anderen einzuziehen. Spare mit jedem Pfennig, egal, was es kostet. Unentwegt muß etwas aufgerissen, abgedichtet, überbrückt oder ausgetauscht werden. Die Havarie wird auf dem Hof herausgetutet.

Hier hat sie die schönsten Jahre ihres Lebens gelebt, das ist der einzige Trost gegen dieses Haus mit seinen niedrigen Decken und häßlichen Gängen.

Dennoch fühlt sie sich hier zu Hause, liebt diese zusammengestoppelte Hornzje, es ist ein Dorf, ihre Gemeinde, und sie möchte spöttisch sein, aber das kann sie nicht, schimpfen schon, aber nicht lästern über die Summe an Unzulänglichkeiten.

Jetzt träumt sie, sie könnte auch anders leben und arbeiten. Nicht immer heftig die Kraft aufbrauchend, deren Grenzen sie ständig mißachtet. Als wäre ihr eine geheime Wahrheit zuteil geworden, sie hätte nichts zu fürchten, die Kraft wächst ihr nach. Oder ein anderer Antrieb: Sie hätte keine Zeit zu verlieren. Wie wäre das, am Morgen zu erwachen und nur zu sinnen, welches Gewand zum Wetter und Vorhaben passen könnte? Wenn sie lange vor einem Frisiertisch säße, einer sie bedienenden Frau lebenslänglich das Wort „Mädchen“ anhängend? So würde der Abstand zum gehobenen Frausein gravierend.

Sehen, wie die eine forträumt, was die andere achtlos hingelegt hat, wie sie herträgt, was sie aus Erfahrung gewünscht glaubt. Da müßte Madam anders sein. Genügt nicht, es anders zu haben. Nach einem Monat spätestens würde sie nachsehen, was das Mädchen liest, mit wem sie umgeht, ob nicht mehr in ihr steckt, als eine ausgeruhte andere Frau zu bedienen. Sie würde Kummer mit ihr beweinen und sie am Ende in eine ordentliche Tätigkeit oder studieren schicken, ihr die Stulle ans Bett bringen oder den abhandengekommenen Liebhaber.

Aber träumen, einmal, jetzt, das ist schön. Jemandem alles überlassen, was der Welt Getriebe fordert und wofür der eigene Kopf nicht kundig genug ist.

Sagen zu einem, aufblickend: Das weißt du besser als ich.

Sagen: Erzähl mir das nicht, sonst kriege ich wieder meine Kopfschmerzen. Sagen: Du wirst es schon richtig machen – und sich feige drücken vor der Nachfrage, was denn aus der Sache geworden ist. Wie fern in der Türkei lebt der Mann, schlägt sich herum mit Sachverhalten, von denen er seiner lieben Gefährtin, dem Dummerchen, nicht Mitteilung machen muß.

Auch sie hatte aus erster Verwirrung des Herzens den Versuch unternommen, sich dumm zu stellen. Es hat gekostet: Umwege, Zeit, Kränkungen, die den anderen trafen, der sich auf die eigene Männerrolle eingerichtet hatte und den der Aufbruch des jungen Weibes zu einem denkenden und widersprechenden, gar widersprüchlichen Wesen wie ein Vulkanausbruch traf.

Ein Mann also mußte herhalten als Grund für das Wagnis eigenen Lebens. Das war nicht bewußte Gemeinheit, sondern unbewußte Absicherung. Gelang es nicht, konnte Unterschlupf bei einem genehmeren Unterzeichnungsberechtigten gesucht werden.

Aber wär nicht zu denken, daß sie auch in diesem nun so geratenen Leben wieder einmal ruhig morgens ihren Tee trinkt, ohne nervös zu überlegen, was alles in die Taschen muß, keine der Unterlagen darf fehlen, und die Anrufe müssen vorher noch erledigt werden.

Und vergiß nicht die notwendigen Korrekturen im übernächtigten Gesicht, eine Frau hat die Pflicht, so auszusehen, als sei Leben nichts Abschabendes, mühelos kann das einmal den anderen gezeigte Gebilde aus Kosmetik und Miene täglich hergestellt werden. Dazu müßte auch die Seele gehören, die vor Zeiten einmal eine lachsüchtige und sentimentalische war, vorfreudige, auf das Leben hungrige, eine, die aus der flüchtigsten Begegnung etwas zu machen wußte, was nachging. Farbe und Duft konnte sie genießen. Die schwelgende Opernarie wie der Schmachtfetzen eines Ohrwurms paßten immer irgendwie gerade zum Eigenen.

Damals, in der Zeit des sorglosesten Umgangs mit der Kraft, hat sie überall Schule gefunden, aus dem Instinkt.

Wo sie ging und stand, redete sie mit imaginären teuren Menschen, da es ihr rings an solchen fehlte.

Sie begegnete fast täglich der Verliebtheit und dem Begehren, aber alles Wirkliche hätte die Traumwelt gestört. Es war gefährlich, sich die kommenden Herrlichkeiten unentwegt auszumalen, das Menschenmögliche mußte da lange Zeit unterliegen. Aber sie war groß darin, anzufachen und anbrennen zu lassen. Die erste unerfüllte Liebe bewahrte sie auch vor dummem Zeug, auf das sie sich hätte einlassen können.

An einer Haltestelle der einzigen Straßenbahn, die neunzehnhundertsechsundvierzig durch Berlin fuhr, sprach sie ein unansehnlicher Mann an. Er kam ihr alt vor, war also über Dreißig. Vielleicht vierzig, vielleicht auch fünfzig Jahre alt, sie selber lebte in den Jahren, in denen man das Alter anderer weder über den Daumen peilen noch ersehen kann.

Es war sehr kalt, Schneehügel legen am Straßenrand, ihre Igelitschuhe waren dünn, ihre Strümpfe an der Spitze umgeknickt, um Löcher wegzustecken, ach, einmal konnte sie nur zu ihrer Lehrstelle gehen, indem sie sich ungefragt die Schuhe ihres Vaters ausborgte, grobe Männerschuhe, und sie schämte sich, obwohl fast alle Menschen abgerissene Kleidung trugen. Aber nicht jeder war fünfzehn und eitel. Auf der Straße lachten Mädchen über sie. Es war schwer, aber sie warf den Kopf zurück und schaffte es, nicht umzukehren.

Da war dieser Mann an der Haltestelle. Das war ein anderer Tag, sie trug ihren neuen Mantel, gefertigt aus einer Wehrmachtsdecke, mit schwarzem Stoff abgesetzt. Da sie jung war, konnte sie ihr Gesicht so machen, daß man auf nichts anderes achtete als auf die Augen und auf den Mund, auf den Mantel nicht und schon gar nicht auf schäbige Schuhe. Vielleicht konnten die jungen Mädchen der ersten Zeit nach dem furchtbaren Krieg das alle, sie konnte es. Der Mann war nett. Er wollte sie überreden, mit ihm nach Hause zu gehen, dort wollte er ihr seine Ungezogenheiten beichten, und sie sollte ihn mit einem Rohrstock dafür bestrafen.

Da sie Tag und Nacht in Bücher versunken war, in denen ihr die Vorgänge wahrscheinlicher erschienen als jede Wirklichkeit, kam es ihr vor, der Mann, der da freundlich und bettelnd sein Glück versuchte, sei eine Gestalt aus einer von ihr noch nicht gelesenen Novelle, während ihr das Ergehen des balzacschen Helden, den sie unterm Arm trug als ihr Eigentum, weitaus näher lag.

Sie stieg unbeschadet, nicht entsetzt – nicht anschließend mit einer großen Begebenheit hausierend – in die Straßenbahn, und der Mann taucht ihr auch jetzt nur blaß aus der Erinnerung auf. Später hat sie gelesen, daß ein solches Erlebnis bei einem unberührten Mädchen den Psychiater nötig machen kann, aber sie hatte, was sie ohnehin nicht ganz verstand – während es ihr zugleich keineswegs ganz unverständlich blieb –, die Begegnung als Facette vieler Eindrücke schon untergebracht, da stand sie noch auf dem vereisten Trittbrett. Sie war eine Souveränin. Bei jedem Romanhelden konnte sie Fortgang oder Aufhalt des Unglücks bestimmen, den Dichter unterbrechen oder machen lassen. Wenn sie das Buch einfach nicht weiterlas, konnte der arme Held nicht sterben, der Gute nicht siegen, der Böse nicht bestraft werden. Der Dichter brauchte sie. Sie hatte Macht über ihn, das begriff sie früh.

Andere Macht hatte sie nicht. Sie mußte Unbehaustheit und Unüberschaubarkeit überleben. Der Hunger war schmerzhaft wirklich, die Krätze ging von Hand zu Hand und verschonte auch ihre Haut nicht. Läuse fingen sie im Kino auf, in den Eisenbetten lagen sie ohne Bettwäsche, wer besaß die noch, wer hätte sie ohne Pulver oder Kernseife waschen sollen.

Die Stromsperre gehörte zu ihrem frühen Leid. Sie unterbrach die ersehnte Radiosendung oder das Lesen. Wenn auch die letzte Kerze verglommen war, blieb nur noch Ausdenken: Sie saß als Komteß zu Pferd und wies einen feurigen Grafen ab, ehe sie ihn endlich erhörte und, fraulich gerundet, die untergehende Sonne an ihn geschmiegt von der Zinne eines Schlosses bewunderte.

Sie lacht nicht über die von damals, über sich. Ihre Gegenwelt war nur eine kleine Weile so zuckersüß und albern. Sie fand in der Literatur bald all die Kühnheiten, die sie in Trivialschmökern vergeblich gesucht hatte.

Der Höhepunkt aller Intimität war darin der Verlobungskuß, während dessen Dauer der Mann das Zwitscherlein, zierlich und zu ihm aufblickend und in Wahrheit hoffnungslos unterlegen, eng an sich preßte. „Hab ich dich, Spottdrossel", schrieb die Marlitt.

Sie blätterte den Roman von Anfang bis Ende durch, weil sie an Gedrucktem weniger als an Gesagtem zweifelte, aber das Mädelchen hatte niemals, nicht eine Zeile lang, gespottet.

Diesen frühen Zeitverschwendungen muß sie eines zugestehen: Alles Ausgesparte forderte die Phantasie heraus.

Sie ist auch als Sühnerin durch ihre Träume gegangen. Hat Verfolgte versteckt, ist Nazis in den Weg getreten, hat Wunder gewirkt – wenn sie nicht aus Angst und Alb erwachte, weil ihr widerfuhr, was sie soeben erst erfahren hatte in schonungsloser Nachweisbarkeit.

Alles hätte auch ganz anders gehen können, und sie wäre jetzt eine Matrone, in deren Busen die Sorge um die Familie allen Raum einnähme. Vielleicht ginge niemand gern neben ihr, es sei denn willens, die gute mutige Seele mit ihr zu befrachten. Sie hätte Zeit für lange Spaziergänge neben einem Gefährten, aber er wäre allmählich durch ihre Beschränktheit verstummt, sosehr er zu Austausch und lebendigstem Leben taugte. Väterlich geworden zu ihr, gegen sie, wie der Buchholzen ihr Karl, der seine Wilhelmine gewähren läßt, worin die ganze Herablassung steckt. Läßt sie sich heimlich treffen mit dem Verleger, zum Schwänefüttern. Wenn er einer Sache sicher ist, dann Wilhelminens Tugend. Alle diese Luisen und Sophien und Marien trippelten vor der Schwelle, über die wir getreten sind, gestoßen wurden, uns gegenseitig geholfen haben.

Ohne diese Art, gelebt zu haben, wie könnte es uns den Atem verschlagen ob Marquez' Beschreibung einer Liebe zwischen Fünfundsiebzigjährigen, wonach man nun weiß, nicht nur die törichten Kinder Romeo und Julia, auch die törichten Liebenden Fermina und

Florentino werden unsterblich sein. Dieser Wachtraum ist nichts als ein Augenblick der Ruhe, ein Wunsch, für die nötige Zeit des Aufatmens und der Besinnung eine andere zu sein.

Wenn sie Migräne hat, erscheint ihr dies in einem Winkel ihrer Seele lächerlich. Das gnädige Fräulein hatte Migräne, die gnädige Frau hatte wieder „ihre“ Kopfschmerzen. Jede nicht abzuwehrende Beeinträchtigung läßt ihr altes Mißtrauen aufleben, dies sei von einem Teil ihres Ich als Faulheit und Kaprice ausgedacht.

So hat sie sich einen Moment lang ihre Hände sanft und uneilig geträumt, von einem schlichten Goldreif geschmückt, der alles sagt. Auch, daß diese Hand gemacht ist, später noch jahrzehntelang einen Doppelreif zu tragen, überlebend, dem anderen nachlebend, der sich früher aufgebraucht hat.

Sie sah große Zimmer mit hohem stuckgeschmücktem Plafond, Teegeschirr, ererbt und weiter zu vererben, sie sah sich an einem Kamin sitzen, mit langem Gewand, na, das geht aber nun quer durch die Vermögensverhältnisse und was denn nun, Berliner Salon oder baumumrauschtes Gut, egal, ein sachter Traum von einer Art, sachte Tage zu leben und nichts als sachte Tage und Nächte vor sich zu haben. Aufwachend bleibt ihr die Lust, in gebändigte Flammen zu blicken.

Schon als Kind hat sie bei der langweiligsten Arbeit, beim Kühehüten, ein Feuer angezündet und in die glimmenden Zweige geträumt. Kartoffeln und Äpfel hat sie hineingelegt, mehr um des Duftes willen, als um den Hunger zu stillen, der ohnehin in solcher Einsamkeit wie durch einen Fluch nicht zu stillen war. Dabei gab es Walderdbeeren, handnahe, aber auch das mitgebrachte hausgebackene Brot blieb oft in der Tasche stecken. Der Hunger war anders. Sie hatte eine Ahnung, Leben sei, wenn alles gebraucht wird, was man geben kann.

Sie wollte eine große Liebe, eine ausfüllende, bis in den letzten Atemzug reichende Liebe, die sich erneuern und verändern sollte, aber auch erhalten in den anfänglichen Formen, auch als Freundschaft, oder nur Freundlichkeit. Nur Freundschaft, nur Freundlichkeit? Das Leben hat ihr dieses „nur“ abgewöhnt.

Sie weiß, das Leben kann vergehen und man begegnet dieser Liebe nicht. Oder man begegnet ihr und tut etwas, da setzt sie aus wie der Herzschlag. Sicher waren es auch Bücher, die ihr die frühe Erkenntnis vermittelten, Liebe sei etwas, was genährt und versorgt werden müsse. Sofern man etwas hat, dem man sich ganz zuwenden kann, für das man sorgen möchte, nicht nur muß.

Sie sollte so nicht mehr träumen, denkt sie. Aber für Minuten war es an diesem Morgen auch die Wahrheit, daß sie ein fremdes Parfüm an sich haften ließ, ein fußbedeckendes Kleid trug, daß sie mit schmalen Händen einen Strauß aus ihrem Park fast nur berührte, denn kundig in der Vase geordnet war er. Dahlien, oder „stell auf den Tisch die duftenden ...“. Was war es? Reseden, aber in dem Gedicht war doch von nahendem Herbst gesagt, „... dann laß uns wieder von der Liebe reden wie einst im Mai“. Einst im Mai, Revuetitel, versaut. Oder das Gedicht ist überempfindsam, samten, eine Samtwahrheit, dann ist es keine.

1987

Der Gefährliche oder Das Siebte

Es ist sehr lange her.

Ich hätte nicht gedacht, daß bis heute darüber geredet wird.

Wörter wie „Massenmedien“ gab es noch nicht.

Wieso wußte ich dann, wie der Gefährliche aussieht? Ich kann ihn doch nie gesehen haben, denn hätte ich ihn gesehen, da hätte er mich gesehn und es war um mich geschehn.

Hat meine Mutter ihn gesehen? Warum sonst hätte sie ihn so zu fürchten gewußt?

Vielleicht war Mama sehr klug. Und hat ihn sich vorgestellt, ohne ihn selber gesehen zu haben. Den, der so viele Bekannte und Verwandte gefressen hat. Vor allem unsern Vater. Den habe ich auch nie gesehen. Aber es gibt kein Wort, das beweist, es habe Vater wirklich gegeben. Es gab vielleicht gar keinen „unser Vater“. Sondern sieben Väter für siebenmal dieselbe Mutter.

Ich kam zuletzt. Ich war der Kleinste.

Und ich wußte, daß der Uhrenkasten hohl ist. Das war klug, nicht wahr? So konnte ich alle meine Geschwister retten.

Das hätte nie jemand von mir gedacht. Aber ich bin unsterblich geworden, weil ich mich im einzig richtigen Moment erinnerte. Ich erinnerte mich! Es ist müßig, darüber nachzudenken, ob man es klug nennen kann, weil ich vorher viele Male im selben Uhrenkasten verschwand, wegen wenig oder keiner Klugheit, wo Ohrfeigen oder langer Rede kurzer Sinn absehbar wurden. Ich bin auch oft im Uhrenkasten verschwunden, wenn ein Älterer was angestellt hatte. Als Kleinster ist man nie sicher.

Daß ich auf die Welt gekommen bin, hat wahrscheinlich niemanden gefreut. Unsere Mutter war gut, aber sie konnte nur so gut sein, wie das Gras und die Milch reichten und der Winter nicht zu kalt war.

Aber bei uns reichte und langte es hinten und vorne nicht. Selten war es warm genug im Magen und in der Stube.

Außer dem Bäcker habe ich in meiner Mordsstory nur noch einen einzigen Mann erlebt und sollte doch lernen, selber ein guter Bock zu werden.

Ich wuchs auf als der Schwächste, der die anderen niemals einholen konnte, der Letzte am Tisch, der nichts sagte, ohne daß die anderen gleich schrien, das wüßten sie längst und besser.

Unsere Mutter pschschte dann herum, aber das tröstete mich auch nicht. Ich wär gern mal ganz allein gewesen. Und hätte gesungen, denn meckern konnte ich schon von Geburt an. Das reichte mir aber nicht, mein Herz wurde nicht froh dabei, daß mir Meckern gar keine Mühe machte, sich auch mit den Stimmen aller anderen so leicht vereinen ließ. Aber niemals kam der Augenblick, wo ein anderer oder ich hätte singen können und es wäre ein großes Lauschen gewesen, alle hätten es natürlich gefunden. Wenn die Mahlzeiten ausgeteilt wurden, meckerten wir, und die Mutter meckerte zurück.

Ehe wir einschliefen, meckerte Mutter uns noch einmal zu über den ganzen Tag und wie wir da gewesen waren, und wir meckerten zurück bis zum Einschlafen. Die andern schliefen ein, aber ich lag da und dachte nach über meine Stimme, mein armseliges Bärtchen und meinen Körper, der stärker wurde, aber der kleinste und schwächste im Haus blieb.

Ich kam nicht an gegen die andern. SIEBEN? Ja, mit Mutter waren es sieben, und wie sollte ich sie nicht mit unter die anderen zählen, da doch auch sie mir keinen besonderen Platz gab, mit meiner Sehnsucht, zu singen und stärker zu sein als die Geschwister.

Ich stand über. Ohne mich wäre es auch für sie leichter gewesen. Ich erfuhr nie, welcher Sonderbarkeit ich meine Existenz verdankte. Und so, da mir alles freistand und ich durch die Großen wohl wußte, welcher Vorgänge und welchen partnerschaftlichen Zusammenwirkens es bedurfte, um es allein zu einem einzigen Geißlein zu bringen, da ich Herkunft haben konnte nach dem freien Willen meiner Phantasie und da ich erlebte, wie ich die geringen Portionen der anderen nur schmälerte und selbst die kargste Zuwendung durch die mütterliche

Pfote die Neidgefühle der Älteren auf den Plan rief, wußte ich eines Tages, daß ich keins wie die anderen war, sondern ein einzigartiges, besonderes Wesen.

Meine Mutter, die geduldet hatte, daß solche lauten, gierigen, sich an Kleineren vergreifenden Geschöpfe wie meine Geschwister auf die Welt kamen, konnte dies nicht gewollt, sondern nur geduldet haben. Und so, da sie die Kälte und unseren Hunger dulden mußte, da sie zuließ, daß die Nächte viel länger waren als mein Schlaf und die wenigen Geschichten, die sie kannte, da sie all dies duldete, konnte es doch sein, sie hatte noch anders Unerhörtes geduldet – und jener Gefährliche war zwar der Feind meiner Geschwister, meiner unerträglichen Brüder und meiner unschönen Schwestern ... und aber mein Vater!

Wenn dies so war, dann war meine Unterlegenheit nur vorläufig und absehbar die baldige schlimme Verlegenheit meiner nur teilweise Anverwandten. Dann wurde ich ja vielleicht auch gefährlich.

Ich wollte oft, daß er käme, aber ich konnte ihn mir nicht vorstellen.

Eines Tages brachte die Mutter einen Kasten und stellte ihn in die Stube. Er war viereckig und hatte vier Knöpfe. Die Mutter sah uns mit großen, froh und unsicher blickenden Augen an und sagte, mühsam streng:

„Wahrlich, ihr seid oft ungehorsame Kinder. Dennoch sollt ihr an diesem Kasten teilhaben. Dies aber ist mir auferlegt worden, und ich habe zugestimmt, daß uns nur der erste und der zweite Knopf zustehen. Ich muß den Kasten wieder abliefern, sollte sich eines von euch nicht allso begnügen, sondern das Verbot überschreiten. Bedenkt also, die zwei Knöpfe nach dem ersten und dem zweiten sind nicht vorhanden, wenngleich von einfacher Bedienbarkeit."

Die Mutter sagte dies in einem wenig meckernden, dem Singen am meisten ähnlichen Ton, wenngleich wohl auch ein wenig Verzicht darin mitschwang. Aber Mutter war ja sowieso ein lebendig gewordener Verzicht. Jetzt stand sie auf, hob feierlich den Lauf und drückte auf den ersten Knopf. Unsere Hütte füllte sich mit allen Verwirrungen, von denen ich später lernte, daß man sie das Leben nennt, und mein Herz und mein Kopf wurden übervoll vor Sehnsucht, mitzutun.

So saßen wir denn nun meist schweigend vor dem Kasten, der vier oder zwei Knöpfe hatte, und unsere Mutter war so froh, so froh, und sie erklärte uns alles, was wir da sahen, als gut oder böse, als schön oder nicht schön, aber es war leicht zu begreifen, und sie erklärte es über den Tag hinaus, wo ich solche Hinweise ohne inneres Widersprechen ertrug.

Von da an dachte ich meist, sie solle doch still sein. Manches verstand ich auch ganz anders als sie, oder mir schien, sie habe gar nichts verstanden. Wenn die anderen schliefen, dachte ich mir alles aus und hinzu und hinweg, bis es so war, wie ich es haben wollte.

Eines Tages spielten meine Geschwister vor dem Haus kämpfen, und ich saß in meinem Uhrenkasten, denn ich hatte keine Lust, mich unterkriegen zu lassen. Gewinnen konnte ich aber noch nicht, noch nicht. Die Mutter war fort, vielleicht duldete sie ein neues Geißlein.

Auf einmal, ich mußte das tun, kletterte ich heraus, ging zu dem Kasten, drückte erst auf den dritten und dann auf den vierten Knopf. Da war die Hütte so voll von einer fremden Buntheit, daß es mir fast die Blicke sprengte, ich hatte dergleichen nie gesehen. Erschrocken kletterte ich in meinen Uhrenkasten, da kamen meine Geschwister herein. Sie warfen einen Blick auf den Kasten, sagten „ej, is ja drei, mach mal vier“ und flegelten sich davor. Sie waren gar nicht überrascht und nicht überwältigt, und ich verstand, daß sie vor mir, einem vermuteten Quatschmaul, einem sogenannten Kleinen, ein geheimes anderes Leben hatten.

Am Abend lag ich und grübelte mir meine Rache zusammen. Eines Tages, wenn es soweit wäre, würde ich sie vernichten. Das machte mir eine schöne Fröhlichkeit, aber dann fiel mir meine Mutter ein, wie sie weinen würde um meine noch so abscheulichen Geschwister, und sie tat mir im Herzen so leid, daß es weh tat. Ich konnte mit diesem Kummer nicht einschlafen. Ging also auf leisen Pfoten in jenen Raum, in dem die Mutter allabendlich so geschäftig und lange für unser Tageswohl sorgte. Als ich leise die Tür öffnete, sah ich die Mutter vor dem Kasten sitzen, sie hörte mich nicht, aber ich sah, daß sie den dritten Knopf gedrückt hatte.

Da schämte ich mich, für sie, für mich, daß wir untereinander Heimlichkeiten hatten, und ich muß zugeben, ich hatte es nicht schwer, mir zu versprechen, daß ich nun jede Gelegenheit nutzen würde, den dritten und den vierten Knopf zu drücken, um herauszufinden, was dort gut oder böse, schön oder häßlich war.

Dann kam der Gefährliche. Ich habe ihn zuerst gesehen. Er war nicht mein Vater, der nicht. Ich hab gewußt, daß er seine Stimme verstellt, der konnte nicht mal meckern, geschweige denn singen. Sein Organ eignete sich nur für die Häßlichkeit.

Am blödesten war das mit der Pfote. Es war überhaupt alles blöd.

Am besten wäre gewesen, wir hätten überhaupt nichts getan. Was ging uns der an? Hätte doch vor unserer Tür herumstehen können, einfach die Tür nicht öffnen, das wäre die Lösung gewesen.

Was dann beim Heimkommen aus unserer armen Mama geworden wäre?

Meine Geschwister sollen sich nicht auf etwas herausreden, was gar keine Rolle gespielt hat. Es war nicht davon die Rede. Ich begriff, für mich allein, daß der Gefährliche ihre Abwesenheit brauchte, sie offenbar so leicht nicht zu besiegen war. Sie hatte uns zwar ständig ermahnt, war aber selbst nicht ängstlich gewesen, außer um uns.

Er hatte es nie versucht, wenn sie zu Hause war. Ich weiß heute, sie hatte geübte Hörner, und das Leben hat ihr so zugesetzt, daß alles an ihr Waffe war. Ein feiger Gefährlicher und eine mutige Geiß, da kann es schon so kommen wie bei uns.

Der eine Schlauberger wollte den anderen Schlauberger übertrumpfen, sie glaubten ihren eigenen Augen nicht, auf mich hätten sie sowieso nicht gehört. Es ist nicht wahr, daß er hereinkam und ich mich im Uhrenkasten versteckte. Ich saß schon drin, war in aller Ruhe reingeklettert, denn da war nichts zu machen.

Dann bin ich meiner Mutter entgegengegangen, stimmt auch nicht, daß ich gewartet habe, bis sie mich fand. Jedenfalls habe ich später beim Einschlafen immer wieder darüber nachgedacht, bis ich mir sicher war: Ich bin ihr entgegengegangen, nun war ich ja ihr einziges und großes Kind. Wir haben die bekannte Sache gemacht, Wackersteine und so, und am Ende kam heraus, daß ich mir einen anderen Vater ausdenken mußte. Mama hatte nun ein Beispiel, das sich für jede Mahnung gebrauchen ließ, und sie nahm mich dabei keineswegs aus. Sie hatte mich einmal gelobt, mir dann aber Aufenthalte im Uhrenkasten untersagt und mich fortan ermahnt, wie alle anderen.

Der Kasten fing an, mich zu langweilen.

Ich bin als erster von zu Hause weg. Man sagt, ich war einmal.

Wer's glaubt! Ich bin.

An deinem Tisch habe ich gesessen und dir auf die Finger gesehen, ob du gierig bist oder bedächtig, ob deine Augen den Genuß teilen, dein Ohr erreicht werden kann auch von weher oder einfacher Wahrheit, die dich nicht betrifft.

Siehe, ich kann nie ohne Zweifel glauben, was ich denke, müsse gehört werden und sei anderen wichtig, auch wenn ich weiß, es könnte ihnen wichtig sein.

Als mir gesagt wurde, daß ich geliebt bin, suchte ich nach meinem alten Uhrenkasten und fand ihn nicht. Er hatte mich beschützt, aber auch ein wenig feige gemacht. Da er mir nicht mehr zugänglich war, blieb mir nur die ganze gefährliche und widersprüchliche Welt. In der ich geliebt wurde. So geschah mir recht und es kam zu gutem Ende.

1985

Selbstgespräch

Damals in der Schule, das warst du.

Heute hast du dich selber überboten. Nicht vorbereitet und trotzdem große Klasse. Wie Oma immer sagte: Die haben mich alle bloß noch groß angeguckt. Es tritt keiner mehr gern gegen dich an. Du hast die besseren Nerven, scheint's, auch wenn du nicht recht hast. Heute war deine Konzeption vermutlich wirklich die bessere.

Warum magst du dich nicht, besonders nicht nach solchem Tag? Die Freude am Leben geht nicht ohne die Freude an sich selber, also freu dich gefälligst. Müde? Steht dir zu. Aber das Bett lockt nicht, du wirst nachher reinkriechen, frisch geduscht, dich wälzen, bis es zu warm ist, Chemie bringt nicht Schönheit, aber Schlaf bestimmt.

Keinen Hunger? Der Kühlschrank ist voll, aber der Magen klemmt, dagegen gibt es auch ein Medikament. Andere rauchen, saufen und sind gesund. Ja, gerecht geht es im Leben nicht zu.

Damals in der Schule, das warst du.

Klappt's nicht mit der Verdrängung? Mein Gott, was wir alles für Wörter kennen und benutzen, Stoßzeit, Umweltschutz, Null-Lösung.

Erlösung? Das ist ein altes Wort, nicht einmal Oma hat es mehr benutzt. Sprich es aus, einmal, laut und deutlich: Damals in der Schule, das war ich.

Nichts passiert? Wie man es nimmt.

Sie haben es ihm alle zugetraut.

Es war ein Punkt unter vielen, mein Gott, bei ihm kam es wirklich nicht darauf an, das oder ein anderer Unfug, er war sowieso der Klassenkasper.

Eben deshalb hat er eigentlich nie gelogen.

Wenn er etwas angestellt hatte und es kam raus, dann kriegte er seinen blöden Lachzwang, das stimmt schon. Er hat gelacht und hat es zugegeben. Na ja, der eine heult, der andere lacht.

Lenknichtab. Damals in der Schule, das warst du.

Und er, natürlich haben sie ihn als ersten gefragt, hat wieder so blöde gelacht und gesagt: Nein, ich war das nicht.

Und hat gelacht.

Das war's dann.

Sie haben gesagt, jetzt lügt er auch noch. Bis jetzt hat er wenigstens nicht gelogen. Das weiß man ja auch nicht. Weiß es einer genau? Nein, so genau wußte keiner, ob er nicht vielleicht auch schon immer gelogen hatte.

Hast du das an die Flurwand geschrieben? Gibst du zu, daß du das an die Flurwand geschrieben hast? Gegen unseren Staat?

Er hat gelacht und den Kopf geschüttelt, was hätte er tun sollen.

Ihr Lehrer, es lag doch gar nicht auf seiner Linie.

Aber darüber hat vermutlich niemand nachgedacht.

Eigentlich war eins und eins zwei. Aber wenn drei angesagt ist?

Wenn die Sache vom Tisch muß, einer sowieso eine Latte von Verweisen hat und dann bei einer ernsten Sache auch noch lacht?

Auf deiner Linie lag es auch nicht.

Warum hast du das gemacht?

Es war eine Lust, eine nicht zu unterdrückende Lust.

Damals, das war aber nicht das einzige Mal, hast du andere bezahlen lassen für eine nicht zu unterdrückende Lust.

Da lassen sich doch keine Parallelen ziehen.

Du hast auch bezahlt, das ist wahr. Beim Verliern tut alles weh und wird kostbar. Die Freundschaft ... he, das war nicht immer deine Schuld. Es gibt auch eine nicht zu unterdrückende Lust auf Sündenbock. Manches ist auseinandergegangen ganz von selber, der eine ging zum Studium, der andere in die weite Welt.

Du weißt nicht, ob es schon mal Liebe war. So was Ähnliches, aber nicht wirklich ausgesprochen. Oder, einmal ausgesprochen, nicht mehr wirklich? Du hättest doch damals sagen können, wer es war: Ich mußte das machen, und der da hat nichts damit zu tun.

Das hätte doch keiner geglaubt. Da hätten sie gedacht, hier nimmt einer was auf sich.

Woher weißt du das? Du hast es nicht einmal versucht.

Ihm ist ja nichts passiert.

Das weißt du doch nicht. Hat er sein Abi machen können? Er mußte von der Schule. War es so?

Du kannst dich nicht erinnern. Du weißt nicht mehr, ob du einem andern das nächste Stück Leben verbaut hast.

Du weißt also nicht einmal, ob er Abi oder Studium nicht vielleicht in München gemacht hat. Er war doch ein begabter Junge, phantasievoll, zapplig, überraschend, schwer zu disziplinieren.

Wenn das ausreicht, hast du gesagt, ah, die Erinnerung kehrt wieder, da ist bei den Lehrern etwas nicht in Ordnung.

Und bei dir? Du warst damals froh, daß er nichts zugegeben hat.

Beweisen konnte es ihm niemand. So blieb ein Zweifel. In dir nicht, du wußtest es ja besser, aber der Zweifel hat ihm nichts genützt, natürlich weißt du das noch und ganz genau. Auch die Auswertung in der Klasse. Du hast geschwiegen. Wenigstens das. Aber viel ist das nicht. Denn die anderen haben schließlich auch geschwiegen und die Köpfe gesenkt.

Damals in der Schule, das warst du.

Du hast damit gelebt – wie eigentlich?

Warum bist du nicht irgendwann zu ihm hingegangen? Vielleicht gibt es ihn ja noch, paar Straßen weiter.

Wann? Als du erfolgreich verliebt warst, alles neu –

Du warst ja auch manchmal verdammt verlassen.

Oder wußtest nicht weiter.

Und dann bist du geklettert, gar nicht mal langsam und unverdient.

Vorbei an den Weibern mit den kleinen Kindern und ihrer ständigen Unruhe

vorbei an den Jüngeren, die noch nicht die Erfahrung haben
vorbei an den Älteren, die manches nicht mehr bringen
vorbei an den Kollegen mit zuviel Bedenken
vorbei!

Und warum bist du dann nicht hingegangen und hast es ihm gesagt? Ich war damals zu feige, ganz einfacher Satz.

Zu feige, das sagst du doch anderen auch, ganz unverblümt, ganz geradezu. Wenn sie mal vor einer Hürde zurückscheuen, da sagst du, was du von ihnen hältst.

Du hättest sagen können „das würde heute einfach jemand abwischen und gut wär's".

Du könntest auch unbarmherzig abrechnen, mit jedem Lehrer einzeln und mit dir selber damals. Gibt wenig Leute, die von Natur aus feige sind. Auch Feigheit, könntest du sagen, hat ihre Ursachen. Die der Lehrer, meine. Du hättest zu ihm hingehen können, einfach nur, um es los zu sein.

Oder um mit ihm zu lachen.

Du weißt aber nicht, ob er noch so lacht. So oder so lacht.

Du weißt nicht, ob er das Leben gepackt hat, oder das Leben ihn.

Damals in der Schule, müßtest du sagen und dann ...

dann müßtest du sagen, so, wie ich jetzt bin, so bin ich mir unterlaufen, ich hab das nicht gemerkt.

Die Leute erzählen mir weniger. Die Freunde kommen seltner. Ich weiß immer, wie sie es machen müßten, und bestehe darauf. Was ich ihnen sage, das ist die Wahrheit, aber vielleicht ist sie es auch nicht und ich nenne meine Worte trotzdem so. Und lasse niemanden lange zu Wort kommen, ich will, daß er meine Wahrheit mit mir teilt, nicht ich die seine mit ihm.

„Ich muß dir jetzt mal die Wahrheit sagen."

„Wenn ich dir einen Rat geben soll, dann mußt du aber auch die Wahrheit aushalten."

Ich sag sie ihnen, in ihre Verliebtheit, die paßt doch nicht zu dir, merkst du nicht, daß die dich ausnehmen will, der läßt sich niemals scheiden. Vielleicht paßt sie nicht zu ihm, nimmt er sie aus, lassen sich beide scheiden oder auch nicht, alles möglich.

Warum hast du es nicht gesagt und würdest es heute noch nicht sagen.

Weil die Wahrheit so blamabel einfach ist und nicht wert, so tief in die Erde gebracht zu werden, Steine drauf, Gras drüber und nun, Wetter, Jahreszeiten, Lebensalter, tut das eure?

Oder weil auch du, großartiger Kerl vor dir selber, nur ein überforderter Hansel warst, der mit nicht zu unterdrückender Lust seither seine Schwierigkeiten hat?

Damals in der Schule, das warst du, Steine drauf, Gras drüber und nun Wetter, Jahreszeiten, Lebensalter, tut das eure.

1985

In jener Zeit,

in der ich ein Kind war, in der ich mich zur Jungfrau mauserte, war das Wasser im Bach durchsichtig. Niemand hätte gezögert, es mit beiden Händen zu schöpfen und zu trinken. An sehr heißen Tagen legten wir uns in das kalte Wasser, und die Haut trank, sättigte und kühlte sich.

Der Flieder blühte, als wir mit unserem lächerlich gestapelten Hausrat abreisten. Das Gras stand hoch und duftete, den ganzen Weg entlang, auf dem wir zur entlegenen Bahnstation rumpelten. Ich ging nicht freiwillig fort aus der Landschaft mit den Alpen am Horizont.

Nach vier Wochen kamen wir in dem abgebrannten Steinhaufen Berlin an.

Ich war fünfzehn.

Die Bengels am Georgenkirchplatz waren große Jungen geworden, die gern küssen wollten und einander die Mädchen wegnehmen. Im altdeutschen Ballhaus in der Ackerstraße wurde wieder getanzt. Dort zog unser Clan zur Wiedersehensfeier aller noch Lebenden hin. Dafür hatte ich mir eine senkrecht stehende, höchst alberne weiße Kappe erworben. Es gab damals erstaunlich viele Dinge, die niemand unbedingt brauchte, während es am Lebensnotwendigen fehlte. Mein leinenes Kostüm hatte die Schneiderin im Dorf genäht, jene, deren Tochter erst mit den Amis hurte und dann noch den jungen Lehrer bekam, in den man sich verlieben mußte. Wie ungerecht. Warum wollte er nicht mich. Nicht alle nur mich?

Ich erschien mir für das alte Ballhaus sehr elegant.

Das Leben konnte losgehen.

Zuerst wurde ich Helferin in einer Kindertagesstätte. Morgens sammelten wir uns an der Jannowitzbrücke, dann fuhren wir mit dem Bus zum alten Eierhäuschen in Treptow, damals ein Unterstand für den Regen, eine Ruine.

Gemeinsam mit den Kindern bekamen wir drei dürftige Mahlzeiten am Tag, darunter leckeren amerikanischen Kakao, Dauerkekse derselben Herkunft, aber auch Dörrgemüse mit Maden, Hülsenfrüchte mit Getier. Das aß niemand, trotz des Hungers. Wir waren unachtsam. Mehr an uns als an den Kindern interessiert.

Die Häßlichste hatte herrliche Männer. Sie machte uns staunen über den Aufwand, den sie mit ihr trieben, über Verliebtheit und Verzweiflung der am Ende von ihr doch immer schnippisch Abgewiesenen. Ich wunderte mich, wie sie mit ihrer dicken Nase und ihren Zahnlücken, dem mausigen Haar und den platten Augen soviel Nachfrage hervorrief, und zweifelte an ihren Berichten. Aber wenig später belagerte und umkreiste uns ein hübscher Bursche, der mal mit dem Fahrrad, mal sogar mit einer alten Beiwagenmaschine angeknattert kam und sie sprechen wollte, wegführen, wichtig, wichtig, uns beachtete er nicht, und wirklich, er gebärdete sich, und sie wies ihn schnippisch ab. Da kann man sehen. Vermutlich war alles oder das meiste wahr, was sie erzählte, aber wir hätten es gerechter gefunden, an ihrer Stelle bedrängt zu werden.

Einmal kam eine alte Frau, klein, liebenswürdig. Mir sagte jemand, sie hieße Wolf, sei Jüdin und hätte das KZ überlebt. Sie kam von Amts wegen, um unsere Verhältnisse zu besichtigen, und wollte Fehlendes besorgen, was ihr zum Teil auch gelang. Durch sie bekamen die Kinder nun jeden Freitag eine halbe Tafel Schokolade.

Ich drängte mich in ihre Nähe, belustigte sie durch meine Fähigkeit, aus der Hand zu lesen, aber ihr Lächeln überdeckte ihr Unbehagen. Dennoch hielt sie mir ihre Hand hin, an diesen Vorgang denke ich nicht so gern, denn das war eine andere Sache, als den Mädchen über den Stand ihrer Liebesdinge etwas vorzuschwafeln.

Nach jenem Sommer war ich nicht viel gescheiter, aber ich hatte Ehrgeiz. Für 36 Mark in Monat wurde ich kaufmännischer Lehrling, wobei ich mich geschickt anstellte. Bald war ich versiert in der Lohnabrechnung für den Baubetrieb mit einhundertundzwanzig Arbeitern, brachte mir selber Fertigkeiten auf der Schreibmaschine bei, verfaßte die Geschäftsbriefe, konnte gewandt telefonieren und mich den schmutzigen Witzen der Bauarbeiter gegenüber so dämlich anstellen, daß sie mich in Ruhe ließen.

Dafür war ich eine schlechte Berufsschülerin. Von Finanzgebaren wollte nichts in meinen Kopf. Die anderen ließen mich willig abschreiben. Mich interessierte mehr, was über die Gesamtberliner Selbstverwaltung der Schüler erzählt wurde, und bald gehörte ich als Klassenvertreterin dazu. Es genügte, zu einer Versammlung zu gehen und daß ich mich mehrmals zu Wort meldete. Industriekaufleute und Drogisten gehörten zu unseren Verbund, und bald wurde ich in eine Auswahl einbezogen, die sich „Der Kreis" nannte.

Unsere soziale Zusammensetzung war aufregend bunt. Wir wollten edle Menschen sein und das Gute verbreiten, aber die einen taten es aus der Wohnung mit den schweren Eichenmöbeln in der Nähe des Kurfürstendamms vornehm und hungrig, die anderen aus der östlichen Hefe, auch hungrig.

Unter uns ein Adliger, der sich einmal von mir, in leidenschaftliche Debatte vertieft, zu seiner Freundin begleiten ließ, deren Erwähnung ich für ein kokettes Spielchen von ihm hielt. Aber er nahm mich mit in die Wohnung ihrer Eltern, dort erfuhr ich, daß sie Geburtstag hatte und er ihr Gast war und daß es sie wirklich gab. Mit einer Tüte Fettgebackenem fand ich mich vor der Tür wieder.

Damals habe ich mich sehr geschämt. Meine Würde verlangte, die Teigmäuse meinen jüngeren Geschwistern zu schenken, den leeren Magen stolz zu ertragen und mich später zu rächen. Statt dessen aß ich das armselige Gebäck, bezuckert immerhin, auf dem Weg zur S-Bahn.

In der Nähe vom Wannsee haben wir uns, der Heiner von und ich, eines Nachmittags geküßt. Er redete tiefsinnig, wie es ihn zu diesem Leichtsinn trieb, obwohl er doch dieses nette Mädchen hatte, das er auch heiraten wollte und das sich äußerst manierlich zu benehmen wußte. Sie war vornehm unscheinbar, aber ein freundliches Mädchen, ich geb's zu. Sie wirkte gelassen, beneidenswert, aber wiedersehen wollte ich sie um dieser Herrlichkeiten willen auch nicht. Mir lag nichts an Heiner, aber an dieser schwachen Genugtuung schon. Kann sein, daß uns eine Tüte Fettgebackenes mit einer Tasse Kaffee am Wannsee damals vom Küssen abgehalten hätte.

In jenem Kreis nannten wir uns unpolitisch, was eine erstrebenswerte Qualität zu sein schien, an deren Bekundung ich sofort teilnahm. Wenn wir uns trafen, redeten wir über Kultur, über die Kunst, über ... worüber, um Himmels willen, haben wir geredet? Immer wenn ich an jene Zeit denke, fallen mir profane Dinge ein. Einmal hatten uns die Eltern eines Mitgliedes in ihre gute Stube geladen, ich war ziemlich lange unterwegs in die feine Vorstadt, hatte aber von meiner Mutter eine Tüte Roggenkekse für alle mitbekommen, die ich gerade zum spärlichen Angebot auf den Tisch packen wollte, als mir die schöne Brigitte, angehende Drogistin, das mit einem Blick als unschicklich untersagte. Ich rühmte sie einmal den Jungen, wir gingen hintereinander in zwei breiten Reihen eine Trümmerstraße entlang, stundenlang, denn die Jungen brachten alle Mädchen nach Hause. Das mag zu aufwendig erscheinen, denn die eine wohnte in Halensee, die andere am Alex, aber es war sehr schön und sehr ehrenvoll.

Ich schämte mich zwar für den schäbigen Hauseingang in der Neuen Königstraße, deren Hinterausgang meine Adresse Georgenkirchplatz war, aber in der Erinnerung ist die achtsame Behütung durch die sehr jungen Männer geblieben, die mir damals erwachsen und honorig vorkamen.

Bis heute sehe ich Brigittes feines Profil, ihr Gesicht mit den großen blauen Augen, deren arglosen Blick. Sie erinnerte an die sehr junge Marianne Hoppe, und ich fand sie schön. Die Jungen widersprachen, nein, sie sei nicht schön, höchstens ein bißchen hübsch. Von Brigitte, schön oder hübsch, guckte ich ab, und ich war so gierig auf Manieren und Anstandsregeln, daß ich ihre Handhabung spielend, vielleicht ein bißchen dick aufgetragen, übernahm.

Viel später habe ich Brigitte wiedergetroffen. Ich war mit einem begehrenswerten Mann in einem Restaurant, und an einem der Nachbartische saß eine Frau mit einer entstellenden Narbe auf der halbseitig eingedrückten Stirn. Ihr Begleiter war wesentlich älter als sie, und die beiden wechselten nur wenige Sätze. An der Art, wie die Frau aus dem Glas trank, er den Blick kaum hob von der ihn offenbar fesselnden Gabel, seine Schultern nach vorn gedrückt waren, sie mit ihren Blicken wie durch ein verschnürtes Paket sehen wollte, war ihre Beziehung ablesbar. Eine abgelebte, nur noch nicht abgelegte. Brigitte sah mich, erkannte mich nicht gleich, und bis sie zu unserem Tisch kam, hatte ich meinen Schreck überwunden. Der Tau der frühen Jugend schwamm nicht mehr in ihren Augen, das schöne Lächeln war fortgewischt und hatte einer gereizten Sachlichkeit Platz gemacht. Ihre Zähne waren noch schön, die Haut sah nach Nikotin und zuwenig Schlaf aus, nach der Narbe habe ich nicht gefragt. Wir sprachen nur kurz, und auch während dieser Zeit warf sie schnelle Blicke zu dem Mann hin, als erwarte sie, er werde ihre Abwesenheit zur Flucht benutzen.

Er war so typisch, ein verheirateter Mann, auf der Flucht vor einer bitter und drängelig gewordenen Freundin, mitten im vorletzten Ultimatum. Sie so typisch, eine verletzte unverheiratete Frau, die sich Illusionen gemacht hatte. Nur wer ich, so typisch, damals war, das weiß ich nicht mehr. Vermutlich wie der Mann und Brigitte zugleich, mit einer Faust im Nacken und einer Bedrängnis oder mehreren in der Brust.

Eine kurze Zeit neigte ich dazu, mich lächerlich zu machen.

Vor den vielen Rendezvous, die alle reine Verplemperung von Zeit waren, legte ich mir Sätze zurecht. Meist paßten sie nicht hin, aber ich mußte sie loswerden, und so ging es zu, wie später in den Stücken von Ionescu. „Du solltest nicht soviel Romane lesen“, sagte einer, der mich nach Hause gebracht und vor der Haustür geküßt hatte, was ich erst einmal einheimste, aber dann schob ich ihn weg und fragte eisig: „Haben wir noch Dienstliches zu besprechen?“ War ich nicht großartig? Ein Kind.

Eines Abends ging ich, für ein Interview, das mir die Schülerzeitung aufgetragen hatte, in die Brunnenstraße zur FDJ. Natürlich ahnte ich nicht, daß uns zwanzig Jahre später Händel und Unternehmung zusammenbringen würden, ich wußte gar nichts von denen. Beim Abschied drückte mir ein junger Mann die Hand und sagte: Freundschaft.

Ich hatte keine Ahnung, daß dies der Gruß in dieser Organisation war, und schüttete mich beim Erzählen vor Lachen aus, daß jener nach einmaliger Begegnung so einen unangemessenen Wunsch stammelte. Die, denen ich das erzählte, wußten es auch nicht besser, und so lief ich eine Weile in der Überzeugung herum, jenem hätte es beim Abschied von mir die Sprache bis auf ein einziges gestammeltes Wort verschlagen.

Ich hatte immer eine Obrigkeit, die mit Verboten hantierte. An Angstmacherei ohne Begründung war ich gewöhnt.

Wir hatten ja schon Angst, einen Witz gehört oder erzählt zu haben oder daß jemand erzählen könnte, wir hätten einen Witz gehört oder erzählt.

Der Staat, in dem ich lebe, wollte mich aus der Unterlegenheit meiner sozialen Herkunft befreien, aber er tat dies, indem er mich hauptsächlich mit Weisungen, Vorschrift und Verboten umgab. Inmitten dieser Regeln sollte ich als selbständiger, anregender Geist aufblühen und in das Gebilde zurückwirken, das ich weder erkannte noch durchschaute. Ich verstand das ernste Spiel politischen Alltags nur auf die vordergründigste Weise, die nicht für ein ganzes Leben reichen würde. Aber auch das wußte ich nicht. Ich wollte alles tun, um für mich jenen Teil Trauerarbeit zu leisten, der uns historisch zukam. Aber wenn ich recht hörte, und die Kunst bemächtigte sich dieser Teilwahrheit sehr bald ausgiebig, hatte es zwölf Jahre lang siegende Widerstandskämpfer und bekloppte abartige Nazis gegeben. Ihre Grausamkeit war eine solche an sich, auch ihre Schuld.

Eine Zeitlang lebte ich mit der primitiven Wahrheit: Die Arbeiterklasse ist gut, und die früher herrschende Klasse war schlecht. Darum sind wir jetzt die herrschende Klasse, damit die Guten über die Bösen gesetzmäßig gesiegt haben. Über meinen Bauch bestimmte ein Gesetz, über das Geld in meiner Tasche bestimmte mein Mann, was ich erfuhr, bestimmte die Zeitung, was ich sagen durfte, war jeder Alltagsschläue wohlbekannt. Es gab nicht mehr nur zehn, sondern hundert Gebote, die niemand alle befolgen konnte. Es gehörte sich nicht, nach Westberlin ins Kino zu gehen, aber dort sah ich Chaplins „Diktator“. Der Film gefiel mir besser als „Frühling Frühling“ oder „Lustige Burschen“.

Ich war neunzehnhundertdreiundfünfzig im Rathaus Pankow unzulängliche Sachbearbeiterin und Kulturmops, weswegen ich zu einem Lehrgang geschickt wurde und ebendies dort einwarf, nachdem ich hörte, jeder sowjetische Film sei ein Kunstwerk und die Filmkunst sei in der Sowjetunion erfunden worden, deswegen sollten wir Deutschen keinen Film versäumen, denn nur in einer kommunistischen Gesellschaft wie der sowjetischen sei Kunst möglich. Ich sagte, ich hätte einige gesehen, die seien keine Kunst, sondern langweilig und albern, im Gegensatz zum „Diktator“. „Frühling Frühling“ zum Beispiel und „Lustige Burschen“.

Das anschließende Schweigen warf mich in einen Burggraben, bis die Leiterin zitternd vor Erregung, oder Angst, sagte, ich würde Sowjethetze betreiben, eine damals nicht eben wünschenswerte Einschätzung. Sie sagte, es seien nicht Millionen Menschen umgebracht worden und die sowjetischen Helden seien nicht gefallen, damit ich jetzt Sowjethetze betriebe.

Einen solchen Krach kann es geben. Dann erwidert man, andere mischen sich ein, und am Ende haben alle Grund, sich zu entschuldigen.

Aber die Leiterin verbot mir jede Antwort, verwies mich des Raumes und untersagte mir die weitere Teilnahme am Lehrgang. Um den war es nicht weiter schade, aber sie schickte einen Bericht an meinen Chef im Rathaus Pankow. Der zerknüllte ihn und warf ihn vor meinen Augen in den Papierkorb.

Die Geschichte hätte mein Unglück ergeben können. Meine Tochter war zwei Jahre alt, und sie wäre ins Heim gekommen, oder zu ihrem Vater, auch dann hätte ich sie verloren.

Ich denke bis heute, dies hätte man mir nicht antun dürfen, denn ich war weiches Material, ein beeindruckbares junges Wesen, das gern gut leben und gut sein wollte.

Das Fatalste war die Folgenlosigkeit. Solche Worte, bis an die Grenze des Erträglichen reichend, kann man doch nicht einfach sagen und dann geschieht gar nichts.

Aber es war so.

Was sich damals an menschlichen Tragödien abspielte, wie sollte das ausgetragen werden? Zum Austragen hätte es Öffentlichkeit gebraucht, aber die wurde wegen des Gehaltes an Mitteilungen für den Gegner abgelehnt.

Damals galt Information ohnehin als sträflicher, schädlicher Leichtsinn.

Zunächst war es der Rundfunk, vor dessen Gebrauch lauter unwirksame Riegel gesetzt wurden. Ich erinnere mich an die Störsender, für die wir das Geld zum Fenster hinauswarfen, statt es rechtzeitig zum Bau schöner Bäckereien und Wohnstuben zu nutzen.

Als das Fernsehen kam, sollte die menschliche Natur die Benutzung eines Knopfes unterlassen. Wenn ein Knopf da ist, wird der Mensch ihn drücken. Aber was wußten manche Menschen von menschlicher Art, wenn sie durch Briefschlitze horchen ließen, Kinder in der Schule ausfragten, Eltern zur unterschriebenen Verzichtleistung nötigten, Antennen herunterrissen und Fernsehapparate aus den Wohnungen holten, in Betrieben ausstellten, mißbrauchte Geräte, die dem Feind Tür und Tor geöffnet hatten.

Diese dann immer hastig abgesagten Aktionen hinterließen Menschen, die sich gebeugt hatten, scheinbar, und damit nicht recht fertig wurden. Andere, noch schlimmer, verfuhren aus Überzeugung so und erlegten das auch ihrer Familie auf, festen Glaubens, wer etwas nicht kennt, kann es nicht begehren.

In solchen Familien gab es geliebte Omis. Die wurden besonders an Freitagabenden geliebt. Um ihre Kohlen aus dem Keller zu holen und weil sie so einzigartige Sülze zubereiteten.

Die Sülze oder Torte fand im Fernseher statt und hieß Krimi. Oder Kunst, oder Information. Eine Klassenschlacht, eher aus der Feuerzangenbowle als aus dem Manifest.

Lange gab es für mich eigentlich keinen Grund, dieses Land und seine Vorhaben zu lieben.

Dies geschah dennoch. Im Verlauf langer, intensiv gelebter Jahre verstand ich, daß man nicht eine Gesellschaftsordnung liebt, nicht eine Partei, keine Organisation.

Daß ich dazu nicht fähig war, brachte mich zu der Frage, wie es denn mit meiner Liebesfähigkeit überhaupt bestellt sei. Sie schien mir eingeschränkt, Liebe ein zu großes Risiko.

Der autoritären Erziehung meiner Eltern und Lehrer ausgeliefert, unterwarf ich mich, aber nie ohne gewaltige Auflehnungen, sooft die auch mit meiner Niederlage endeten. Wie alle Unmündigen träumte ich von der Freiheit des nächsten Lebensjahres oder Lebensabschnittes, der mir mehr von dieser Köstlichkeit ins Haus tragen würde: Wenn ich erst lesen kann, wenn ich erst mit Tinte statt mit Bleistift schreiben darf, wenn ich Geburtstag hab, wenn mein Vater erst eingezogen wird, wenn ich aus Berlin weg bin, wenn ich erst geliebt werde, wenn ich eine Frau bin, wenn ich erst anders heiße.

Ich ließ mich von dem ersten Ehemann heiraten, entjungfern, unterdrücken, einsperren, bevormunden, anbeten, gängeln, quälen, beargwöhnen, ausfragen, kleiden, ernähren, schwängern, betrügen, belügen und scheiden. Süchtig nach dem nächsten Unterdrücker, fiel ich herein auf einen, der erfahrener war im Daumendruck.

Wie ein natürlicher Teil von mir schwebte fast fünfzig Jahre lang eine manchmal erkennbare, immer wirksame, oft auch nur als unbesiegbar gedachte Obrigkeit über allem, was ich tat. Es gibt kaum eine Art von Despotie, die ich nicht erlebte. Gut, ich wurde nicht als Hexe verbrannt, obwohl ich eine Art zweiten Gesichts habe. Das liegt an meiner Phantasie. Ich kann mir die meisten Dinge in ihrem Fortgang vorstellen. Da Sinn für die Realität und Erfahrung sich den Gespüren zugesellten, bin ich eine brauchbare Wahrsagerin.

Und habe mich Dummköpfen gebeugt, Besserwissern, Losungen, Scheinargumenten, Wegweisern, Anordnungen, Verfügungen, Zielen, die nicht die meinen waren, vielleicht für niemanden erreichbar, oft auch nach pompösem Auftakt einfach aus den Augen verloren. Meine Falle war, ich wollte alles anders machen als meine Vorfahren. Eine Moral verteidigen, mit der ich leben konnte. Und ich brauchte Zugehörigkeit. So griff ich nach jedem Strohhalm von Argument, wenn mir etwas nicht einleuchten wollte. Mir und meiner Ausgefallenheit gab ich eher die Schuld als dem Gang der Ereignisse, so sichtbar und schlicht ablesbar er sich darbot.

Mein ganzes bisheriges Leben lang lief ich mit einem schlechten Gewissen herum, habe immer Rücksicht genommen auf Tee und Kessel und bin unter engem Hut dennoch zu unglaublicher Lust auf Sturm um die Ohren gewachsen.

Nicht so: Eines Morgens wacht man auf und macht alles anders.

Nicht: Man sieht ein, daß es so nicht weitergeht.

Charakterbildung ist als Aktion nicht möglich.

Aber eines Tages bemerkst du, daß fast gar nichts passiert, wenn du widersprichst und dabei bleibst. Du verliebst dich in die Möglichkeit, eine eigene Meinung auch auszusprechen, und überlebst den Schreck, daß du damit ein paar Leuten nicht mehr als absolut zuverlässig giltst.

Was meint, nicht mehr als absolut handhabbar.

Aber ich bin doch früher auch unbequem gewesen, begehrst du auf. Umtriebig und unbequem an den unwichtigeren Stellen, gibst du übermorgen zu, wenn du ein Stück weiter bist. Ein Stück ferner, ein Stück näher, das kommt auf den Standpunkt an, von dem aus du es betrachtest.

Das geht nicht ohne Rückfälle. Noch hundertmal, noch tausendmal wirst du die Ödnis der Belehrung über dich ergehen lassen, ehe du sie mit dem treffenden Satz beendest: Halten Sie doch endlich mal Ihr Maul.

Dir ist nicht ruhig dabei, erhoffe das nicht. Nachts klopft dir das Herz gegen die Rippen, und du hast Angst, zu weit gegangen zu sein, oder brennst vor Scham, nicht gesagt zu haben, was dir nun, im Dunkeln einfällt.

Ich werde es nicht mehr schaffen, alles zu verstehen, was ich mir angetan habe. Ich müßte es aus mir herausholen, mir weh tun, meine Substanz verletzen.

Aber die andern! Ach, laß es.

Fang an bei dir selber. Es rettet dich kein höh'res Wesen, kein Gott ..., aber wenn du einen brauchst, dann mach ihn dir, einen, mit dem du reden kannst. Noch immer eng umstellt. Noch immer unterliegend, manchmal erschrocken, manchmal bequem. Oft nicht stark genug, mit dem Säbel der Wörter zu fechten.

Wen schon besiegend? Wen, kaum die eigene Schwäche.

Mache ich niemandem Vorwürfe, so nehme ich auch keine mehr entgegen, die ich nicht einsehen kann. Ich bin schon einmal mitten im Satz eines anderen aufgestanden und hinausgegangen. Und habe mich danach nicht bei ihm mit plötzlicher Erkrankung entschuldigt.

Ich habe schon einmal einem klugen Vorgesetzten gesagt, welche Folgen eine Maßnahme haben wird. Und bin bei meiner Verweigerung geblieben.

Ich gehör in die Geschichte meines Landes, aber außer dem Wir gibt es noch ein Ich. Es gibt auch Phönixe, die in der Asche sitzenbleiben. Ich nicht, und ich halt mich so, daß ich niemandem eine Chance gebe, mir vor Angst zu unterliegen. Keinem Kind, o nein, keinem Kind. Und Piepenbrink erst recht nicht. Wenn der ein Alibi für seine Verkrüppelung braucht, wen immer er sucht, ich bin es nicht. Selbst wenn Piepenbrink ein Wesen ist, ohne das ich nicht leben möchte, dessen Atem meine Stirn streifen soll, solange ich selber atme. Soll er sich nehmen, was er braucht, leben, wie es für ihn richtig ist, und niemals niemals aus einem Gefühl der Verpflichtung fünf Minuten früher zu mir eilen, als er es möchte, als es für ihn gut ist.

Er soll bockig oder überzeugt beharren auf sich und seinem Bedürfnis, das er mit meinem in Übereinstimmung bringen muß, wenn er die will. Er soll sich leben lassen in ein Alter hin, in dem es keine Reue geben soll über Versäumtes oder Getanes.

Das Alter ist die wunderbare Zeit der Genüsse ohne Gier auf andere, die jetzt auch noch sein könnten. Es kommt als Zeit, in der die Mißverständnisse aller gegen dich geringer werden, vielleicht hinfällig.

Du aber werde es nicht. Du trag aus, was du dir eingebrockt hast.

Alle Erfahrung, alle Erkenntnis, alle Trauer auch.

Das sind so Nachtgedanken, wenn ich mir ausmale, wie gut es uns gehen könnte, wenn alle, ohne Ausnahme, das Risiko des Lebens achten würden und begreifen könnten: Der Spaß, und daß man sich gegenseitig ernst nimmt, das sind leicht verderbliche Kostbarkeiten.

Man muß zu sich selber kommen. Das ist ein Weg, den kein anderer für dich oder für mich gehen kann.

1987

Strafversetzung

Wir schreiben den Januar des Jahres 1990. Die Klasse ist unruhig. Sie war immer unruhig, aber in ewig üblicher Weise.

Jetzt lümmeln sich manche den Tisch entlang, auf eine Anfrage des Lehrers sagt einer: „Geile Idee!“ Aber er verändert weder seine Körperhaltung, noch wendet er der Frage des Lehrers einen Gedanken zu.

Ist er seiner selbst so sicher, der Schüler, der Krauskopf, der Pausenclown? O nein, das ist er nicht. Die ehedem langweilige, auf unabsehbare Zeit gesichert scheinende sterbenslangweilige, überschaubar langweilige, einzigartig langweilige Welt ist zusammengebrochen. Es hat gestaubt, aus den Büchern, die nun keiner mehr anfaßt, von der Mauer, an der jedermann als Specht picken darf, aus der Ecke, in die das blaue Hemd der FDJ geflogen ist.

Keiner wird ihn mehr fragen, warum der Sozialismus siegen muß. Er könnte das beantworten. Die Antwort hatte nie mit der Wirklichkeit zu tun, aber er konnte für sie eine Eins erwerben und damit andere, kreative Leistungen ausfallen lassen. Es kam an auf die Durchschnittszensur für einen erdachten pflegeleichten Durchschnittsmenschen, der keinen Ärger macht, von einer Neubauwohnung mit Puppenstübchen und billiger Miete träumt, mit einem Zeltplatz nebst Bockwurststand im Urlaub zufrieden ist, sich auf sein Alter freut, das ihm vielleicht ein paar bescheidene Reisen ins europäische Umland ermöglicht, der heiratet, zu früh, und sich früh wieder scheiden läßt, weil ihn ohnehin nicht gerade unsterbliche Gefühle in die Zweisamkeit getrieben haben, der ein oder zwei Kinder haben wird, die er erst in der Krippe abliefert, dann im Kindergarten, dann in der Schule, dann im Studium oder Lehrberuf, schließlich in einer zu frühen Ehe. Er hätte den nach gesetzlicher Norm dreihundert Quadratmeter umfassenden Kleingarten seiner Eltern als Ersatz für Wildheit der Natur, großartige Sonnenuntergänge, aufgewühlte Meere und unbezwingbare Berge genommen. Am Wochenende wäre er mit Kuchen unterm Arm und vorgeschälten Kartoffeln, einem Topf mit Rotkohl und im anderen Rouladen „rausgefahren“ und abends wieder zurück in die Stadt, um die Wunder der Erde und des Alls im Fernsehen zu erleben.

Er wäre irgendwas geworden, was ihn ernährt hätte, was er aber auch hätte lassen können.

Nun ist diese ganze heile Welt zusammengebrochen. Er lümmelt auf dem Tisch, beweist damit einen Anflug von Unabhängigkeit, und in seiner Brust ist nichts als Ratlosigkeit. Der Arbeitsplatz beider Elternteile ist ungesichert, vorher nicht denkbar. Da konnte die Lebensleistung des Vaters in einer Industrieruine abgegolten werden, eine Sünde für die Nachgeborenen, Vergehen an Sonne, Mond und Sternen. Was ging es Papa an, er konnte es ohnehin nicht ändern, und in der Zeitung stand, daß er ganz prima war.

Da konnte die Mama Papiere fertigen, ein kafkaesker Alptraum, niemand liest sie, richtet sich gar nach ihnen, und dennoch veranlassen sie auf geheimnisvolle Weise weitere Papiere, die auch niemand braucht. Alle diese Papiere bildeten eine Scheinwelt, an die niemand wirklich glaubt, nach der sich das Leben nie richtet und die dennoch für eine unglaublich lange Zeit eine Art von unwirklicher Ordnung aufrechterhielten. Wenn die Mama einen Kuchen bäckt, beginnt sie etwas und darf es selber zu Ende bringen. In ihrer beruflichen Arbeit gelingt ihr das niemals, da ist sie Zwischenglied von etwas, was zugleich immer von höchster Dringlichkeit und geahnter Sinnlosigkeit ist.

Nun wissen beide Eltern nicht, was werden soll. Und haben nicht gelernt, mit solchen Schwierigkeiten selber fertig zu werden.

Der Junge hat gehört, daß die Sechzehnjährigen, die nach bisheriger Üblichkeit aus der zehnten Klasse abgehen, keineswegs auf Anhieb eine Lehrstelle finden. Die Leute in den Betrieben winken ab. „Wir strukturieren um“, sagen sie. Oder: „Wir machen die Bude zu.“ Oder: „Unsere Verwaltung wird aufgelöst.“

Niemand weiß, wie es kommen wird. Aber was bei den Freudentränen und beim ersten Bummel über den Kurfürstendamm undenkbar schien, was so überwältigend war, daß sich niemand das Vorher überhaupt noch einmal vorstellen wollte, außer um Emotionen als Zorn oder Bekümmertheit rauszulassen, das rückt nun näher. Das Leben besteht nicht nur aus der Erkenntnis, daß eine sanfte und sogar ungeplante Revolution möglich war. Daß da keine Göttlichkeit und keine Gottheit abgesetzt werden mußte, sondern auch Dilettantismus, auch Käuflichkeit von Männern, die sich feudal gebärden wollten und es nur zu schäbiger Kleinbürgerlichkeit brachten.

Das Leben muß weitergehen. Nicht nur für die Schuldigen, die nun endlich aufgeben, da ihnen die Macht genommen wurde, ihr Korsett, ihre rostige Ritterrüstung, ihr luftleerer Abstand zwischen sich und dem Volk.

Es geht um den Jungen und seine Zukunft.

Oder um das hellwache Mädchen, das den Lehrer beobachtet. Sie hat Glück gehabt mit ihrem Elternhaus, mit ihr ist immer ehrlich gesprochen worden. Zwar wurde sie nicht zu folgenreicher Tollkühnheit aufgefordert, aber immer hat man ihr die Möglichkeit eingeräumt, sich zu versagen oder ihr Gegenwort einzubringen. Ihre Familie würde ihr beistehen, das war die Gewißheit der Schuljahre, die hinter ihr liegen.

Sie und der Junge, beide vierzehn Jahre alt, haben mit den Lehrern eine Rechnung zu begleichen. Und sie wissen es, sie sind sich dessen bewußt. Während die Unterrichtsstunde scheinbar abläuft, begegnen sich die Gedanken der Lehrer und der Schüler in einem ganz anderen, vorher nie gemeinsam betretenen Raum. Aber wer weiß das schon. Vielleicht haben sie sich in Scham und uneingestandener Schuld und geheimer, sprachloser Absprache oft getroffen und müßten es jetzt voreinander bekennen. Das Komplott müßte aufgelöst werden, jetzt wäre der Augenblick, jetzt, da für beide Seiten noch eine Winzigkeit von Risiko darin liegt. Wer weiß, wie alles wird. Wer jetzt handelt, sich jetzt bekennt, tut es noch immer rechtzeitig.

Sie haben einander belogen, immer. Der Lehrer und die Lehrerin haben Fragen gestellt und Antworten abgefordert, an deren Sinn sie selber nicht glauben konnten.

Sie haben die Welt, wie gezwungen dazu auch immer, eingeteilt in die Guten und die Bösen, die Brüderlichen und den Gegner. Jeder Andersdenkende war „der Gegner". Der Gegner war allgegenwärtig, schuld an den schlechten Kartoffeln, am immer noch nicht abgeschlossenen Friedensvertrag, am mangelnden Vitaminangebot, am geringen Wert des eigenen Geldes.

Folgte man den vorgegebenen Gedanken, muß der Gegner Tag und Nacht auf das Trachten nach eigenem Wohlergehen verzichtet haben, denn er hatte alle Hände voll zu tun, es so schlecht zu richten, wie es in der DDR mehr und mehr gedieh.

Das Schlimmere: Die Kinder hörten solche Argumente und nahmen sie hin wie ein nicht abstellbares Radio. Mag sich dieses oder jenes Detail in ihrem Unterbewußtsein, die eigenen Verhältnisse rechtfertigend, eingenistet haben, stärker war die innere Gegenwelt, und schon eine so simple Überlegung wie den Schuldanteil des Gegners am empörend schlechten Schulessen konnte der Schüler nicht austragen, es lohnte nicht.

Die Familie bestand aus Leuten in der DDR und Verwandten in der BRD, die auf schwer erklärbare Weise ungezwungener waren, einfach lockerer, die zwar jedes Gesprach schnell zu Geldfragen brachten, bei ihnen schien sich fast alles nur um das Geld zu drehen, auch nervend, aber sie hatten einen Zipfel der Welt gesehen und waren doch auch nicht tüchtiger, auch nicht intelligenter, schon gar nicht gebildeter. Sie waren besser angezogen, die Haare der Tanten sahen schöner aus, und sie kamen sich himmelhoch überlegen vor, sobald sie die DDR betraten.

Wenn es ihnen auch, nach ihren eigenen Worten, an vielem fehlte, so hingen sie doch an dem, was sie besaßen. Großzügig waren sie nicht, die wenigsten von ihnen. Bei den Mieten, natürlich, und sie mußten sich dauernd neue Autos kaufen, sonst hätten sie Geld verloren, und Schulden braucht man, jeder hat Schulden, sonst liegt man steuerlich ungünstig. Eine ganz und gar andere Welt. Die Verwandten staunten, daß gute Butter auf dem Tisch stand, wir essen Margarine, warum kocht ihr soviel Kartoffeln, wir zählen die ab, soviel Fleisch können wir uns nicht leisten.

Und Bücher auch nicht, kaum. Mit Büchern konnte man ihnen keine Freude machen, und von Politik wollten sie auch nichts hören, da streiten wir uns bloß.

Der Streit brach trotzdem aus und wurde von Schnäpsen begütigt. Ist doch wahr, bei uns müßtet ihr anders ran, von nichts kommt nichts, wir haben uns alles hart erarbeitet.

Und wir, sagten die Eltern danach bitter. War das nichts, ein Farbfernseher für vier zusammengelegte Monatsgehälter, und arbeiten wir etwa nicht?

Ach, diese Gespräche waren auch nur ein Teil der Langeweile, sie bewirkten nichts als eine zusätzliche Art von Trauer und Lustlosigkeit.

Der Glaube der Kinder, den Verwandten gegenüber dennoch etwas – nur noch nicht zu Benennendes – besser zu wissen, sozusagen einen kleinen Stein der Weisen in der Tasche zu haben, geriet an der Oberfläche durch allzu konkrete Vergleiche in Verwirrung, aber in der Tiefe dachten sie doch, daß dies alles einen Sinn haben müsse, sonst wäre es nicht, wie es ist.

Unser Werk war Stückwerk und Flickwerk, wir hatten einen armseligen Anfang, und unsere Bemühungen haben nicht gebracht, was damals und bis zuletzt ohnehin von uns nicht zu schaffen war.

Das sage ich heute, nachdem viele große Gefühle abgeklungen sind, im Guten wie im Bösen, und ich bin mir der Vorläufigkeit meiner jetzigen Überlegungen durchaus bewußt.

Das heißt also, Vergangenheiten, Gegenwärtiges und vor allem eigene Haltungen im Damaligen und Jetzigen müssen in Abständen mit neuen Erkenntnissen und Erfahrungen gelassener betrachtet werden. Es wird auf die Dauer nicht ohne sicher wieder oft ungerecht verallgemeinernde und doch bitter nötige Vergleiche abgehen. Schon jetzt kommt mir im neuen Licht manches von damals eher behebbar vor.

Die Kinder hören den ganzen Tag nichts anderes als die geweinte, gefluchte, verzweifelte Klage und Anklage: „Dafür haben wir auf so vieles verzichtet. Daran haben wir geglaubt. Wenigstens das haben wir doch nicht für möglich gehalten. Wer hat denn das gewußt?"

Niemand alles. Aber jeder genug.

Der Lehrer bekennt sich vor der Klasse nicht, kaum einer. Man kann ihm aber begegnen auf einem der vielen Meetings. „Was sagst du, wenn dein Kind dich fragt: Warum bleibst du hier?" Veranstalter ist die Kirche. Die Gläubigen und die Ungläubigen klammern sich an den gelassenen Pfarrer, der zur Besonnenheit, Mäßigung und Selbstvergebung rät. Sind die Pfarrer die einzigen gebildeten Menschen in unserem Land? Oder ist es nur, weil sie aus ihrer eigenen Kriminalgeschichte, zumindest seit der Nazizeit, ihre Lehre gezogen haben?

Unsere verehrten alten Antifaschisten haben sich an ihrem historischen Ruhm festgehalten und nur noch ihrem „damals" und „weißt du noch" gelebt. Der neuen Macht gegenüber haben sie sich still verhalten, die eigenen Privilegien genießend, eingeschüchtert durch das herrische Gehabe ihrer ehemaligen Kameraden.

Nun aber sind da die jungen und die erfahrenen Pfarrer, und alles Volk sammelt sich mit brennenden Kerzen in der Hand um sie. Der in Wittenberg tapfer das erste Schwert zum Pflug umschmiedete und als rechter Provokateur galt, der Friedrich Schorlemmer, den lieben die Leute, und manchem gilt er nun als linker Spinner. Weil er nicht mittun will, wenn der Schmerz zum Jammern verkommt und viele alles wegwerfen wollen, all die vierzig Jahre, fast ein Menschenleben.

Da auf einmal, bei Meetings, die von der Kirche veranstaltet werden, stehen sie auf, die gekränkten, verletzten Lehrer, die vor ihrem eigenen Spiegelbild erblassen und nicht wissen, wie sie sich zugleich zur eigenen Schuld bekennen und die Schuld einklagen sollen.

Der Beruf des Lehrers galt zu wenig in diesem besserwisserischen Land. Ein Lehrer mußte keine Persönlichkeit sein. Die hinter anderslautenden Gesetzen wohlversteckte Geringschätzung der Frau schob denen den Beruf der Lehrerin als ihrer Mütterlichkeit gemäße Berufung zu. Gefährlich genug, denn auch die Krippe wurde von Frauen, der Kindergarten von Gärtnerinnen für Kinder betreut. So kam den männlichen und weiblichen Kindern nicht genug der Einfluß beider Geschlechter zugute, denn auch zu Hause oblag nach wie vor die Hauptsorge für die Familie den Müttern, ungeachtet der Tatsache, daß mehr als neunzig Prozent von ihnen berufstätig waren. So haben wir zuwenig Lehrer – und wen schon aus Berufung?

Nur die wenigsten Pädagogen konnten sich das Vertrauen ihrer Schüler erwerben, durch ihre Mentalität, durch etwas, was ihnen gegeben war. Oder auch nur, weil sie die Not der Schüler in ihre Liebe zu ihnen aufnahmen. Wie aber kann ein durchschnittlicher Lehrer seine Schüler lieben, wenn sie ihm auf die Nerven fallen, er gar keinen Nerv für sie hat, weil er eigentlich einen anderen Beruf wollte, aber für den bekam er keinen Studienplatz? Er kam nirgendwo sonst unter als in diesem empörend schlechtbezahlten Beruf. Mit den vielen Ferien, scheinbar. Aber in denen mußte er Ernteeinsätze machen, Ferienlager leiten oder Schulungen überleben, in denen alter, verschimmelter Käse von unten nach oben gequirlt wurde.

So blieb ihm keine Möglichkeit, internationale Erfahrungen zu vergleichen oder wenigstens auf eigene Art die Bildung zu vertiefen.

Die Schüler wissen, wie es dem Lehrer ergangen ist, und der Lehrer weiß, was er den Schülern angetan hat. Bis zu jenem historischen Tag, ab dem es die Welt außerhalb unserer Provinz geben durfte, mußte er zu oft die einzigartige Chance vertun, Individuen zu entdecken und in ihnen Lust auf Leben und Lernen und Engagement zu wecken. Ihre Talente konnte er auf Grund der Vorgaben nicht ermutigen und entfalten. Male keinen roten Himmel, bis heute nicht. Himmel haben gefälligst blau, Wolken weiß zu sein. Auf Talent kam es nicht an. Diese Chance hatte ja er auch nicht, der Lehrer. Auch er, auch sie ist nicht einzigartig, die Lehrerin. Geplagt von alldem, was sie selber nicht verstanden, was ihnen auferlegt war, haben sie oft genug üble Laune verbreitet und nichts, gar nichts, in der Hand gehabt, womit sie sich gegen die Aggressionen der Schüler hätten wehren können. Die Schüler hatten keine Angst vor den möglichen Strafen, läppisch genug: eine Eintragung ins Klassenbuch, ein Verweis, ein Petzen an die Eltern. Der Schüler wußte, daß sein Sitzenbleiben dem Lehrer zum Vorwurf gemacht worden wäre. Schlechte Zahlen wurden in der Erfolgsbilanz der Volksbildung nicht geduldet. Außerdem gab es unter den Ängsten auch diese: Der um ein Jahr ältere Schüler würde die nächste Klasse tyrannisieren. Ohne wirkliche Autorität kann man auch dagegen nichts machen.

Einander ausgeliefert durch kleinliche und weltfremde Vorgaben, war das deutlichste Symbol für das Versagen einer Schulepoche die Durchschnittszensur, die über das künftige Wohl und Wehe eines Schülers entschied. Dagegen ist Sturm gelaufen worden, und schon der gesunde Menschenverstand hätte ausgereicht, zu beweisen, daß auch Nobelpreisträger es als Schüler nie zu einer guten Durchschnittszensur gebracht hätten.

Aber der weitere Lebensweg des künftigen Bäckers, Gärtners oder Arztes wurde nicht durch seine Besonderheit, sondern durch diese Durchschnittszensur bestimmt. Bist du nur ein begabtes Dichterherz und suchst auf der Landkarte im Schwarzen Meer verzweifelt, ob nicht dort die Wolga entspringt, dann bekommst du deine Eins im Fach Deutsch, aber in Geographie eine Vier, macht eine Zweieinhalb. Kommt in Physik – sehr wahrscheinlich! – eine Drei dazu, dann kannst du nicht Journalistik oder Germanistik studieren. Ohne eine glatte Eins beim Abitur nicht Arzt werden, auch wenn in deiner Brust das Herz eines Forschers schlägt, der den kranken Leib erkunden und heilen will. Hochtalenten ist oft alles andere drittrangig, macht eine Drei, mit der konntest du gerade noch Verkäufer werden.

Das dumme, dümmste Wort vom Wendehals verstellt uns die Bekundung tiefer Reue. Auch Lots Weib war ein Wendehals. Sie sah zurück und erstarrte im Entsetzen. Jetzt, nachdem viele auf die Straße gegangen sind, wurden sie in einer auf drängenden Wunsch mehrmals wiederholten Fernsehsendung befragt: die Schüler und die Lehrer.

Ich gebe zu, daß mir am Ende die Lehrer leid taten, nicht die Schüler. Durch deren Seele geht ein Riß und wird nie ganz heilen. Denn die Lehrer haben einen dünnhäutigen Frieden gebrochen, das ohnehin nur schwache Vertrauen unterboten. Aber die Schüler, die jungen Erwachsenen, haben damals nicht daran gezweifelt, daß ihnen Unrecht widerfahren ist. Sie sind um ein Jahr ihrer Ausbildung gebracht worden. Sie haben versucht zu schildern, was sich im Jahre 1988 ereignet hat. Wie das alles damals war, für sie selber und als Vorgang. Sie sprachen von dem ausgestreckten Arm des Direktors, der ihnen die Tür wies. Eine Lehrerin hat mit ihrer Klasse geweint, das haben ihr die Schüler nicht vergessen.

Der Direktor hat erklärt, wie er doch nicht anders konnte. Gezwungen, und Frau Honecker wollte ihren Urlaub antreten und hatte deshalb die Relegierungen schon vorher unterschrieben, noch vor den Auseinandersetzungen. Der Direktor hat sehr gewunden geredet. Und ist noch jung, hat noch ein ganzes Leben vor sich.

Ein Beamter sagte, wenn er die Schüler zufällig träfe, er hätte ihnen gegenüber kein schlechtes Gewissen.

Unselig das Land, das Helden braucht.

Die Lehrerin bezog sich nur auf geltendes Recht. Verteidigte sich, verwies auf andere, alles nicht gut. Aber sie wurde noch einmal befragt. Und da, endlich, brach ihre Miene, und die ehrliche, unbestechliche Kamera ließ uns lange, unerträglich lange, ein Gesicht sehen, aus dem die Sprache gewichen war. Eine Frau auf der Suche nach einem Wort, einem Trost, aber woher sollte der jetzt kommen.

Das alles wissen die Schüler, die jetzt vor ihrer herzzerreißend mittelmäßigen Lehrerin sitzen und sie ansehen, nach dem suchen, was sie wohl denken und fühlen mag. Ob sie weiß, daß schon das völlige Fehlen von Charisma die ganze Schuld eines Lehrers sein kann? Sie sagt der Klasse, daß wohl auch sie nicht bleiben werde. Nach der Wahl würden die meisten Lehrer ausgewechselt, man wisse nicht, wer an ihre Stelle komme ...

WER? Um Gottes willen, woher soll dieses Land, mein fiebergeschütteltes Land, jetzt all die Lehrer nehmen, die es brauchte? Die gütigen, kenntnisreichen, gebildeten, zum Vergeben und zu nötiger Härte gleichermaßen begnadeten Persönlichkeiten, die ihre Schüler anstrengen, entspannen, zum Lachen und zum Grübeln bringen – und an die man sich ein ganzes Leben lang erinnert, weil man heimlich noch Jahrzehnte später versuchen wird, ein bißchen ähnlich dem zu sein, der manchmal ein gemeiner Kerl und immer eine Institution war.

Das Nötigste jetzt?

Neue Schulbücher, eine Generation neuer Lehrer und eine ehrliche, offene Bilanz, zusammen mit den Schülern. Kein Fahnenappell mehr, kein Fackelzug, statt dessen das Wiederentdecken unserer Kultur, auch die des Alltags, auch die Kultur der Beziehungen. Den Schülern sagen, daß der Klapperstorch und der Gegner oft nur der eigenen Hilflosigkeit dienen sollten, oft genug der eigenen Unehrlichkeit.

Das Nötigste jetzt ist, daß die Schule einen Anfang macht. Sie hat ihre Würde verloren. Wenn sie die nicht wiedergewinnt, werden die Schüler so verstört bleiben, wie sie jetzt sind. Und damit anfällig für alles. Für die Verlockung des plappernden Fernsehers. Für die Zigarette. Für den Alkohol. Für das betäubende Gift.

Für die falsche Lehre, jene, die dir einredet, daß du der Größte bist.

Es geht uns schlecht.

1990

PS: 2007

Waren wir so naiv, so weltfremd unter der Käseglocke, daß wir glauben konnten, Ungerechtigkeiten gegen Schüler oder wenig beherztes Verhalten der Lehrer gegen die Obrigkeit gäbe es zwar überall auf der Welt, aber bei uns habe das außer als bestürzende Ausnahme nichts zu suchen? Über die haben wir uns dann ja auch bis in die Herzkammern aufgeregt – obwohl unseren vier Schülern zwar zunächst ein Stück Zukunft weitergerückt schien, aber es dauerte nicht lange, da kam es auf, und bei der großen Abrechnung war auch ihre Belohnung und Genugtuung sicher.

Ich kann die Bestürzung von damals noch empfinden. Aber es wurden noch keine Schüler „abgezogen“ und erpreßt, soviel ich weiß. Faustschläge ins Gesicht von Lehrern und chronisches Schulschwänzen ohne wirksame Handhabe dagegen waren auch nicht üblich. Und es rannte noch kein Schüler mit einem Gewehr oder einer Pistole durch die Schule, erschoß Mitschüler und Lehrkräfte und richtete sich dann selbst.

Es hat sich seither nichts geändert, sagen die Mitschüler am Jahrestag, was doch auch auf ungeklärte Fragen im Schulbetrieb deutet.

Mißbrauch von Alkohol hat es auch bei uns gegeben, aber zum Glück hatten wir für Drogen nicht das richtige Geld.

Was ich jetzt weiß – und neben einer Schule wohnend jeden Tag beobachten kann –, weiß jeder, oder er könnte es wissen. Aufrechnen gilt nicht, aber siebzehn Jahre großes Deutschland haben für die pädagogischen Fragen nicht mal den Ansatz einer Lösung gebracht.

Über die unheilvollen Folgen sozialer Zugehörigkeit und das Recht und die Möglichkeit von Inanspruchnahme müßte zornig gesprochen werden, aber die Gewißheit, damit nichts auszurichten, weil jeder Politiker alles weiß und niemand etwas ändert, lähmt die Zunge.

Das Gefühl, im Vergleich zu anderen arm und also wertlos zu sein, hat mein Herkommen und Hinwollen geprägt. Es vergeht nie ganz und wirklich.

Ideale Eltern

Eines Nachts hielt ich dieses ersehnte Geschöpf im Arm. Acht Pfund, zweiundfünfzig Zentimeter lang, gesund. Vielleicht noch für drei Minuten spürte ich die Enttäuschung, daß es kein Sohn war. Danach konnte ich mich kaum erinnern, einen Sohn gewollt zu haben.

Ein Säugling galt damals als ein Wesen, dessen Seele noch unentwickelt ist. Wie Gliedmaßen und Geschlechtsmerkmale. Ich bekam mein Kind erst zum Anfassen und Anstaunen, als es schon durch drei Paar Hände gegangen war, sich schon einmal empört hatte und wohl auch durch Helligkeit und Augentropfen den ersten Schmerz erlitten.

Heute werden die Neugeborenen zuerst auf den nackten Leib der Mutter gelegt, weil die Ärzte und Hebammen inzwischen wissen, daß dieser erste unmittelbare Hautkontakt der wichtigste Trost ist für den Verlust der gleichbleibenden Wärme und des schönen Dunkels.

Wir damals bekamen unser Kind fünfmal am Tag für eine halbe Stunde. Als ich neun Tage später nach Hause kam, kannte ich mein Kind nicht. Und von Erziehung wußte ich nichts. Ich selber war hart und inkonsequent erzogen worden, mit einer Unmasse von Verboten, die fast alle umgangen werden konnten. Ich hörte: „Von Anfang an konsequent sein ist die Hauptsache!" Als mein Kind zum erstenmal eine Nacht lang schrie, zerriß es mir das Herz. Dann trug ich meine Tochter durch die Wohnung und ersetzte Wissen durch Instinkt und Liebe, das heißt, ich versuchte, ihr zu helfen. Mit meiner Stimme, meiner Wärme, mit Fencheltee und Streicheln. So klein kann ein Mensch nicht sein, daß er darauf nicht antwortet. Die Nachbarin meinte, wenn ein Kind einmal durchgeschrien hat und merkt, daß es sich nicht durchsetzen kann, dann hört es von allein auf und wird ... Ja, was denn? Was wird es denn, wenn es eine Nacht durch geschrien hat und erst am nächsten Tag durch Symptome beweisen kann, wie schlecht es ihm ging? Wann beginnt die menschliche

Seele zu leben? Wenn man schon laufen kann? Ist zum Beispiel Sprache jene Seele, die man vorher nicht haben kann? Hat man sie erst, wenn man in die Krippe kommt oder in die Schule, getauft ist oder Absolvent?

Wenn ein Kind zwei Wochen alt ist und das erstemal resigniert, schadet ihm das weniger als bei Volljährigkeit?

In welchem Alter darf ein Mensch die Erfahrung der Zuständigkeit und Zuverlässigkeit seiner Eltern machen?

Woher kommt es, daß die Anlagen das eine sind und die Erfahrungen das so wirksame andere? Ab wann macht Hilflosigkeit aggressiv?

„Nachgiebigkeit schadet."

Das mag sein. Aber Nachgiebigkeit schadet nicht annähernd so wie Sprachlosigkeit zwischen Eltern und Kind. Wer seine Kinder beredt macht und selber lernt, sich ihnen verständlich zu machen, der kann sich ruhig mal anders entscheiden als bei der ersten Überlegung, er kann sogar auf seinen erträglichen Schwächen beharren. Was alle verstehen, schadet keinem unzumutbar. Manche Leute verstecken aber nicht nur die Weihnachtsgeschenke, sondern auch ihre Gedanken und Gefühle vor den Kindern, die immer nur mit Ergebnissen und Entschlüssen konfrontiert werden, statt daß sie selber mit entscheiden dürfen und sich als Verbündete fühlen können, als dazugehörig.

Staunend stehen wir manchmal vor dem alten Modell: die Eltern als jenes höhere Wesen und das Kind als eine Rohmasse, die geknetet, geformt – und verformt werden darf. Die Kinder erlebten ihre Eltern als scheinbar untadelig und allwissend. Und kamen auch früher meist ziemlich bald dahinter, wieviel Schwäche diese zu verstecken hatten, wie wenig sie wußten, wie schlecht sie mit ihrem eigenen Leben fertig werden konnten.

Dabei sind Kinder so gerecht, wenn man ihnen nur die Chance gibt, einen Vorgang zu verstehen. Sie lieben ihre Eltern auch dann, wenn sie ziemlich oft nicht mit ihnen einverstanden sind, und sie respektieren sie auch, wenn sie nicht durch Unterdrückung dazu gezwungen werden.

„In Erziehungsfragen darf man vor den Kindern nie unterschiedlicher Meinung sein."

Ach! Und warum nicht? Sollte das Leben eines Kindes seinem späteren Erwachsenendasein nicht wenigstens ähneln? Da wird es sich seine eigene Meinung jeden Tag aus einander widersprechenden bilden müssen. Und wann also soll es lernen, wie man zuhört, mitdenkt, eigene Schlüsse zieht? Als Abteilungsleiter, als Lehrer, als Mutter oder Vater?

„Kinder brauchen immer 'n bißchen Angst vor den Großen."

Nein, Kinder brauchen keine Angst, und ihre eigene Phantasie gibt ihnen genügend Anlässe, welche zu empfinden. Man kann Kinder ohne das Erziehungsmittel Angst aufziehen, aber es ist weitaus schwieriger, sich selber ganz einzubringen, als zu unterdrücken und zu ducken. Wenn die Machtfrage nicht gleich zu Anfang auf schreckliche Art ein für allemal geklärt wird, hat man es natürlich ein Leben lang mit einem ständig fragenden, nachbohrenden, unbequemen, eigenwilligen Wesen zu tun. Manchmal auch kann sich nur einer durchsetzen, wo sich beide durchsetzen wollen. Und über ein gelegentliches Machtwort, wo der mangelnde Überblick des Kindes zu seinem Schaden führen könnte, verfügt jeder vernünftige Mensch.

Aber noch immer stellen viele Eltern für das Kind Normen auf, an die sie sich selber niemals halten, und verlangen vom Kind strikte Befolgung, wo sie sich gegenüber äußerst weitherzig sind. –

„Ein Klaps gehört zur Erziehung." „Schade um jeden Schlag, der danebengeht." „Wenn sie nicht hören wollen, dann müssen sie eben fühlen."

So sind wir aufgewachsen. Wir wurden geschlagen, nicht nur von den Eltern, auch von Tante und Onkel, der Hauswartsfrau, dem

Lehrer. Am meisten freilich von den Eltern, denn wir waren ja die einzigen lebenden Wesen, die ihnen untertan waren.

„Keile vergeht, Arsch besteht."

Die alten Sprüche sind furchtbar. Wir wissen doch, daß die Erziehung eines Menschen dauert, solange er lebt. Wir wissen, daß alle Menschen Fehler machen. Sie schwindeln, naschen, sind partiell unordentlich, unpünktlich, patzig, unhöflich. Und wieso kriegen dann nur die Kinder Klapse, Ohrfeigen, Katzenköpfe, Dresche? Früher war das anders, da durfte die gnädige Frau das Dienstmädchen schlagen, der Offizier seinen Burschen, der Meister den Lehrjungen.

Es ist nicht komisch, sich das auf heute übertragen vorzustellen. Außerdem gibt es dagegen Gesetze. Die gibt es auch zum Schutz des Kindes. Dennoch wird noch immer gestraft, mitunter drakonisch. Mit Schlägen, Nahrungsentzug und sogar mit Einsperren in dunkle, unheimliche Räume.

Ein Kind, das ohne solche Strafen erzogen wird, reagiert mindestens so stark auf ein gekränktes Gesicht, auf einen Tadel, eine unwillige Bemerkung, eine Fortwendung für eine halbe Stunde. Darüber vergießen menschlich erzogene Kinder ebenso heiße Tränen wie andere über die härtesten Prügel.

„Na und, das ist doch genauso schlimm."

Nein, es ist nicht genauso schlimm. Niemand kann sein geliebtes Kind vor Reaktionen bewahren. Nur vor schlimmen Folgen. Aber Reaktionen auf eigene Verhaltensweisen muß es schon einstecken lernen, die wird ihm später als Erwachsener auch niemand ersparen können.

Und mit Reaktionen kommt man eigentlich, nach meiner Erfahrung, die ganze Kindheit lang aus.

„Ich kann mit meinen Kindern machen, was ich will."

Das genau können die Eltern nicht. Obwohl manche das zu glauben scheinen, wenn man auf der Straße dazwischengeht, weil sie sich gerade gewaltsam über ihr Eigentum Kind hermachen. Mit Drill schafft man Wohlverhalten, auch Zweckverhalten, aber kein Vertrauen. Kommt es darauf denn an? Ist die Zeit der Kindheit nicht ohnehin zu kurz, ein lebenslanges vertrauensvolles Verhältnis zu schaffen?

„Wenn sie sich mal selber ernähren, dann können sie auch selber bestimmen." „Solange sie die Beine unter meinen Tisch stecken, haben sie sich nach mir zu richten."

Sie tun es, sie richten sich nach uns. Solange sie müssen, und dann gehn sie davon und haben nur einen Gedanken: Von jetzt an von allem genau das Gegenteil! Sie denken es, sie nehmen sich das vor, aber es ist nicht gesagt, daß sie die Kraft dazu haben, daß soviel Persönlichkeit aus ihnen geworden ist, wie sie sich einbilden, wie sie hoffen.

Auch wenn alles sehr gut geht, möchte man beizeiten raus und sich seine vier Wände einrichten, eigene Entscheidungen treffen und ganz für sich allein jemand sein. Aber wenn alles gut gegangen ist, dann machen die Kinder später manches ganz anders und manches genauso wie früher zu Hause. Und behalten ihr Leben lang immer auch ein bißchen Sehnsucht nach dem, wie es gewesen ist, lachen später über damalige Dramen, können sich selber in der Erinnerung ertragen und die Eltern auch.

„Und dann rennen sie bei jeder Schwierigkeit nach Hause und warten, daß man ihnen raushilft."

Das kann passieren. Ein Übermaß an Güte und Verständnis ist auch nur Schwäche und Mangel an Konzentration auf das Kind. Es gibt Liebe, die sich als grenzenlose Freigebigkeit äußert und das Kind abhängig macht von einem Standard, ohne den es sehr wohl glücklich sein könnte. Fünf Puppen sind für ein Kind nicht mehr als zwei, sondern eigentlich weniger.

„Und wie soll man es nun machen?"

Ideale Eltern? Es gibt sie, aber reden wir erst einmal von Prägungen und Verführungen, über die wir später klagen und an denen die Eltern selber schuld sind. Wer selber viel zu dick ist, wird wenig gegen abgeguckte Naschhaftigkeit machen können. Und wer selber sein Kind abends beim Fernsehen einnebelt, kann Nikotinsucht wecken. Es sind oft die Trinker, die Magerkeitsfanatiker, die Dicken und die Kettenraucher, die später an ihren Kindern bemerken müssen, daß diese mit Genüssen nicht gelassen umgehen können.

Ideale Eltern? Das sind jene normalen Menschen, die mit ihren Kindern leben und sich ihnen als fehlbare und suchende Individuen offenbaren. Sie klammern ihr Kind nicht aus, wenn sie über dieses Wesen entscheiden. Sie sagen ihm, was es verstehen kann, und es versteht früher und mehr, als manche Eltern glauben. Sie drohen ihrem Kind nicht, sie machen es nicht vor sich selber erbärmlich, sie blamieren es vor anderen nicht, wie sie selber nicht blamiert werden möchten. Eltern solcher Art sind ihrem Kind gegenüber keusch und ganz offen. Sie entschuldigen sich und geben einen Irrtum zu, und sie tun es nicht eitel und nicht nur scheinbar. Auch solche Eltern haben manchmal schlechte Laune, aber sie geben sie zu, statt sie ungerecht abzureagieren, und wenn es ihnen doch unterläuft, so wissen sie es wenigstens.

Natürlich sind Berufstätige am Abend oder am Wochenende abgespannt. Ja, aber das Kind auch. Das Kind hat seinen Kindergartentag auch überstehen müssen, und da gab es Neues, gab es Konflikte, viel, viel Lärm oder auch zuwenig Lärm. Beides ist anstrengend. Und ein Schulkind kann sich gewiß mit den Erwachsenen messen, wenn es um Anstrengung geht. Denken nicht manche Eltern, auch wenn sie das gar nicht denken wollen, das Ihre sei eben doch mehr wert?

„Ich verdiene schließlich das Geld."

Ja, und? Das ist doch normal. Unsere Eltern hatten dieselbe Pflicht unter ungleich schwierigeren Bedingungen, und unsere Kinder leben auf die gleiche Pflicht zu. Ideale Eltern lassen sich von einem Kind nichts bieten, was sie ihm selber nicht tun dürfen: Taktlosigkeit, Pampigkeiten, bedenklichen Egoismus in der Pflichtenverteilung und im Zusammenleben.

Andererseits: Kinder schnappen Wörter und Verhaltensweisen auf und probieren sie zu Hause aus. Und das müssen sie auch. Sie müssen ihre Macht ausprobieren und brauchen Gegenkraft. Und dazu gehört, daß man ihnen die jeweiligen Grenzen ihrer Entfaltungsmöglichkeit zeigt. Die Seele eines Kindes kann nur dann gesund bleiben, wenn es die Welt erkennen lernt. Dazu gehört auch, daß man weiß, wie weit man gehen kann. Nicht immer gleichermaßen weit, auch bei den besten Eltern nicht. Kinder brauchen ihr Quantum Zärtlichkeit, Ermutigung und Sicherheit immer wieder von den ihnen wichtigsten Menschen, den Eltern. Und es genügt nicht, einander irgendwie zu lieben. Man muß in einer Familie so miteinander leben, daß man sich auch leiden kann. Man muß eine Art finden, miteinander umzugehen, die auch für jeden einzelnen in der Familie erträglich ist. Jeder Familie Wohnung ist dann zu klein, wenn sich die Leute durch ihre Gewohnheiten auf die Nerven gehen, noch mehr, als sie sich brauchen. Wichtig, daß man über dieselben Dinge lacht und etwa dieselben Dinge ernst nimmt. Wenn die Werte sich zu sehr unterscheiden und das Lachen immer auf Kosten von einem Beteiligten geht, dann entstehen Schäden, im Lachenden und im Belachten. Am besten auf den Ernst des Lebens sind jene Kinder vorbereitet, die selbstbewußt sind, heiter und ausgeglichen. Die sich von ihren Eltern anregen lassen, sich aber selber ausprobieren bei der Ausführung. Es gibt Eltern, die bereiten den Kindern im Elternrat ein gemachtes Bett, sie beschließen den Maßnahmeplan für die Schulfeiern, aber auch deren Stil und Ablauf. Da verliert die Feier ihren Sinn.

Gute Eltern geben ihrem Kind die Sprache mit ins Leben, sie sorgen für mehr, als daß es sich nur äußern kann. Sie entwickeln seinen Sinn für das Notwendige und den für den Spaß. Sie lassen es dem Kind als selbstverständlich erscheinen, daß man sich für seine Meinung einsetzt, so wie das seine Eltern tun. Sie machen ihm Lust, mit dem Körper, mit dem Verstand und mit all seinen Sinnen zu leben.

Die Fähigkeit zu kämpfen wird in der Kindheit entwickelt und die zu lieben auch.

Nur mit Fleiß und Wohlverhalten oder nur in scheinbar heiler Umwelt wird aus dem Wesen, das uns so winzig im Arm liegt und schneller, als wir denken, über den Kopf wächst, niemals das, was wir uns wünschen: ein kluger Mensch, mit dem man reden möchte, dessen Meinung wir achten, ein Mensch mit Idealen, für die er eintritt, mit Achtung vor dem Leben und Liebe zu den Kindern, ohne die er sich das Leben nicht vorstellen kann.

1990

Inhaltsverzeichnis

ISBN 978-3-355-01742-8

Einbandgestaltung: www.buchgestalter.net
Gesamtherstellung: Salzland Druck, Staßfurt

Ein Verlagsverzeichnis schicken wir Ihnen gern:
Neues Leben Verlagsgesellschaft mbH & Co. KG
Neue Grünstr. 18, 10179 Berlin
Tel. 01805/30 99 99 (0,14 Euro/Min.)

Die Bücher des Verlags Neues Leben
erscheinen in der Eulenspiegel Verlagsgruppe
www.verlag-neues-leben.de